LES DIEUX S'AMUSENT

Castor Doc
Collection animée par François Faucher,
Hélène Wadowski et Martine Lang

Une production de l'Atelier du Père Castor

Mise en page : Grain de Papier
Recherche iconographique : Céline Hully

LES DIEUX S'AMUSENT

Denis Lindon

Illustrations de Jean-Marie Michaud

Castor Doc Flammarion

DENIS LINDON, l'auteur, est né et vit à Paris.

Après avoir créé et dirigé une société d'enquêtes bien connue, la Sofres, il est devenu professeur à l'école des Hautes Études Commerciales (HEC), pour y enseigner non pas la mythologie mais la gestion des entreprises. Il a écrit plusieurs ouvrages fort sérieux sur les sondages, la politique et le marketing.

C'est en racontant les légendes mythologiques, année après année, à ses six enfants qu'il a eu l'idée d'écrire *Les dieux s'amusent.*

« C'est à coup sûr, dit-il, le plus divertissant de mes livres, et ce n'est sans doute pas le moins instructif.

« Les dieux grecs étaient si attachants et si sympathiques que les Romains, après avoir conquis la Grèce, les ont adoptés. Après avoir un peu hésité, ce sont les noms latins que j'ai retenus dans ce livre, pour la simple raison qu'ils sont beaucoup plus familiers aux Français que les appellations grecques : Jupiter est plus connu que Zeus, Neptune que Poséidon, Vénus qu'Aphrodite et Diane qu'Artémis.

« Les lecteurs curieux et férus d'érudition trouveront toutefois, dans le tableau de correspondance (page 6), la liste des principaux dieux, avec leurs noms latins et leurs noms grecs. »

Du même auteur en Castor Doc :

La Bible de l'oncle Simon (Senior)

Socrate et les Athéniens (Senior)

JEAN-MARIE MICHAUD, l'illustrateur, est né à Chamalières en 1966. Il reste fidèle à ses passions d'enfance, le dessin et les arts martiaux. Diplômé des Arts Décoratifs, il publie ses premières bandes dessinées chez Dargaud (*Le Pays Miroir*, *De Profundis*, scénario C. Carré) et illustre des livres pour la jeunesse. Il est aussi professeur de karaté, et papa de trois enfants.

Les dieux s'amusent

Naguère, tous les écoliers connaissaient par cœur la liste des travaux d'Hercule. Aujourd'hui, la mythologie est un peu oubliée. Denis Lindon la ressuscite, déroulant avec humour la guirlande des plus belles histoires du monde : les amours de Jupiter, les facéties de Mercure, les complexes d'Œdipe, les colères d'Achille, les ruses d'Ulysse...

Savez-vous comment on pouvait reconnaître les dieux, lorsqu'ils s'amusaient à prendre forme humaine ? Ils ne transpiraient pas, même par grosse chaleur, ils ne cillaient pas, même en regardant le soleil, et leur corps ne projetait pas d'ombre sur le sol.

Un précis de mythologie aussi savant que souriant à la portée de tous.

Un livre passionnant, drôle et instructif, qui est une autre façon (la meilleure) de (re)découvrir la mythologie.

Les noms des dieux en latin et en grec

Les dieux grecs étaient si attachants et si sympathiques que les Romains, après avoir conquis la Grèce, les ont adoptés. Ce sont les noms latins, plus familiers aux Français que les appellations grecques, qui sont utilisés dans ce livre.

Latin	Grec
Apollon (ou Phœbus)	Apollon (ou Phoibos)
Bacchus	Dyonisos
Cérès	Déméter
Cupidon	Éros
Cybèle	Rhéa
Diane	Artémis
Esculape	Asclépios
Furies (les)	Érinyes (les)
Hercule	Héraclès
Junon	Héra
Jupiter	Zeus
Latone	Léto
Mars	Arès
Mercure	Hermès
Minerve	Athéna
Neptune	Poséidon
Pluton	Hadès
Proserpine	Perséphone
Saturne	Cronos
Vénus	Aphrodite
Vesta	Hestia
Vulcain	Héphaïstos

SOMMAIRE

PREMIÈRE PARTIE
Du côté de l'Olympe

Jupiter foudroyant les Titans. Charles Lamy (vers 1688-1743)

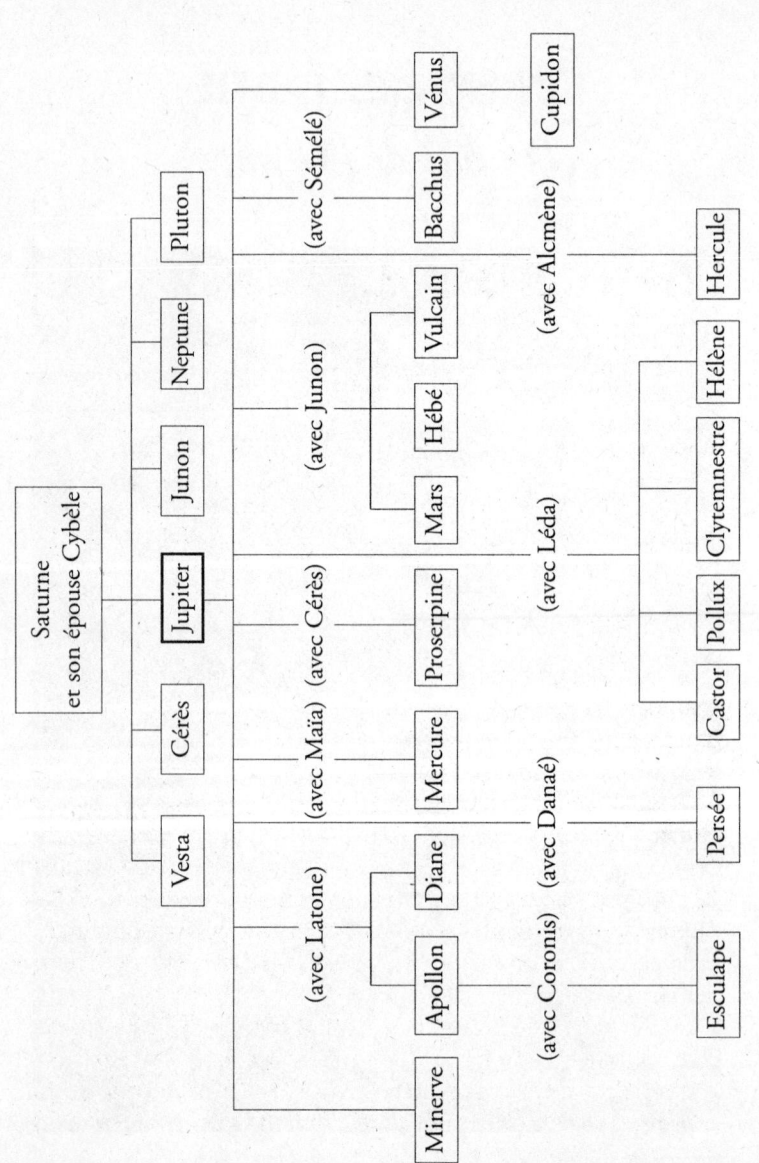

1. Jupiter prend le pouvoir

Il y a un peu plus de trois mille ans, la Terre était peuplée d'une multitude de divinités qui ne cessaient d'intervenir dans les affaires des hommes.

À bien des égards, ces dieux ressemblaient fort à des hommes ordinaires : ils étaient orgueilleux, avides, paresseux, gourmands, menteurs, mesquins, rancuniers, jaloux, frivoles, capricieux et violents ; il leur arrivait aussi quelquefois d'avoir de bons sentiments. Ils se mariaient, avaient des enfants, se disputaient, se trompaient, se vengeaient et se pardonnaient, tout comme le commun des mortels. Mais ils possédaient deux caractéristiques originales.

D'une part, ils ne mouraient jamais et ne vieillissaient pas : c'est la raison pour laquelle on les appelait souvent « les Immortels » ; cette propriété remarquable provenait de la consommation régulière de deux aliments que les dieux seuls pouvaient se procurer : le nectar, une liqueur fortement alcoolisée à base de plantes, et l'ambroisie, dont on ne connaît pas avec certitude la composition et le goût, mais qui, d'après certains experts, devait ressembler à du porridge bien sucré.

D'autre part, ils pouvaient, quand ils le voulaient, modifier leur apparence physique et se transformer en homme, en femme, en animal ou en objet. Ils utilisaient généralement cette faculté pour tromper les humains et leur jouer de mauvais tours. Heureusement, il existait trois moyens de reconnaître des dieux lorsqu'ils se déguisaient en hommes :

Premièrement, ils ne transpiraient jamais, même par grosse chaleur.

Deuxièmement, ils ne clignaient pas des yeux, même en regardant le soleil.

Troisièmement, leur corps ne projetait pas d'ombre sur le sol et ne se reflétait ni dans l'eau ni dans les miroirs.

Compte tenu du rôle important joué par les dieux dans les affaires des hommes, il n'est pas possible de raconter les aventures des héros sans consacrer d'abord quelques chapitres à l'histoire des dieux. Car, bien qu'ils fussent immortels, ils avaient une histoire et même une histoire agitée.

Les Titans et les Géants

Au commencement du monde, il n'y avait que le Ciel et la Terre. De leur accouplement naquirent deux races puissantes : les Titans et les Géants.

Les Titans, au nombre de quelques dizaines, étaient, selon les Grecs, « des êtres d'une taille immense et d'une force prodigieuse ». Quant aux Géants, également au nombre de quelques dizaines, c'était, paraît-il, « des êtres d'une taille immense et d'une force prodigieuse ». Mais alors, me direz-vous, quelle différence y avait-il entre les Titans et les Géants ? Un expert réputé, le docteur von Pruchtembuch, professeur de mythologie comparée à l'université de Princeton (États-Unis), à qui j'ai posé la question, m'a fait une réponse qui vous éclairera peut-être : « Les Titans, m'a-t-il dit, se caractérisaient essentiellement par leur force véritablement *gigantesque* cependant que les Géants étaient surtout remarquables par leur stature absolument *titanesque*. »

Quoi qu'il en soit de leurs différences physiques, il y avait en tout cas entre les Titans et les Géants une grande différence mentale : les premiers étaient intelligents, alors que les seconds étaient des brutes. C'est ce qui explique que, très vite, les Titans prirent l'avantage sur les Géants et les réduisirent à un état de subordination proche de l'esclavage.

Saturne

Le chef de la tribu des Titans s'appelait Saturne et sa femme s'appelait Cybèle. Saturne, à qui sa victoire sur les Géants avait donné l'empire du monde, était d'un caractère pessimiste, méfiant et cruel. Il craignait qu'un de ses fils ne cherchât un jour à le supplanter. Pour écarter ce risque, il résolut de dévorer lui-même, dès leur naissance, tous les enfants que lui donnerait sa femme. Il en avala ainsi successivement cinq, privant chaque fois la pauvre Cybèle des joies légitimes de la maternité. De plus en plus frustrée, Cybèle décida de sauver coûte que coûte son sixième enfant. Dès qu'il fut né, elle le mit à l'abri dans l'île de Crète, sur le mont Ida, cependant qu'elle offrait à son époux, à la place du nouveau-né, une pierre enveloppée de langes. Telle était la voracité de Saturne qu'il ne s'aperçut de rien.

L'ascension de Jupiter

Ce sixième enfant, sauvé par sa mère, s'appelait Jupiter. Il fut nourri par la chèvre Amalthée, aux mamelles inépuisables, et élevé par une troupe joyeuse et bruyante de nymphes et de faunes qui, par leurs cris et leurs rires, couvraient les vagissements du bébé afin que Saturne ne les entendît pas. Lorsqu'il fut devenu grand, Jupiter récompensa la chèvre Amalthée en en faisant une constellation céleste, non sans lui avoir préalablement arraché une corne dont il fit cadeau aux nymphes du mont Ida. Cette corne, qui fut appelée « corne d'abondance », avait la propriété miraculeuse de produire à profusion ce que les nymphes aimaient par-dessus tout, c'est-à-dire des fleurs, des fruits, des articles de mode et des bijoux.

Ayant ainsi réglé ses dettes envers ses protecteurs, Jupiter se mit en mesure de régler ses comptes avec son père. Doté d'un sens politique profond, dont il devait donner plus tard bien d'autres preuves, il comprit qu'il ne pourrait vaincre Saturne et lui prendre le pouvoir qu'en s'appuyant sur des alliés, dont il trouverait bien le moyen de se débarrasser s'ils devenaient trop exigeants. Il incita donc les Géants à se révolter contre Saturne, et obtint en outre le concours d'un des principaux Titans, Prométhée. Celui-ci se distinguait de ses congénères non seulement par son intelligence supérieure, mais aussi par son sens moral développé. Semblable à certains de nos intellectuels contemporains qui ne cessent de signer des pétitions pour la défense des droits de l'homme, Prométhée ne craignait pas d'élever de fréquentes protestations contre les abus de pouvoir et la cruauté de Saturne. C'est par idéalisme, et non par ambition personnelle, qu'il promit à Jupiter son soutien.

À la tête de cette coalition, Jupiter, ayant attaqué par surprise Saturne et les Titans, les écrasa. Il força son père à vomir les cinq enfants qu'il avait dévorés, et qui, si étrange que cela puisse paraître, n'avaient pas encore été digérés. Puis il exila Saturne dans un pays lointain, où il devait bientôt disparaître d'une façon mystérieuse et définitive. Pour se débarrasser des autres Titans, Jupiter les ensevelit dans les entrailles de la Terre. Ce sont leurs convulsions de rage et leurs vomissements de dépit qui, selon les Grecs, provoquèrent au cours des siècles suivants les éruptions volcaniques. L'un des Titans, nommé Atlas, qui du fait de sa force exceptionnelle avait été le plus difficile à terrasser, fit l'objet d'une punition spéciale : il fut condamné à porter en permanence sur ses épaules la voûte du ciel.

Pour prix de leur aide, les Géants recouvrèrent la liberté. Quant à Prométhée, il refusa noblement toute récompense personnelle ; il demanda seulement et obtint la grâce de son frère Épiméthée, qui avait pourtant choisi le mauvais camp.

La révolte des Géants

Jupiter s'installa alors sur la plus haute montagne de Grèce, l'Olympe, en compagnie de ses deux frères et de ses trois sœurs qu'il avait fait vomir par Saturne et qui, avec lui, constituèrent la première génération des dieux de l'Olympe ; ses frères s'appelaient Neptune et Pluton, et ses sœurs Junon, Cérès et Vesta.

Ils vécurent d'abord dans l'oisiveté et l'indolence, laissant à Jupiter le soin de s'occuper de toutes les affaires du monde. Ce n'était pas une tâche écrasante, car la cause principale des tracas et des soucis divins, à savoir l'humanité, n'existait pas encore. Mais enfin, pour un seul dieu, cela faisait tout de même beaucoup de travail. Ne pouvant avoir l'œil sur tout, Jupiter ne s'aperçut pas que ses alliés de la veille, les Géants, mécontents de n'avoir pas obtenu une part plus importante du pouvoir, complotaient contre lui et projetaient de le détrôner.

Une nuit, ils décidèrent de passer à l'action. Pour s'emparer de Jupiter, il leur fallait d'abord escalader l'Olympe, dont les parois étaient très escarpées. Arrachant d'énormes blocs de pierre de deux montagnes voisines, le mont Pélion et le mont Ossa, ils « entassèrent le Pélion sur l'Ossa » et se mirent à grimper. Jupiter et ses frères, qui avaient bu la veille au soir un peu trop de nectar, étaient profondément endormis et n'entendaient rien. Heureusement pour eux, un aigle, que

1. JUPITER PREND LE POUVOIR

Jupiter avait apprivoisé et qui vivait près de lui, ne dormait que d'un œil. Au moment où les premiers agresseurs parvenaient au sommet, l'aigle se mit à battre frénétiquement des ailes et réveilla Jupiter, Neptune et Pluton, qui engagèrent aussitôt le combat. Mais leur infériorité numérique était flagrante, et ils comprirent bientôt qu'ils allaient être submergés par les Géants. C'est alors que Jupiter se résolut à employer, pour la première fois, une arme secrète et dévastatrice dont il disposait. Cette arme suprême, c'était la foudre. Comment Jupiter se l'était-il procurée, on l'ignore. Mon hypothèse personnelle est qu'elle avait été inventée par le savant Prométhée, et que celui-ci, pénétré de scrupules, avait fait promettre à Jupiter de ne jamais s'en servir. Mais, dans le péril extrême où se trouvait Jupiter, les scrupules et les promesses n'étaient plus de mise. Au moment où Neptune et Pluton reculaient et où les Géants allaient prendre pied sur l'Olympe, un éclair aveuglant, sorti de la main de Jupiter, déchira l'atmosphère et pulvérisa en un instant le rocher qui servait de base à l'échafaudage construit par les Géants. Toute la pile de rochers s'écroula aussitôt dans un énorme fracas, entraînant les Géants dans sa chute. Depuis ce jour, pendant les orages, l'éclair de la foudre est toujours suivi du bruit du tonnerre, semblable à celui de l'écroulement d'une montagne.

La séparation des pouvoirs

C'est à la suite de cette chaude alerte que Jupiter inventa et mit en pratique le principe de la séparation des pouvoirs. Ayant compris qu'il ne pouvait pas, à lui seul, s'occuper de tout, et désireux d'autre part de remercier ses frères pour leur participation à la guerre contre les Géants, il décida de partager avec eux l'empire du monde. De l'univers, il fit trois parts, d'ailleurs inégales ; la première, la plus importante, se composait du ciel et de la terre ; la seconde, de la mer ; et la troisième, des enfers qui, à cette époque, étaient encore vides, puisque l'homme n'avait pas été créé. L'attribution des trois lots se fit par un tirage au sort, vraisemblablement truqué par Jupiter. C'est à lui qu'échurent le ciel et la terre, cependant que Neptune recevait l'empire des mers et Pluton l'empire des morts. Ainsi, malgré le principe déclaré d'égalité entre les trois pouvoirs, Jupiter conservait en fait une indiscutable prééminence. Pour mieux la marquer, il installa sa résidence et son trône sur l'Olympe, tandis que Neptune et Pluton se construisaient leurs palais, le premier au fond de l'océan et le second sous la terre.

Les trois frères avaient des caractères et des goûts fort différents, qui se manifestèrent d'abord dans la manière dont ils organisèrent leur existence.

Jupiter politicien

La personnalité de Jupiter ressemblait, sous de nombreux aspects, à celle des grands politiciens de notre époque. Il aimait par-dessus tout les contacts humains ou plutôt, dans son cas, les contacts divins. Il se plaisait aux combinaisons et aux intrigues, à condition d'en tirer tous les fils. Malgré sa stature imposante, ses sourcils épais qu'il fronçait parfois d'une manière menaçante et sa voix tonnante qui, dans ses moments de colère, faisait trembler son entourage, il se laissait facilement influencer, surtout par les déesses et plus tard par les femmes. Car c'était ce qu'on appellerait aujourd'hui « un homme à femmes ». Un chapitre entier de ce livre sera d'ailleurs consacré bientôt à ses aventures féminines. Le seul aspect par lequel il se différenciait des politiciens modernes était son aversion pour le mensonge. Non seulement il avait pour principe de ne jamais mentir lui-même, sauf pour dissimuler à son épouse ses infidélités conjugales, mais encore, comme le dit Homère, « il ne venait jamais en aide à ceux qui mentent ou qui violent leurs serments ».

Son premier souci, après être devenu le maître de

l'Olympe, fut de se trouver une épouse. Compte tenu de son rang, il ne pouvait envisager de se marier avec une déesse de deuxième ordre, et son choix se limitait donc aux trois déesses à part entière qui existaient à l'époque, c'est-à-dire ses propres sœurs. Il choisit la plus belle des trois, Junon, et, comme nous le verrons plus loin, eut souvent l'occasion par la suite de s'en mordre les doigts. Mais laissons-le pour l'instant savourer les premiers moments de son triomphe et de sa gloire. Assis dans son trône d'or, il tient d'une main un sceptre, insigne de son autorité, et de l'autre, la foudre, instrument de sa puissance ; à ses pieds, son animal favori, l'aigle qui lui a sauvé la vie, repose les yeux mi-clos. Rien ne trouble encore l'atmosphère lumineuse, parfumée et paisible de l'Olympe.

Neptune, gentleman-farmer

Neptune était d'un tempérament moins sociable que son frère. Aux contacts avec les dieux, il préférait ceux avec la nature. Comme certains gentlemen-farmers d'Angleterre ou d'Andalousie, il avait trois passions dominantes : la mer, dont il soulevait et apaisait à son gré les tempêtes à l'aide de son trident, les chevaux rapides et les taureaux puissants. C'est à regret que, de temps à autre, il quittait sa demeure du fond de l'océan pour se rendre à une réunion ou à un banquet sur l'Olympe. Il avait choisi pour épouse une déesse marine, Amphitrite, qui partageait son goût pour la vie de plein air. Il avait tout, semble-t-il, pour être heureux, et pourtant le Destin, qui est plus fort que les dieux eux-mêmes, allait lui causer bientôt, par l'intermédiaire de ses propres enfants, de nombreux soucis et de cruels chagrins.

Le sombre Pluton

Le troisième frère, Pluton, était dépressif, taciturne et misanthrope. Sa mélancolie naturelle n'avait fait que s'accentuer depuis le jour où il était devenu le maître des enfers et était allé s'installer dans sa sombre demeure. Pendant long-temps, personne ne le vit, d'une part parce qu'il quittait peu son séjour souterrain, d'autre part parce que, dans les rares occasions où il le quittait, il portait un casque qui avait la propriété de le rendre invisible. Les habitants de l'Olympe avaient donc fini par l'oublier presque complètement, lorsqu'un jour Jupiter le vit apparaître devant lui, sans son casque. Avec brusquerie, Pluton déclara à son frère que, malgré son goût pour la solitude, il s'ennuyait aux enfers et avait résolu de se marier. « Avec qui ? » lui demanda Jupiter. « Avec Proserpine », répondit Pluton. Proserpine était la fille de Cérès, l'une des trois sœurs de Jupiter. Et qui était son père, me demanderez-vous ? C'était Jupiter lui-même, qui n'avait pas craint de commettre sa première infidélité conjugale avec sa propre sœur et belle-sœur. De cette liaison doublement coupable était née Proserpine. En guise de cadeau, Jupiter, qui toute sa vie devait se montrer généreux envers ses maîtresses, avait offert à Cérès le royaume des prés et des champs, c'est-à-dire la responsabilité d'y faire pousser l'herbe, les fleurs et les plantes. Depuis, Proserpine avait grandi et était devenue une belle déesse. Elle et sa mère s'adoraient et ne se quittaient pas. C'est sur elle que Pluton avait jeté son dévolu.

Se doutant que Proserpine serait peu disposée à quitter sa mère et le séjour radieux de l'Olympe pour aller s'enterrer au royaume des morts en compagnie d'un lugubre mari, Pluton venait demander à Jupiter de l'aider à enlever de force la jeune déesse. Le maître de l'Olympe ne savait pas dire non ; il promit son concours.

Le guet-apens eut lieu quelques jours plus tard. Proserpine se promenait avec sa mère, Cérès, dans un pré fleuri. Elle aperçut, non loin d'elle, une fleur d'une espèce inconnue. C'était un narcisse, que Jupiter avait créé pour l'occasion. Quittant sa mère, Proserpine se dirigea vers la fleur pour la cueillir. Pluton, que son casque rendait invisible, se saisit alors d'elle et, par une crevasse qui s'ouvrit soudain dans le sol, l'entraîna au fond des enfers. Cérès n'avait rien vu, elle avait seulement entendu sa fille pousser un cri de frayeur. Désespérée, elle se mit à chercher partout Proserpine, mais en vain. Se doutant que Jupiter en savait plus sur cette disparition qu'il ne voulait bien le dire, elle usa alors du chantage :

– Tant que je n'aurai pas retrouvé ma fille, lui dit-elle, je cesserai de faire pousser la végétation.

Les fleurs se fanèrent, l'herbe se dessécha, les animaux dépérirent, et Jupiter finit par céder : il demanda à Pluton de restituer Proserpine à sa mère.

– Impossible, répondit Pluton. Il existe une règle selon laquelle toute personne qui s'est alimentée, aussi peu que ce soit, pendant son séjour aux enfers doit y demeurer ; or Proserpine, à peine arrivée chez moi, a croqué un pépin de grenade.

Jupiter réunit alors Cérès et Pluton et leur proposa un accord transactionnel auquel, après quelques difficultés, ils donnèrent leur consentement : Proserpine passerait quatre mois par an aux enfers, en compagnie de Pluton, et le reste de l'année sur l'Olympe, avec sa mère. Cérès resta cependant inflexible sur un point : pendant toute la durée de l'absence annuelle de sa fille, nulle végétation ne pousserait plus désormais sur la terre. L'hiver venait d'être institué.

2. La création de l'homme

L'étourderie d'Épiméthée

Après s'être partagé le monde avec ses deux frères, Jupiter se proposa d'organiser la vie animale sur la terre en différenciant clairement les espèces et en donnant à chacune d'elles des caractéristiques particulières et des moyens de survie. Il demanda au plus compétent de ses collaborateurs, Prométhée, de s'en occuper. Mais Prométhée, qui préférait sans doute se consacrer à ses travaux de recherche fondamentale et à ses réflexions philosophiques et morales, se déchargea à son tour de cette tâche sur son frère Épiméthée.

Épiméthée, dont le nom signifie : « celui qui réfléchit trop tard », était aussi étourdi et désordonné que Prométhée était réfléchi et méthodique. Sans aucun plan d'ensemble, il se mit donc à distribuer, au gré de ses impulsions et de sa fantaisie, les organes anatomiques et les facultés vitales dont il disposait. Il donna aux poissons des écailles, des nageoires et des ouïes pour leur permettre de vivre sous l'eau ; aux oiseaux, des ailes et des plumes pour leur permettre de voler ; il donna le courage aux lions, la ruse aux renards, la prudence aux serpents, la sobriété aux dromadaires, la vitesse aux zèbres, aux gazelles et aux lièvres ; il donna un cuir solide aux rhinocéros et aux crocodiles, une fourrure épaisse aux ours, une vue perçante aux lynx, et le don du camouflage aux caméléons.

Lorsqu'il eut épuisé son stock d'organes et de facultés, il s'aperçut qu'il restait encore une espèce à laquelle il n'avait rien donné ; c'était celle des hommes. Comment les malheureux pourraient-ils, sans nageoires et sans ailes, sans crocs et sans griffes, sans cuir et sans fourrure, se protéger contre les agressions de la nature et se procurer leur subsistance ?

Penaud, Épiméthée fit part à son frère de son oubli. Prométhée, pris de pitié et d'affection pour la misérable espèce humaine, résolut de la protéger. Il alla dérober une parcelle du feu divin, en allumant une torche au soleil, et en fit cadeau aux hommes, leur donnant ainsi le moyen de se protéger du froid, de faire cuire des aliments, de se forger des armes, des outils et, plus tard, des machines.

Dans un mouvement de générosité, il fit plus encore : il rassembla tous les maux susceptibles d'accabler les hommes – la maladie, le chagrin, la haine, l'envie, la colère, la jalousie, le mensonge – et les enferma dans une boîte qu'il remit à Épiméthée en lui recommandant de ne jamais l'ouvrir. Enfin, pour plus de sûreté, il enseigna aux hommes à se concilier, par des sacrifices, les bonnes grâces des dieux. À cette occasion, il joua à Jupiter un tour que celui-ci ne devait pas lui pardonner.

Ayant réuni les premiers hommes pour leur apprendre à faire une offrande aux dieux, il leur donna pour instruction de tuer un bœuf bien gras et de partager ses dépouilles en deux lots : le premier serait composé des parties les moins comestibles de l'animal, telles que les os, les cornes, le cœur ou l'estomac, et le second des meilleurs morceaux. Il fit ensuite emballer le premier lot d'une manière appétissante en le couvrant d'une couche de graisse blanche et parfumée, alors que le second lot était enveloppé grossièrement dans la peau sanguinolente du bœuf. Invité à faire son choix entre les deux lots, Jupiter, se comportant à cette occasion comme une ménagère dans un supermarché, se laissa influencer par l'emballage et choisit le mauvais lot parce qu'il était bien présenté. En ouvrant le paquet, il s'aperçut, mais trop tard, de son erreur.

S'appuyant sur ce précédent, les hommes de l'Antiquité purent désormais, en toute tranquillité d'esprit, offrir aux dieux, en sacrifice, les morceaux dont ils ne voulaient pas pour eux-mêmes. Mais Jupiter, humilié, avait juré de se venger, sur Prométhée d'abord et sur les hommes ensuite.

Le châtiment de Prométhée

Oublieux des services éminents que Prométhée lui avait rendus au cours de la guerre contre les Titans et de la révolte des Géants, Jupiter s'empara de lui et l'enchaîna au sommet du mont Caucase. Là, deux fois par jour, un aigle allait dévorer un morceau du foie de Prométhée. Après quelques jours de ce supplice, Jupiter rendit visite à Prométhée.

– Ta souffrance, lui dit-il, peut se prolonger éternellement, puisque tu es immortel. Je suis prêt cependant à te faire grâce, si tu me dis où tu as caché les maux et les souffrances de l'humanité, que je voudrais bien répandre sur elle.

– Jamais, répondit Prométhée, donnant ainsi aux hommes le premier exemple de révolte contre l'injustice et de résistance à la tyrannie.

Malgré diverses intercessions en faveur de Prométhée, Jupiter, pour une fois, se montra inflexible. À son épouse, Junon, qui lui reprochait son attitude, il répondit même, joignant ainsi l'ironie à la cruauté :

2. LA CRÉATION DE L'HOMME

– Plutôt que de t'apitoyer sur le sort de Prométhée, tu ferais mieux de plaindre mon malheureux aigle, condamné à manger du foie à tous ses repas.

Pandore

N'ayant pu arracher à Prométhée le secret de l'endroit où se trouvaient enfermés les maux de l'humanité, Jupiter décida d'inventer un fléau nouveau, capable à lui seul de les remplacer tous. Cet instrument de la vengeance divine, ce fut la femme. Il faut vous dire en effet – et si je ne l'avais pas fait jusqu'ici, c'était pour vous ménager une surprise – que la race humaine ne se composait initialement que d'individus mâles. Cette heureuse période fut désignée par les Anciens sous le nom d'âge d'or. Elle prit fin le jour où Jupiter, aidé de ses frères et sœurs, ainsi que de quelques divinités nouvelles dont nous parlerons plus loin, fabriqua le prototype de la femme. Il le dota de multiples attraits physiques et d'un petit défaut moral qui, il l'espérait bien, servirait de détonateur à d'immenses catastrophes. Ce petit défaut, c'était la curiosité. Satisfait de son œuvre, Jupiter appela la première femme Pandore, ce qui signifie « celle qui a tous les dons », et l'envoya sur la terre.

La première personne qu'elle y rencontra fut Épiméthée l'étourdi qui, depuis la condamnation de son frère Prométhée, vivait parmi les hommes. Épiméthée fut ébloui par la beauté de Pandore et par son air doux, chaste et candide. Il l'invita à partager sa demeure et son lit. Le lendemain, appelé hors de chez lui par quelque affaire urgente, il laissa Pandore seule dans la maison, qu'elle se mit aussitôt à fouiller de fond en comble. Elle ne tarda pas à tomber sur la grosse boîte que Prométhée avait confiée à son frère et dans laquelle étaient enfermés les maux de l'humanité. Les mots inscrits sur la boîte, *À n'ouvrir sous aucun prétexte*, éveillèrent sa curiosité. « Épiméthée n'en saura rien », pensa-t-elle, et elle souleva le couvercle. Comme un ouragan, la haine et l'envie, le crime et le remords, la jalousie et l'angoisse, tous les péchés capitaux et toutes les maladies du corps et de l'âme s'échappèrent de la boîte et se répandirent sur la terre.

Lorsque Épiméthée revint, il ne put que constater, avec consternation, que la boîte était ouverte et vide. Pourtant, non, elle n'était pas complètement vide. Tout au fond, dans un coin, il aperçut une autre boîte beaucoup plus petite. Elle était enveloppée dans un papier sur lequel Épiméthée put lire : *À ouvrir en cas d'accident.*

Dans cette petite boîte, prévoyant le pire, Prométhée avait placé le seul antidote possible à tous les poisons de l'existence humaine, le remède universel à tous les maux, le baume capable d'atténuer toutes les souffrances. D'une main tremblante, Épiméthée ouvrit la petite boîte. Il en vit sortir l'Espérance.

3. Les amours de Jupiter

Eₙ CRÉANT LA FEMME, Jupiter avait pour premier but de troubler le bonheur des hommes. Mais il avait sans doute aussi l'arrière-pensée de procurer des débouchés plus larges à ses propres ardeurs amoureuses que les déesses de l'Olympe ne suffisaient déjà plus à satisfaire. De fait, dans la liste des aventures galantes de Jupiter, on trouve au moins autant de femmes que de déesses.

Junon

Junon fut la première compagne et la seule épouse légitime de Jupiter, dont elle était aussi la sœur. Elle lui donna trois enfants, qui furent des divinités de première grandeur et dont je parlerai bientôt. Par sa naissance et son mariage, elle était la première des déesses ; mais elle était aussi la plus antipathique d'entre elles. Grande et belle, mais d'une beauté froide, pareille à celle d'une statue de marbre, elle était vaniteuse, susceptible et acariâtre. Elle se croyait supérieure à tout le monde, disait du mal de toutes les déesses et de toutes les femmes, ne cessait de faire des reproches à son mari et lui cachait ses bouteilles de nectar lorsqu'elle trouvait qu'il buvait trop. Surtout, lorsqu'à tort ou à raison elle soupçonnait une femme ou une déesse d'avoir une liaison avec Jupiter, elle la poursuivait d'une haine implacable jusqu'à ce qu'elle en eût tiré vengeance. Or, il faut bien le dire, les occasions d'être jalouse ne lui manquèrent pas.

Léda

Un jour, Jupiter se mit en tête de faire la conquête d'une jeune reine, nommée Léda, femme du roi de Sparte, Tyndare. Il ne savait comment s'approcher d'elle sans l'effaroucher, car elle était d'un naturel timide. Ayant observé qu'elle aimait se promener au bord d'un lac où nageaient de beaux cygnes, et qu'elle paraissait avoir pour ces volatiles une prédilection particulière, Jupiter se changea lui-même en cygne et ordonna à son aigle de faire semblant de le pourchasser dans les airs, au-dessus du lac que longeait Léda. Émue par les cris déchirants du faux cygne, Léda lui offrit la protection de ses bras. Dès qu'il fut dans la place, Jupiter reprit sa forme humaine, ou plutôt divine, et profita sans vergogne de la situation. Mise au courant de cette aventure par quelque mauvaise langue, Junon, qui n'osait s'en prendre à son mari dont elle craignait les foudres, se vengea sur l'infortunée Léda en mettant dans son ventre, par une opération surnaturelle, deux œufs si gros que, lorsque Léda les mit au monde, elle en mourut.

De l'un de ces œufs sortirent deux sœurs jumelles, Hélène et Clytemnestre, et de l'autre, deux frères jumeaux, Castor et Pollux. Par une bizarrerie génétique dont il ne faut pas me demander l'explication, trois de ces quatre enfants étaient mortels, et un seul, Pollux, immortel. Nous aurons plus d'une occasion de reparler d'eux.

3. LES AMOURS DE JUPITER

Écho

Il arrivait aussi que Junon vît ses vengeances se retourner contre elle. Un jour, elle apprit qu'une jeune nymphe, nommée Écho, avait eu avec Jupiter une aventure amoureuse. Pour la punir, faute de pouvoir la tuer (car Écho était immortelle), elle décida de la priver presque complètement de l'usage de la parole en ne lui permettant, pour tout discours, que de répéter la dernière syllabe des phrases qui lui étaient adressées. C'est ainsi que si quelqu'un disait à Écho : « M'entends-tu ? » Écho ne pouvait que répondre : « Tu, tu, tu... », ou encore : « Écho, es-tu là ? Là, là, là... » Cette perverse invention ne tarda pas à retomber sur le nez de son auteur.

À quelque temps de là, un jour qu'elle cherchait partout Jupiter, le soupçonnant de courir encore le jupon, Junon rencontre Écho. Elle lui demande :

– Sais-tu où est Jupiter ?

– Ter, ter, ter..., ne peut que répondre Écho.

– Je me doute bien qu'il est sur terre, reprend Junon, mais je veux savoir avec qui se trouve cet époux infâme.

– Fâme, fâme, fâme..., répond Écho.

– Bien sûr qu'il est avec une femme, s'irrite Junon, mais je veux que tu me dises son nom.

– Non, non, non..., répond Écho.

– Quoi ! je suis trompée, bafouée et, toi, tu te réjouis ?

– Oui, oui, oui...

Argus

Pour pouvoir mieux surveiller son mari volage, Junon eut alors l'idée d'avoir recours aux services d'un espion, nommé Argus. Il était particulièrement efficace, car il possédait cent yeux ; même lorsqu'il dormait, il en gardait toujours cinquante ouverts. Aucun mouvement de Jupiter n'échappait donc à Argus, qui en avertissait aussitôt Junon. Pour se débarrasser de cette surveillance importune, Jupiter eut l'idée de demander à

Argus de lui éplucher des oignons pour faire une omelette. Comme chacun sait, rien ne fait autant pleurer que d'éplucher des oignons. Les cent yeux de l'espion se mirent à déverser un véritable torrent de larmes, dans lequel le pauvre Argus se noya. Désespérée par sa perte, Junon transforma le corps d'Argus en un paon, sur la queue duquel elle plaça les cent yeux du défunt. La prochaine fois que vous verrez un paon faire la roue, vous constaterez que les yeux d'Argus y sont toujours. Depuis ce jour, les paons devinrent les animaux favoris de Junon, qui prit l'habitude de se déplacer dans un char traîné par quatre d'entre eux. Quant à Jupiter, il put se livrer plus facilement à ses escapades. Deux d'entre elles méritent encore d'être citées, car les enfants qui en furent les fruits devaient jouer, dans l'histoire de l'humanité, un rôle éminent.

Sémélé et Bacchus

Pour séduire les mortelles, Jupiter n'hésitait pas à revêtir les formes les plus diverses, se métamorphosant parfois en cygne, parfois en taureau, parfois même en pluie. Dans le cas de Sémélé, une jeune princesse thébaine, il se contenta d'abord de prendre une forme humaine.

Cependant, comme Sémélé lui résistait, il finit par lui révéler sa véritable identité. Sémélé céda alors à ses avances. Mais, poussée par l'irrésistible curiosité des filles de Pandore, elle brûlait de savoir de quoi avait vraiment l'air le maître de l'Olympe.

— Promets-moi de me faire un petit plaisir, dit-elle une nuit à Jupiter.

Imprudemment, Jupiter promit.

— Montre-toi à moi dans toute la splendeur de ton apparence divine, lui demanda-t-elle alors.

Jupiter savait qu'aucun mortel ne pouvait supporter une pareille vision, mais il avait pour principe de toujours tenir ses promesses.

3. LES AMOURS DE JUPITER

– Tu l'auras voulu, dit-il tristement, et il reprit sa forme divine. Aussitôt, Sémélé s'embrasa comme une torche. Elle n'eut que le temps, avant d'expirer, de crier à Jupiter :

– Sauve ton enfant que je porte en moi !

Jupiter retira prestement du ventre de Sémélé le fœtus de quelques semaines qui s'y trouvait et, ne sachant qu'en faire, l'introduisit dans sa propre cuisse. Quelques mois plus tard, au terme d'une gestation sans histoire, Bacchus sortait de la cuisse de Jupiter.

Parce qu'il était le fils d'une mortelle, Bacchus n'aurait dû être normalement qu'un demi-dieu ou même un simple héros. Mais, parce qu'il l'avait lui-même porté et enfanté, Jupiter décida d'en faire un dieu à part entière.

Lorsqu'il fut grand, Bacchus, qui, du fait sans doute de son ascendance maternelle, éprouvait une tendresse particulière pour l'espèce humaine, voulut lui rendre un service éminent. Avant lui, Prométhée avait donné aux hommes l'Espérance, qui permet de mieux supporter les douleurs physiques et morales. Ce n'était déjà pas mal, surtout si, comme l'affirment certains philosophes pessimistes, la réduction de la souffrance est le projet le plus ambitieux que puissent, avec quelque réalisme, s'assigner les hommes. Mais Bacchus n'avait lu ni Schopenhauer ni Freud, et il voulait faire mieux que Prométhée en offrant aux hommes une source inépuisable de plaisirs, de gaieté et de fêtes. Il leur fit don du vin. Il consacra plusieurs années de sa vie à propager sur toute la terre la culture de la vigne et le culte du vin. Il allait de pays en pays, à la tête d'un groupe de faunes, de dryades et de bacchantes. Deux compagnons, tous deux immortels, ne le quittaient pas. Le premier, Silène, était un vieillard bedonnant, rubicond et aviné. Il fallait deux assistants pour le soutenir sur son âne. Le second, Pan, était comme les faunes, velu et cornu avec des pieds de chèvre. Il ne cessait de poursuivre les nymphes, mais sa laideur extrême les faisait s'enfuir devant lui, saisies de peur « panique ». Il se consolait en buvant du vin et en jouant d'une flûte à cinq tubes qu'il avait inventée. Du haut de l'Olympe, Jupiter regardait souvent avec indulgence et amusement le joyeux cortège conduit par Bacchus, et se sentait alors enclin à partager la tendresse de son fils pour les hommes.

Alcmène et Hercule

Mais l'essentiel de sa tendresse, il le réservait aux femmes. Au cours de ses fréquentes visites à Sémélé, dans la ville de Thèbes où elle habitait, il avait remarqué une fort jolie femme appelée Alcmène. Et la malheureuse Sémélé était à peine morte que Jupiter disposait déjà ses batteries pour faire la conquête d'Alcmène. Celle-ci était la femme d'un général thébain, nommé Amphitryon, que son métier obligeait souvent à quitter son domicile. Il le faisait sans inquiétude, car il savait sa femme d'une fidélité exemplaire.

Jupiter le savait aussi. C'est pourquoi, profitant d'une absence d'Amphitryon, c'est sous les propres traits de celui-ci que Jupiter se présenta à Alcmène. Elle fut un peu surprise de voir celui qu'elle prenait (ou qu'elle affectait de prendre) pour son mari rentrer plus tôt que prévu, et elle lui fit un accueil d'une particulière tendresse. Quelques mois plus tard, elle accouchait de deux garçons. L'un d'eux était le fils du vrai Amphitryon, et fut prénommé Iphiclès. L'autre était le fils de Jupiter et allait bientôt remplir le monde du bruit de ses exploits. On l'appela Hercule.

4. Apollon et Diane, les archers divins

APOLLON ET DIANE étaient les deux enfants jumeaux nés d'une brève liaison de Jupiter avec une déesse de second ordre, Latone.

Au moment d'accoucher, celle-ci, craignant la colère de Junon, était allée se cacher dans la minuscule île grecque de Délos, où Apollon et Diane virent le jour. Ils grandirent ensemble, unis par une tendre affection qui ne devait jamais se démentir, et par leur goût commun pour le tir à l'arc, où ils excellaient tous les deux. Ils étaient pourtant fort différents l'un de l'autre.

Le dieu du soleil

Apollon, aux traits purs et à la chevelure dorée, était le plus beau des dieux grecs. Il était le patron de la poésie, de la musique et des arts, ainsi que de la médecine qui, à l'époque, était considérée comme un art plutôt que comme une science, ce qui ne l'empêchait pas de tuer les malades aussi sûrement qu'aujourd'hui. Mais il était surtout le dieu du soleil. Tous les matins, ponctuellement, il attelait le char du soleil à quatre chevaux divins et fougueux et lui faisait parcourir dans le ciel sa trajectoire quotidienne. Tous les matins, dis-je, sauf une fois, où il commit une coupable imprudence qui mérite d'être racontée pour l'édification des pères trop faibles et des enfants trop téméraires.

Phaéton

Apollon avait plusieurs fils. L'un d'entre eux, nommé Phaéton, était ce que l'on appelle un « fils à papa ». Très fier de ses origines, il ne cessait de s'en vanter auprès de ses camarades et de faire étalage des trop nombreux cadeaux que lui faisait constamment son père. Surtout, il parlait du char du soleil avec autant de fatuité que le fils d'un millionnaire pourrait parler de la Rolls Royce de son papa.

— Tu serais bien incapable de le conduire, lui dirent un jour ses amis.

Piqué au vif, Phaéton alla trouver son père, le cajola, lui servit une coupe de nectar bien frais et lui dit enfin :

— Papa, je voudrais te demander une petite faveur.

— Par le fleuve sacré du Styx, répondit Apollon, je te l'accorde d'avance.

Les serments prononcés au nom de Styx étaient, pour les dieux grecs, absolument sacrés. Celui qui les violait s'exposait à être banni de l'Olympe et condamné à une peine de trois à six mois d'interdiction de séjour assortie de privation de nectar et d'ambroisie, peine pouvant être aggravée en cas de récidive. Phaéton le savait bien, et c'est donc en toute tranquillité qu'il formula alors sa demande :

— Prête-moi le char du soleil et laisse-moi le conduire pendant une journée.

4. APOLLON ET DIANE, LES ARCHERS DIVINS

Apollon tenta de dissuader son fils en lui faisant valoir que les fougueux chevaux n'obéissaient qu'à lui-même, qu'il serait donc très difficile à Phaéton de respecter scrupuleusement la trajectoire et l'horaire que devait suivre le soleil, et qu'il y avait même des risques d'accidents graves, pour lesquels il n'était pas assuré. Rien n'y fit, Apollon dut s'exécuter.

Le lendemain, à l'aube, Phaéton prend les rênes, et l'attelage s'élance. Dès qu'ils sentent que ce n'est pas leur maître habituel qui les conduit, les chevaux s'emballent et, en quelques minutes, entraînent le char au zénith, c'est-à-dire à l'endroit où il n'aurait dû arriver qu'à midi. Sur terre, c'est la stupeur et le désordre. Alors que les ménagères s'apprêtaient à préparer le petit déjeuner, leurs maris réclament déjà le repas de midi. Les écoliers, qui venaient à peine d'entrer en classe, exigent d'en sortir. Quant aux agriculteurs, ils s'étonnent de n'avoir même pas pu tracer un sillon pendant toute la matinée. À ce moment, reprenant un peu le contrôle des chevaux, Phaéton les force à rebrousser chemin et l'on voit, pour la première et dernière fois de l'histoire, le soleil se déplacer d'ouest en est. Les dieux, affolés, pressent Jupiter d'intervenir pour faire cesser ce scandale. Mais le maître de l'Olympe, jugeant que les questions solaires n'entrent pas dans ses attributions, hésite encore à punir son petit-fils. Phaéton, cependant, décide de frapper un grand coup : pour que ses petits camarades puissent le voir de plus près aux commandes de son bolide, il force les chevaux à se rapprocher de la terre et entreprend un vol en rase-mottes. Sur son passage, le soleil brûle les récoltes et les maisons, fait fondre les glaces des banquises, dessèche les rivières et noircit, pour toujours, la peau des habitants de l'Afrique.

Cette fois, c'en est trop. Jupiter foudroie l'imprudent Phaéton, cependant qu'Apollon reprend précipitamment les commandes du char en folie.

4. APOLLON ET DIANE, LES ARCHERS DIVINS

Midas

Attristé par la disparition tragique de son fils, Apollon chercha une consolation dans la musique. Se consacrant avec passion à la pratique de la lyre, un instrument analogue à la guitare et très prisé chez les Grecs, il ne tarda pas à en devenir un remarquable virtuose. La modestie n'étant pas son fort, il se considéra dès lors, non sans raison, comme le meilleur joueur de lyre de tous les pays et de tous les temps.

Une occasion s'offre bientôt de faire admirer son talent : un concours international de musique est organisé, dans une ville de Grèce, par le roi de cette ville, un certain Midas. Ne doutant pas un instant d'en être le vainqueur, Apollon s'y présente sous un déguisement et sous un faux nom. Lorsque arrive son tour, il joue sur sa lyre une sonate de sa composition avec un tel talent que l'auditoire, subjugué, l'acclame. Mais c'était le roi Midas qui présidait le concours et qui décernait les prix. Or il avait, parmi les concurrents, un protégé nommé Marsyas, à qui il avait promis d'avance de donner le premier prix. Il faut dire que ce Marsyas n'était pas, lui non plus, dépourvu de talent musical, et qu'en outre il était le seul à posséder un instrument tout à fait nouveau à l'époque, une flûte en or qu'il avait un jour mystérieusement trouvée dans un champ. Certes, il n'était pas un virtuose de la force d'Apollon, mais il avait l'avantage d'être ami intime du roi Midas, juge-arbitre du concours. Contre toute justice, Midas déclare donc qu'Apollon (qu'il n'a évidemment pas reconnu) a fait quelques fausses notes, et que le premier prix revient à Marsyas. Apollon se retire ulcéré et bien décidé à se venger de Midas.

Une idée amusante lui vient : pour punir Midas d'avoir, en matière musicale, une si mauvaise oreille, il lui fait pousser sur la tête une paire d'oreilles d'âne. Pour cacher son infortune, Midas décide alors, comme certains acteurs contemporains désireux de dissimuler leur calvitie, de toujours porter un

4. APOLLON ET DIANE, LES ARCHERS DIVINS

chapeau. Ainsi, personne ne verra jamais ses oreilles d'âne. Personne ? Si, il y a quelqu'un à qui il ne peut les cacher : son coiffeur. Il fait donc jurer à celui-ci, sous la menace des pires châtiments, de ne pas trahir son secret et de n'en parler à personne, absolument personne. Le coiffeur promet et, pendant quelque temps, tient son serment. Mais ce secret l'étouffait, il fallait à tout prix qu'il le confiât à quelqu'un ou du moins à quelque chose qui ne le répéterait pas. Faisant un trou dans la terre, le coiffeur se penche et murmure, au fond du trou :

– Midas, le roi Midas, a des oreilles d'âne.

Puis il rebouche précipitamment le trou et rentre chez lui, soulagé et persuadé que le secret est bien enterré.

Quelques semaines plus tard, des roseaux poussent sur le trou et, agités par le vent, font entendre à tous les passants le secret que le coiffeur avait cru ensevelir à tout jamais. Seulement, comme les roseaux ont un léger accent, intermédiaire entre celui des Auvergnats et celui des Martiniquais, cela donnait : « Midache, le oi Midache, a des jœilles d'âne. » Il n'empêche que tout le monde comprenait fort bien.

Honteux et confus, Midas, qui, dans l'intervalle, avait appris la cause de son malheur et l'identité de son persécuteur, fait intervenir toutes ses relations humaines et divines pour obtenir le pardon d'Apollon. Celui-ci accepte de lui restituer ses oreilles d'origine et même, bon prince, propose à Midas, en guise de dédommagement, de lui accorder une faveur de son choix. Midas, qui ne voyait pas plus loin que le bout de son nez, lequel, malheureusement pour lui, était moins long que ses oreilles, demande à Apollon « le pouvoir de changer en or tous les objets qu'il touchera ».

– C'est d'accord, lui répond Apollon, riant déjà sous cape.

Midas n'en croyait pas ses nouvelles oreilles. Pour s'assurer qu'il n'était pas victime d'une supercherie, il tente une première expérience en prenant entre ses doigts quelques sous de bronze qu'il avait dans sa poche ; ils deviennent aussitôt des pièces d'or fin. Il descend alors dans ses écuries, ramasse quelques crottins de cheval que les palefreniers n'avaient pas encore enlevés, et constate avec ravissement qu'ils se transforment aussi en lingots. La perspective de devenir, quand il le voudrait, l'homme le plus riche du monde met Midas en appétit. Il demande à son cuisinier de lui préparer son plat préféré, des choux à la crème. Mais, dans ce temps-là, on mangeait avec les doigts, même chez les rois. Midas n'a pas plus tôt saisi un chou, pour le porter à sa bouche, que la pâte onctueuse, la crème pâtissière et le caramel croustillant se transforment eux aussi en or, métal assurément précieux et inaltérable, mais éminemment incomestible. Voici donc le pauvre Midas condamné, par sa propre avidité, à mourir de faim sur un tas d'or.

Une fois de plus, il lui fallut implorer le pardon d'Apollon, qui voulut bien le lui accorder en lui conseillant d'aller se laver dans un fleuve magique, appelé le Pactole. Il paraît que, depuis que Midas s'y est baigné, le Pactole charrie toujours dans ses eaux des paillettes d'or.

Coronis et Esculape

Apollon, comme son père Jupiter, était un grand séducteur. Peu de femmes résistaient à sa légendaire beauté. Mais, si la beauté suffit souvent à faire la conquête d'une femme, elle suffit rarement à conserver son amour. Comme la plupart des jolis garçons, Apollon obtenait des succès nombreux et faciles, mais généralement éphémères. C'est ce qui lui arriva en particulier avec une jeune fille nommée Coronis. Celle-ci, après avoir cédé rapidement aux avances d'Apollon, n'avait pas tardé à le trouver ennuyeux et à le tromper avec un simple mortel. Comme elle redoutait la jalousie du dieu du soleil, elle s'efforça de lui cacher son infidélité et y parvint quelque temps. Elle rencontrait son autre amant dans un jardin entouré de hauts murs, à l'abri, pensait-elle, de tous les regards. Malheureusement pour elle, un corbeau, volant au-dessus du jardin secret, l'aperçut un jour en compagnie du jeune homme. Les corbeaux étaient les oiseaux favoris d'Apollon. Leur plumage, à cette époque, était d'une blancheur éclatante. Celui qui avait surpris Coronis s'empressa d'aller la dénoncer à Apollon.

Saisi d'une jalousie meurtrière, Apollon châtia Coronis en la perçant mortellement d'une de ses flèches. Au moment d'expirer, Coronis mit au monde un petit garçon, et eut encore la force de demander à Apollon d'en prendre soin.

Apollon, pris de remords, recueillit l'enfant, qu'il appela Esculape, et décida de faire de lui un guérisseur des souffrances humaines, le premier et le meilleur de tous les médecins. Quant au corbeau, il ne fut guère récompensé de sa dénonciation : Apollon décréta que son plumage serait désormais aussi noir que la vilaine action qu'il avait commise.

4. APOLLON ET DIANE, LES ARCHERS DIVINS

La chaste Diane

Autant Apollon était coureur, autant sa sœur Diane était chaste. Amoureuse, sans vouloir se l'avouer, de son propre frère, elle ne s'intéressait guère aux autres dieux ni aux hommes. En compagnie de quelques nymphes qui partageaient ses goûts, elle consacrait toutes ses journées et toute son énergie à la chasse, qu'elle aimait plus que tout. Alors qu'Apollon était le dieu ardent du soleil, elle était la déesse froide de la lune. C'est elle qui, pendant la nuit, éclairait les forêts et les champs de ses rayons sans chaleur.

Actéon

À sa froideur et à sa chasteté Diane ajoutait parfois, comme tous les membres de la famille de Jupiter, une impitoyable dureté. Au cours d'une de ses parties de chasse, elle s'arrêta un jour, avec sa troupe, près d'une fontaine. S'étant dépouillées de leur tunique, Diane et ses compagnes s'ébattaient joyeusement dans l'onde fraîche et limpide, lorsque apparut soudain un jeune et beau chasseur, nommé Actéon, qui, tout à fait par hasard, passait aussi par là à la tête de sa meute de chiens. S'il avait su à qui il avait à faire, il aurait feint sans doute de n'avoir presque rien vu, en disant par exemple, comme ce gentleman anglais qui avait surpris la reine Victoria sous la douche : « Excusez-moi, monsieur. » Mais Actéon eut l'imprudence de regarder avec complaisance et admiration les nudités charmantes qui s'offraient à ses yeux. Diane, offusquée, aspergea Actéon de quelques gouttes d'eau qui le transformèrent en cerf. Épouvanté, il s'enfuit, poursuivi et bientôt dévoré par ses propres chiens.

Niobé

Ce n'était pas seulement la pudeur, mais parfois aussi l'orgueil outragé qui pouvait conduire Diane à des actes d'une extrême cruauté. Niobé en fit l'amère expérience. Niobé était reine du puissant royaume de Thèbes. Elle était belle, elle était riche, elle avait un mari charmant qui l'adorait et quatorze enfants, moitié garçons, moitié filles, tous plus beaux les uns que les autres. Tous ces bonheurs l'avaient un peu grisée, et elle eut un jour l'imprudence de se comparer publiquement, à son propre avantage, à la déesse Latone, mère d'Apollon et de Diane :

– Cette pauvre Latone, à peine enceinte, a été abandonnée par Jupiter, alors que mon mari est à mes pieds ; elle vit dans l'île misérable de Délos, alors que je règne sur la grande ville de Thèbes ; enfin, mes quatorze enfants sont plus beaux que les deux siens.

Ces propos furent rapportés à Apollon et à Diane, qui décidèrent aussitôt de venger l'honneur de leur mère.

Sept flèches d'or, tirées par Apollon, mirent fin aux jours des fils de Niobé ; sept flèches d'argent, tirées par Diane, firent subir le même sort aux filles. En vain Niobé avait-elle essayé de protéger de son corps la plus jeune de ses filles ; Diane ne l'avait pas épargnée. La douleur de Niobé fut si forte qu'elle la priva de toute sensibilité et que la pauvre femme fut transformée en une statue de pierre ; seuls ses yeux restèrent vivants, répandant sans fin un flot de larmes amères.

Endymion

Malgré la répulsion que lui inspiraient la plupart des hommes, Diane tomba pourtant, une fois dans sa vie, amoureuse de l'un d'eux, un jeune berger nommé Endymion. Elle l'avait aperçu une nuit, endormi auprès de ses troupeaux. Émue par sa beauté et rassurée par son sommeil, elle prit l'habitude d'aller le contempler toutes les nuits, sans lui parler, sans le toucher, laissant seulement les rayons de la lune caresser chastement son front. Une fois, pourtant, elle finit par céder à son désir, réveilla Endymion et s'unit à lui, avec une passion d'autant plus violente qu'elle avait été plus longtemps refoulée. De cet unique amour et de cette seule étreinte – car Diane ne retourna plus jamais auprès d'Endymion – naquirent d'un coup cinquante filles.

5. Mercure

MERCURE ÉTAIT FILS de Jupiter et, par sa mère, petit-fils d'Atlas. Malgré ces ascendances colossales, il était petit et fluet, mais gracieux et bien proportionné. Il portait à ses pieds et à son chapeau des ailes qui lui permettaient de se déplacer avec une extrême rapidité aux quatre coins du monde. Son esprit était aussi vif que son corps. Éloquent, persuasif et menteur, il était le dieu des commerçants et celui des voleurs, ce qui, pour les Grecs de l'Antiquité comme pour beaucoup de Français d'aujourd'hui, revenait à peu près au même.

Enfant gâté de Jupiter, il se livra dans son enfance à de multiples espiègleries que son père lui pardonnait le plus souvent avec une indulgence amusée. Il commença, le jour même de sa naissance, par voler à Apollon un troupeau de bœufs auquel le dieu du soleil tenait particulièrement. Pour ne pas être découvert, Mercure avait eu l'idée de conduire les bœufs en les faisant marcher à reculons. Ainsi, nul ne songea à suivre des traces qui paraissaient mener à l'étable. Quelques jours plus tard, Mercure rendait les bœufs à Apollon et, pour se faire pardonner, lui faisait cadeau d'un instrument de musique qu'il avait lui-même construit à partir d'une carapace de tortue, et qui fut la première lyre.

Après le troupeau d'Apollon, Mercure s'amusa à dérober successivement le trident de Neptune, le char de Junon, l'arc de Diane et même le casque de Pluton, grâce auquel il se rendit longtemps invisible.

Jupiter s'amusait de ces bons tours, jusqu'au moment où il en fut lui-même la victime. Le jour où il constata la disparition de sa foudre, il se fâcha :

— Puisque tu as tant besoin de te dépenser, dit-il à Mercure, je vais te fournir de l'occupation : tu seras désormais mon messager attitré auprès des dieux et auprès des hommes.

C'est dans l'exercice de ces fonctions officielles qu'à partir de ce jour Mercure allait déployer son ingéniosité et ses talents oratoires.

6. Mars et Vulcain, fils de Junon

Junon, épouse de Jupiter, lui avait donné trois enfants : une fille, Hébé, et deux fils, Mars et Vulcain. N'ayant que peu de sympathie pour les femmes, Junon ne s'occupa jamais beaucoup de sa fille Hébé, qui devint une sorte de Cendrillon de l'Olympe, chargée de servir le nectar aux dieux pendant leurs banquets.

Quant aux deux fils de Junon, ils se ressemblaient fort peu, au physique comme au moral.

Mars, dieu de la guerre

Sans être aussi beau qu'Apollon, Mars était joli garçon : brun, le teint pâle, les yeux sombres, les traits réguliers, il avait l'expression dure et impassible. Très soucieux de sa mise, il s'habillait avec une élégance un peu recherchée. Gâté par la nature, il l'avait été aussi par sa mère Junon, dont il était le favori et qui lui passait tous ses caprices. C'est sans doute à cette déplorable éducation qu'il faut attribuer les mauvais penchants qu'il ne tarda pas à manifester : vantard, autoritaire, agressif, violent et même cruel envers les faibles, il était lâche devant les forts et douillet devant la douleur. Il ressemblait à ces chiens méchants qui aboient furieusement, hérissent le poil et font mine d'attaquer tous les passants, mais s'enfuient la queue entre les jambes lorsqu'on leur tient tête. Ses victimes préférées, parce que les plus inoffensives, étaient les oiseaux : il pourchassait constamment, à coups de lance-pierres, l'aigle de Jupiter, le paon de Junon, le corbeau d'Apollon, la chouette de Minerve et la colombe de Vénus. Son frère Apollon, qui aimait les animaux, décida un jour de le punir. Il avait remarqué que, sur la face ouest de l'Olympe, nichaient en permanence des milliers de mouettes.

— Je parie, dit-il à Mars, que tu n'es pas capable de grimper là-haut et de casser les œufs qui se trouvent dans les nids.

L'escalade ne paraissant pas très difficile et les mouettes ne paraissant pas très redoutables, Mars accepte le défi et grimpe rapidement jusqu'au milieu des nids. Mais les mouettes ne sont pas aussi inoffensives qu'il y paraît. Alertées par les cris de l'une d'elles à qui Mars vient de dérober ses œufs, elles prennent leur vol par centaines et, poussant des cris stridents, se mettent à tournoyer au-dessus de Mars en le bombardant, avec précision, de leurs crottes blanchâtres, molles et puantes. Aveuglé par elles, asphyxié par leur odeur, les vêtements et les cheveux souillés, Mars ne peut que s'enfuir en pleurant de honte et de rage, sous les quolibets d'Apollon.

Jupiter ne savait que faire d'un tel voyou, dépourvu de talent et incapable de faire des études sérieuses. Mais Junon, désireuse d'assurer l'avenir de son fils préféré, intervint en sa faveur auprès de Jupiter :

— Donne-lui, dans le gouvernement des dieux, le porte-feuille de la guerre ; c'est une fonction qui ne requiert aucune compétence particulière et qui convient bien à son tempérament belliqueux.

C'est ainsi que Mars devint le dieu de la guerre.

Il ne se déplaça plus, dorénavant, que dans un char étincelant, traîné par deux chevaux nerveux et écumants, nommés respectivement « Terreur » et « Épouvante ».

Vulcain, dieu du feu et de l'industrie

Le second fils de Junon, Vulcain, était loin d'être aussi beau que son frère Mars. Il était même si laid, lorsque sa mère lui donna le jour, et il poussait de tels vagissements que Jupiter, ne pouvant supporter sa vue et ses cris, fit ce que beaucoup de pères ont, un jour ou l'autre, eu la tentation de faire : il saisit le nouveau-né par la peau du cou et, d'un énergique coup de pied, l'expédia du haut de l'Olympe en direction de la terre. L'Olympe était si haut que Vulcain mit toute une journée avant d'atteindre le sol. Un bébé ordinaire n'eût pas survécu à une telle chute, mais Vulcain, étant immortel, se contenta de se casser une jambe et de se démettre quelques vertèbres. Déjà laid de visage, il devint en outre boiteux et bossu.

Chez les enfants maltraités par la nature, il arrive que la laideur et les infirmités deviennent des stimulants, en les poussant à rechercher la considération et l'amour dont ils ont besoin, par le travail et la réussite sociale ; Napoléon ne serait jamais devenu « Napoléon le Grand » s'il n'avait pas souffert, depuis son enfance, d'être petit. C'est aussi ce qui se passa pour Vulcain. Au prix d'un labeur acharné, il devint un ouvrier d'une extraordinaire habileté, particulièrement spécialisé dans le travail des métaux : à la fois forgeron, serrurier, armurier, mécanicien et ciseleur, il fut nommé par Jupiter dieu du feu et de l'industrie. Travaillant sans cesse à sa forge, portant un marteau dans la main droite et une paire de tenailles dans la main gauche, il avait le visage noirci de fumée et le corps couvert de sueur*, ce qui le rendait plus repoussant encore. Aidé par une équipe d'ouvriers d'une taille gigantesque, appelés les Cyclopes, qui avaient la particularité de n'avoir qu'un œil au milieu du front, il était le fournisseur attitré de l'Olympe en mobilier métallique, ferronnerie, armes et bijoux. Il fabriquait en particulier les foudres de Jupiter.

S'il avait été un sage, Vulcain se serait sans doute contenté des satisfactions et de la considération que lui procuraient ses activités professionnelles. Mais, comme tous les hommes, il avait aussi besoin d'amour. Et, comme tous les hommes laids, il n'aimait que les femmes belles. C'est pourquoi, lorsqu'il décida de se marier, il se mit en tête, lui le dieu le plus laid de l'Olympe, d'épouser la plus belle des déesses, Vénus, dont je vous parlerai plus en détail dans un instant. Il alla donc trouver Jupiter et Junon, ses parents, pour leur demander de lui accorder la main de Vénus.

Jupiter se fit d'abord tirer l'oreille, mais, comme Vulcain le menaçait d'interrompre ses livraisons de foudre, il finit par donner son accord. En revanche, Junon s'opposait inflexiblement au projet de son fils :

– Vénus est bien trop jolie pour toi, lui disait-elle ; elle ne supportera jamais le bruit et l'odeur de ta forge ni la promiscuité de tes Cyclopes ; elle ne tardera pas à te tromper, et tu seras le premier à regretter ce mariage.

Ces arguments n'ébranlent pas Vulcain et, pour arracher le consentement de sa mère, il a recours à un stratagème ingénieux. Il construit un superbe fauteuil d'or, doté de ressorts invisibles et de serrures secrètes, et en fait cadeau à Junon.

---

* Je vous ai dit plus haut que les dieux ne transpiraient pas lorsqu'ils étaient déguisés en hommes. Mais, sous leur forme divine, ils suaient comme vous et moi.

Celle-ci, enchantée, s'y assoit, mais à peine y a-t-elle posé son auguste derrière qu'elle s'aperçoit qu'elle ne peut plus en sortir, paralysée qu'elle est par les mécanismes incorporés par Vulcain. Tous les dieux de l'Olympe, ameutés par ses cris, ont beau la tirer, elle reste prisonnière du fauteuil ensorcelé. Vulcain, triomphant, n'accepte de la libérer qu'en échange de son consentement.

C'est ainsi que Vulcain épousa Vénus. Il n'allait pas tarder à s'apercevoir que les pressentiments de sa mère étaient fondés et que, le jour où il s'était marié, il aurait mieux fait de se casser sa seconde jambe.

7. Vénus, déesse de l'amour

Naissance et mariage de Vénus

Vénus était fille de Jupiter et n'avait pas de mère. Elle était née, par la seule volonté de son père, de l'écume de l'Océan. Un beau matin de printemps, alors que toutes les divinités de l'Olympe se bronzaient sur la plage qui s'étendait au pied de la montagne sacrée, une conque marine, poussée par les courants, l'avait déposée mollement sur le rivage. Elle était d'une extraordinaire beauté, avec ses longs cheveux blonds, ses grands yeux bleus, sa peau rose et ses dents éclatantes de blancheur. À la fois mince et potelée, elle n'avait, pour tout vêtement, qu'une touche légère d'un parfum envoûtant. Elle était accompagnée de son oiseau favori, une colombe.

Son arrivée provoqua presque une émeute chez les Immortels : les dieux, négligeant leurs épouses, se disputaient l'honneur de lui faire visiter l'Olympe, cependant que les

déesses, pâles de jalousie, cherchaient en vain à découvrir chez elle un défaut, si minime fût-il, qu'elles pussent critiquer.

Sur les instances de Junon, Jupiter, pour calmer les esprits, ordonna à Vénus d'aller s'habiller. On lui trouva une tunique et c'est Vulcain qui, pour gagner ses faveurs, lui fabriqua une ceinture magique d'or et de pierres précieuses, qui avait la propriété de rendre irrésistible la femme ou la déesse qui la portait. Enchantée de ce cadeau, dont elle n'avait d'ailleurs pas besoin pour enflammer tous les cœurs, Vénus eut l'imprudence de promettre à Vulcain « par le Styx » de lui accorder tout ce qu'il lui demanderait.

– Sois ma femme, lui répondit instantanément le dieu difforme, et elle ne put refuser.

Dès que Vulcain eut obtenu, par les moyens que vous savez, le consentement de Jupiter et de Junon, le mariage fut célébré en grande pompe et les jeunes époux s'installèrent dans un palais bâti par Vulcain avec l'aide de ses Cyclopes.

Cependant, malgré le luxe dans lequel elle vivait, et bien que son mari ne lui refusât rien et la comblât de cadeaux, Vénus ne tarda pas à s'ennuyer. Vulcain, travailleur acharné, se levait dès cinq heures du matin pour aller à sa forge, consacrait la journée à exécuter les innombrables commandes que lui passaient les dieux ou à effectuer les dépannages et réparations urgentes ; il ne revenait chez lui que bien après minuit, sale, épuisé et de mauvaise humeur. Ce n'était pas une vie pour une jolie femme comme Vénus, qui n'aimait pas la solitude. Ce qui devait arriver arriva : elle prit des amants.

Adonis

Le premier d'entre eux fut un simple mortel, mais le plus beau sans doute que la terre eût jamais porté. Il s'appelait Adonis.

Fils du roi de Chypre, il était à la fois un grand séducteur et un grand chasseur. Il avait vingt ans à peine lorsque Vénus le rencontra et s'éprit de lui.

Adonis vécut alors, pendant quelques mois, une existence épuisante : la nuit, dans les bras de Vénus, il ne dormait guère ; le jour, au lieu de se reposer, il allait à la chasse. C'est sans doute à la fatigue qu'il faut attribuer le tragique accident dont il fut bientôt la victime : un sanglier blessé, qu'il poursuivait, se retourna brusquement, le chargea et lui perfora l'artère fémorale. En quelques instants, vidé de son sang, Adonis expirait.

Arrivée trop tard, Vénus changea la dernière goutte de sang tombée sur le sol en une anémone, fleur charmante et éphémère du printemps.

Les aventures d'Adonis n'étaient pourtant pas terminées. Une fois mort, il descendit aux enfers où Proserpine, qui s'ennuyait autant, avec son mari Pluton, que Vénus avec Vulcain, ne tarda pas à le remarquer. Après avoir été l'amant de la

7. VÉNUS, DÉESSE DE L'AMOUR

déesse de l'amour, Adonis devint celui de la déesse des morts. Vénus, qui l'apprit bientôt, en fut indignée. Elle réclama à Jupiter la restitution d'Adonis, que Proserpine, de son côté, prétendait garder.

Jupiter allait-il, comme devait le faire plus tard dans une circonstance analogue le roi Salomon, proposer de couper en deux l'objet du litige, c'est-à-dire le corps d'Adonis ? Il eut une meilleure idée : Adonis, décréta-t-il, resterait entier, mais il passerait six mois de l'année avec Vénus et les six autres mois avec Proserpine.

À la suite de cet arbitrage, Proserpine eut un emploi du temps chargé. Déjà, en vertu d'une transaction antérieure, elle devait deux tiers de son temps à Cérès et un tiers à Pluton. Voici que maintenant elle en devait la moitié à Adonis. Faites l'addition, en réduisant les fractions à leur dénominateur commun :

$$\frac{2}{3} + \frac{1}{3} + \frac{1}{2} = \frac{9}{6}$$

Comme tous les adeptes du pluri-emploi, dont elle fut le précurseur, il est clair que Proserpine ne pouvait remplir ses diverses obligations qu'en faisant des heures supplémentaires.

Un scandale sur l'Olympe

Vénus, au contraire, conservait beaucoup de temps libre pendant les six mois où Adonis était aux enfers. Pour occuper ce temps, une femme ordinaire eût pris sans doute un autre amant. Vénus, elle, en prit deux d'un coup, Mars et Apollon. Cette double liaison était rendue possible par le fait que les deux dieux avaient des horaires différents et complémentaires :

Apollon, occupé toute la journée par la conduite du char du soleil, n'était libre d'aller retrouver Vénus qu'à la tombée de la nuit, cependant que Mars, comme tous les militaires, n'avait pas grand-chose à faire en temps de paix et passait la journée avec elle. C'est pourquoi aucun des deux ne se doutait qu'il avait un rival. Quant à Vulcain, surchargé de travail, il ignorait tout ; il s'étonnait seulement de constater que, depuis quelque temps, Vénus ne lui reprochât plus de trop travailler, et qu'elle l'accueillît désormais chaque soir, à son retour tardif, avec amabilité et bonne humeur. Ce ménage à quatre aurait pu durer très longtemps si, un jour, Mars ne s'était assoupi auprès de Vénus et n'avait laissé passer l'heure à laquelle il devait la quitter.

Apollon, ayant terminé sa tournée céleste, range son char et se rend discrètement à son rendez-vous quotidien. Lorsqu'il voit Vénus endormie entre les bras de Mars, son sang ne fait pas dix tours, ni cinq, ni trois, ni même deux : il n'en fait qu'un. Assoiffé de vengeance, Apollon court chez Vulcain et lui annonce que sa femme le trompe avec Mars. Vulcain tresse aussitôt un filet métallique à fines mailles, rentre en catimini à son palais et jette sur Vénus et Mars, qui dormaient tout nus, le filet ensorcelé qui les emprisonne. Puis il les traîne, dans cette humiliante position, jusqu'à l'Olympe où il invite à grands cris les dieux à venir les contempler et les couvrir de sarcasmes.

Malgré les supplications de Vénus et les pleurs de Mars, Vulcain se refusait obstinément à les libérer. Heureusement pour eux, une déesse aux doigts agiles et à l'intelligence profonde, inventrice, entre autres choses, des nœuds, eut pitié d'eux ; au prix de plusieurs heures de travail, elle parvint à découvrir le secret du filet et à le défaire. Cette déesse, c'était Minerve.

8. Minerve, déesse de l'intelligence

Naissance de Minerve

Minerve, comme Vénus, était fille de Jupiter et n'avait pas de mère. Elle était née dans des circonstances singulières. Un matin, en se réveillant, Jupiter ressentit une atroce migraine. Il l'attribua tout d'abord aux libations un peu excessives de nectar auxquelles il s'était livré la veille, et crut pouvoir la guérir à l'aide d'une potion préparée par Apollon, dieu de la médecine. Mais le remède s'avéra vain. Vers midi, sa douleur devenant insupportable, Jupiter employa les grands moyens : il fit venir Vulcain et lui ordonna de lui fendre le crâne d'un coup de hache. Inutile de vous dire que ce traitement de choc est fortement déconseillé à tout autre qu'un Immortel. Mais, dans le cas de Jupiter, il fut efficace : de son cerveau béant sortit la cause de ses douleurs, à savoir une déesse en grandeur nature, tout habillée, le casque en tête et la lance en main. C'était Minerve.

Elle était grande, mince, brune, avec des traits fins, des yeux verts et un regard pensif. Sa beauté était moins provocante que celle de Vénus, mais elle était plus distinguée : si Vénus ressemblait à Marilyn Monroe, Minerve avait plutôt le genre de Greta Garbo. Ses qualités intellectuelles étaient plus remarquables encore que ses attraits physiques : intelligente, réfléchie, travailleuse et douée d'un esprit rationnel, elle fut nommée par Jupiter déesse de la sagesse et de la science. C'est à elle que les Grecs attribuaient l'invention de l'écriture, des mathématiques, de l'astronomie, de la navigation et, comme je vous l'ai déjà dit, des nœuds. C'est pourquoi ils lui vouaient une admiration, une reconnaissance et un culte particuliers.

Comme beaucoup d'intellectuels, elle aimait travailler la nuit, et c'est la raison pour laquelle son animal préféré était un oiseau nocturne, la chouette, qui perchait ordinairement sur son casque. Est-ce à cause de sa ressemblance avec mon actrice favorite ou à cause de ses qualités intellectuelles, toujours est-il qu'elle est, je ne vous le cache pas, ma déesse préférée. Elle était aussi la fille chérie de Jupiter.

Il ne faudrait pourtant pas croire que Minerve fût sans défauts. Il lui arrivait, comme à toutes les autres divinités, de faire preuve de vanité, de jalousie ou d'esprit de vengeance.

C'est ainsi qu'un jour, vexée d'entendre toujours vanter les talents musicaux d'Apollon, elle avait eu l'idée de rivaliser avec lui en inventant un instrument nouveau, une flûte en or.

Quelques jours plus tard, comme elle s'entraînait à en jouer, Junon, qui avait le génie de dire aux femmes des choses désagréables, s'exclama :

– Avec tes joues gonflées, tu as tout à fait l'air d'un crapaud !

Minerve, blessée dans sa coquetterie féminine, renonça instantanément à ses projets musicaux et jeta rageusement la flûte vers la terre. Découverte quelques jours plus tard par Marsyas, cette flûte allait lui permettre de triompher d'Apollon dans le concours de musique organisé par le roi Midas.

8. MINERVE, DÉESSE DE L'INTELLIGENCE

Arachné

Minerve était aussi très fière de ses talents de tisseuse, de brodeuse et de dentellière. Or elle apprit un jour qu'une jeune femme grecque, nommée Arachné, avait acquis la réputation de tisser et de broder mieux qu'elle. Ulcérée, elle descend sur terre précipitamment, se rend à l'atelier d'Arachné, demande à voir sa production.

Arachné lui présente un voile qu'elle vient de tisser ; il est d'une telle finesse et d'une telle légèreté que la déesse, dans son for intérieur, reconnaît qu'elle n'aurait pu faire mieux ni même, peut-être, aussi bien. Prise de fureur, elle déchire le voile, le piétine rageusement et crie à Arachné :

– Puisque tu tisses si bien, tu ne feras désormais plus rien d'autre.

Et, en prononçant ces paroles, elle transforme la pauvre femme en araignée.

Cet incident fut à l'origine d'une violente dispute entre Apollon et Minerve. Il faut dire que ces deux Immortels, bien qu'ils fussent frère et sœur, ne s'entendaient pas bien, car ils avaient des tempéraments radicalement opposés : Apollon, artiste, poète et musicien, était convaincu que le monde était gouverné par les sentiments et les passions ; Minerve, intellectuelle, logicienne et savante, croyait au contraire à la primauté de la raison et de la science. Aussi Apollon ne laissa-t-il pas passer l'occasion qui s'offrait à lui de marquer un point sur Minerve :

– Eh bien, lui dit-il ironiquement, Madame la savante et la raisonneuse se laisse emporter, elle aussi, par ses passions ?

Vexée, Minerve lui répondit par un défi :

– Puisque tu te crois si fort, pourquoi ne participes-tu pas, avec moi, au concours organisé par les Athéniens ? Nous verrons bien alors lequel de nous est le plus utile aux hommes !

9. La fondation d'Athènes

ATHÈNES, la principale ville grecque, venait d'être fondée. À cette occasion, ses habitants organisèrent de grandes fêtes auxquelles ils convièrent tous les dieux en leur faisant savoir que celui d'entre eux qui leur ferait le cadeau le plus utile se verrait décerner le titre de dieu tutélaire et protecteur de la cité.

Pour les dieux, qui n'avaient pas grand-chose à faire en temps ordinaire et qui s'ennuyaient un peu sur l'Olympe, ce fut une belle occasion de montrer leurs talents.

Apollon, piqué au vif par le défi de Minerve, fut le premier à apporter son cadeau : c'était la poésie. Elle reçut un accueil mitigé ; car, si l'on reconnaissait que la bonne poésie était susceptible de procurer au peuple de vifs plaisirs, il n'échappa à personne qu'il y aurait sans doute, au cours des siècles à venir, plus de mauvais poètes que de bons. En outre, les enfants athéniens, qui avaient eux aussi leur mot à dire dans le concours, ne furent pas enchantés à l'idée que les programmes scolaires seraient désormais alourdis par l'obligation d'apprendre des vers.

C'est Vénus qui succéda à Apollon : son cadeau était la mode féminine, représentée par un défilé de mannequins portant des modèles de haute couture. Là encore, les avis furent partagés : si les femmes, dans l'ensemble, manifestèrent un vif enthousiasme, les hommes comprirent rapidement que les caprices vestimentaires de leurs épouses allaient leur coûter cher, et se montrèrent donc réservés.

Ce fut ensuite le tour de Vulcain, qui, pour l'occasion, avait inventé la charrue. L'attelant à un couple de bœufs, il fit une démonstration de son maniement et expliqua qu'elle permettrait d'augmenter de 65 % le rendement céréalier du pays. L'utilité de ce don n'échappa à personne. Mais les Grecs, comme aujourd'hui les Corses, n'étaient pas des travailleurs acharnés et, sans oser le dire tout haut, beaucoup d'entre eux pensèrent que, par la faute de Vulcain, le travail de la terre deviendrait, à l'avenir, un peu plus fatigant.

Neptune, dieu de la mer, se présenta alors. On aurait pu s'attendre à ce qu'il apportât quelque innovation nautique, telle que le gouvernail d'étambot, qui permet de naviguer contre le vent, ou plus modestement la crème à bronzer. Eh bien, pas du tout : ce qu'il offrait aux Athéniens, et à travers eux à toute l'humanité, c'était un animal qui, pendant des millénaires, constituerait le principal moyen de transport terrestre, à savoir le cheval.

Devant la beauté, la puissance et l'élégance de cette créature jusque-là inconnue d'eux, les Athéniens poussèrent des cris d'admiration. Déjà, beaucoup d'entre eux s'apprêtaient à proclamer Neptune vainqueur du concours, lorsque Mars, qui n'avait pas lui-même offert de cadeau mais qui, par pure antipathie pour ses frères et sœurs, souhaitait la victoire de son oncle Neptune, crut devoir apporter à celui-ci son soutien en soulignant, avec sa maladresse coutumière, l'usage guerrier qui pourrait être fait du cheval :

– Grâce à la cavalerie, dit-il aux Grecs, vous pourrez tuer désormais trois fois plus d'ennemis.

Ses auditeurs, qui étaient intelligents, réalisèrent aussitôt que leurs ennemis ne tarderaient pas, eux aussi, à se doter d'une cavalerie qui leur permettrait de tuer trois fois plus de Grecs, et leur enthousiasme initial s'en trouva refroidi.

Minerve fut la dernière à présenter son cadeau. Elle s'y était préparée avec méthode en confiant à Mercure, dieu du commerce, le soin d'effectuer une étude scientifique du marché. Les principaux résultats de cette étude, consignés dans un rapport confidentiel remis par Mercure à Minerve, étaient les suivants :

1. La population d'Athènes se compose de deux segments dont les motivations et les goûts sont nettement différents : les hommes, au nombre de 6 873, et les femmes, au nombre de 6 874.

2. Ce qui plaît le plus aux hommes, ce sont les sports et la guerre.

3. Ce qui plaît le plus aux femmes, c'est la cuisine et la paix.

Sur la base de cette étude, Minerve avait décidé, pour des raisons qui vous apparaîtront dans un instant, d'offrir aux Athéniens un olivier. Elle le planta elle-même sur l'Acropole et le présenta en ces termes :

– Cet arbre robuste et sobre, peu exigeant en terre et en eau, vous fournira chaque année une abondante récolte d'olives dont vous tirerez une huile d'une haute qualité gustative, culinaire et diététique. De plus, l'olivier sera pour toujours le symbole du plus précieux des biens : la paix.

On passa au vote. Tous les hommes votèrent pour le cheval de Neptune, et toutes les femmes pour l'olivier de Minerve. Comme il y avait une femme de plus qu'il n'y avait d'hommes, c'est Minerve qui fut proclamée déesse tutélaire ; pour rappeler le nom grec de la déesse, « Athéna », la ville nouvelle fut appelée Athènes.

Flattée, Minerve ne cessa depuis ce jour de protéger les Athéniens et de les combler de cadeaux. En particulier, dès le lendemain de la fondation de la ville, ayant constaté que le cheval offert par Neptune avait une fâcheuse propension à s'emballer dès qu'il avait un cavalier sur le dos, Minerve inventa la bride et apprit aux Athéniens à s'en servir.

Un autre événement important se produisit le lendemain de la fondation d'Athènes : les hommes de la cité se réunirent secrètement et décidèrent de retirer le droit de vote aux femmes. Elles allaient mettre trois mille ans à le reconquérir.

DEUXIÈME PARTIE

Les destins croisés de Thésée et d'Hercule

Thésée luttant contre le Minotaure dans le labyrinthe.
Mosaïque provenant de Thuturbo Mayis, art romain, IVe siècle.

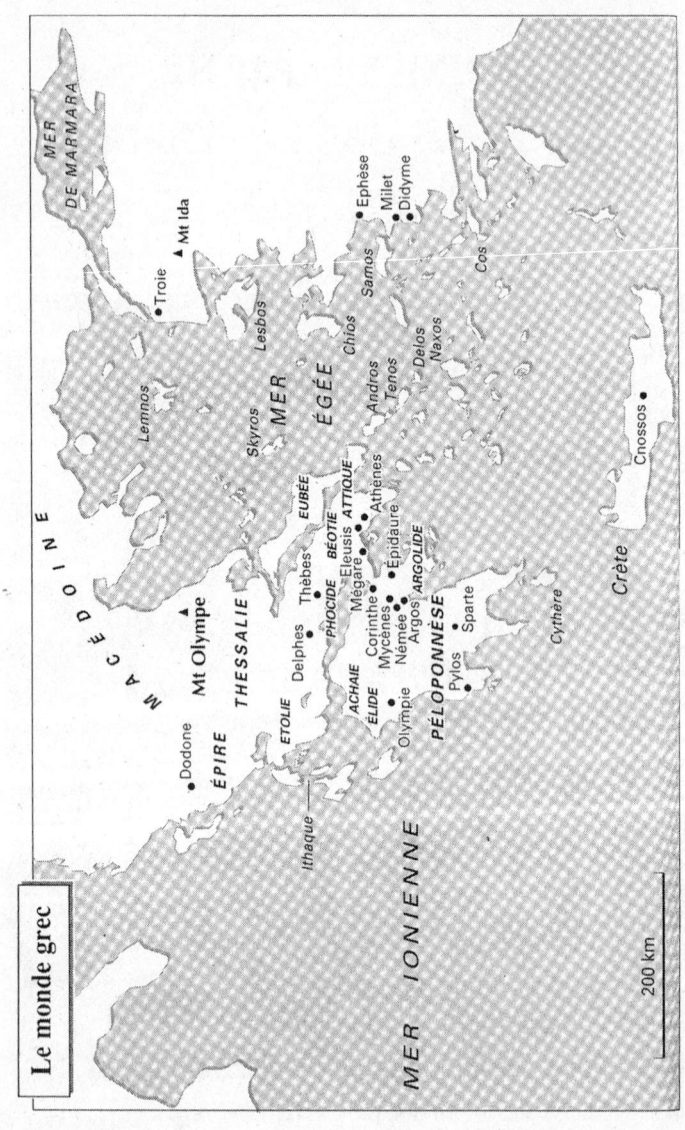

Le monde grec

MER DE MARMARA

MACÉDOINE

Troie

Mt Ida

MER ÉGÉE

Lemnos

Skyros

Lesbos

Chios

Samos

Éphèse
Milet
Didyme

Cos

Mt Olympe

THESSALIE

ÉPIRE

Dodone

ÉTOLIE

Delphes

PHOCIDE

Thèbes

BÉOTIE

EUBÉE

Éleusis

Mégare

ATTIQUE

Athènes

Andros

Ténos

Delos

Naxos

ACHAIE

ÉLIDE

Olympie

Corinthe

Mycènes

Némée

Argos

Épidaure

ARGOLIDE

PÉLOPONNÈSE

Pylos

Sparte

Cythère

Ithaque

MER IONIENNE

Crète

Cnossos

200 km

62

10. Les débuts des deux héros

ATHÈNES, comme toutes les villes grecques, fut d'abord un royaume.

Il fut gouverné successivement par deux dynasties. De la première, il n'y a rien d'intéressant à dire. En revanche, le fondateur de la deuxième, un certain Érichtonios, mérite d'être mentionné, non pas tant en raison des événements de son règne que des circonstances singulières de sa naissance.

Minerve, on le sait, était la protectrice d'Athènes ; à ce titre, elle séjournait souvent dans le temple qui avait été construit pour elle sur l'Acropole. Une nuit qu'elle s'y trouvait seule, elle reçut la visite impromptue de son frère Vulcain, le dieu boiteux de l'industrie. Soit que celui-ci fût pris de boisson, soit que Vénus, son épouse, eût allumé chez lui une ardeur amoureuse qu'elle avait ensuite refusé de satisfaire, Vulcain avait, en entrant dans le temple, un regard

63

lubrique et un comportement étrange. Il ne tarda pas à faire à Minerve des propositions outrageantes. Minerve les ayant repoussées avec indignation, Vulcain tenta de la violer. Mais la résistance de Minerve était si obstinée et l'excitation de Vulcain si grande que – et je demande ici à mes lecteurs d'essayer de me comprendre à demi-mot – la tentative de Vulcain fit long feu. Minerve s'essuya la jambe avec son mouchoir, qu'elle jeta par terre avec dégoût. Quelques mois plus tard, à l'emplacement où le mouchoir était tombé, naissait Érichtonios, qui peut donc être considéré comme le fils de Vulcain, par le biais d'une insémination artificielle, et de Minerve, par le biais d'une grossesse extra-utérine.

Érichtonios devint roi d'Athènes et ses descendants lui succédèrent sur le trône. Le troisième d'entre eux s'appelait Égée. Il était cousin d'Alcmène, cette femme thébaine dont j'ai déjà raconté l'adultère involontaire avec Jupiter.

Égée, comme tous les Grecs, aimait les voyages et les femmes.

Au cours d'un séjour qu'il fit dans une ville du sud de la Grèce, assez éloignée d'Athènes, il eut une liaison avec une jeune fille noble. Lorsqu'il la quitta pour regagner son royaume, elle était enceinte. Égée lui dit en partant :

– Je laisse, sous cette lourde pierre, mon épée ; si notre enfant est un garçon, qu'il vienne me rejoindre à Athènes lorsqu'il sera assez fort pour soulever la pierre et prendre l'épée.

Quelques mois plus tard, l'enfant naquit. C'était un garçon. Sa mère l'appela Thésée.

Le même jour, à Thèbes, Alcmène donnait le jour à ses deux fils, Hercule, fils de Jupiter, et Iphiclès, fils d'Amphitryon. Ainsi, Thésée et Hercule, les deux premiers grands héros mythologiques, étaient-ils cousins et contemporains. Ils allaient aussi devenir amis, malgré de profondes différences de caractère qui se manifestèrent dès leur enfance.

Enfance d'Hercule

Hercule, toute sa vie, fut une brute sympathique. Comme le montrent ses statues, il avait une petite tête sur un corps puissant. C'était, selon Euripide, « un être grossier, inculte et emporté ; toute sa science se bornait à agir, et il ne fréquentait pas les académies ». Mais sa force physique et sa bravoure étaient surhumaines. Il ne lui fallut pas longtemps pour le prouver.

Il était né depuis quelques jours à peine, et dormait tranquillement dans son berceau, à côté de son frère jumeau Iphiclès, lorsque Junon, animée par la haine qu'elle éprouvait à l'égard de tous les bâtards de Jupiter, dirigea vers les bébés deux serpents puissants et venimeux. Iphiclès se réveilla le premier et se mit à pousser des cris de frayeur ; Hercule, sans s'émouvoir, prit les serpents dans ses petites menottes et les étrangla prestement. Lorsque sa mère, Alcmène, et son père putatif, Amphitryon, alertés par les cris d'Iphiclès, entrèrent dans la chambre, Hercule jouait avec les deux cadavres en riant aux éclats.

Les parents d'Hercule tentèrent de lui donner une éducation soignée. Mais, s'il manifestait des dispositions exceptionnelles pour tous les exercices physiques, il n'éprouvait qu'aversion pour les activités culturelles. Son maître de musique, un certain Linnus, l'ayant un jour réprimandé pour son inattention et sa maladresse, Hercule, se livrant pour la première fois à l'une de ces explosions de colère subites et incontrôlables dont il devait donner, par la suite, bien d'autres exemples, brisa sa lyre sur le crâne de Linnus, qui en mourut. Hercule, qui avait un cœur d'or, manifesta, mais trop tard, un profond chagrin et un vif remords.

À seize ans, il était devenu un colosse ; sûr de sa force, armé d'une énorme massue, il ne craignait personne ; même les dieux ne lui faisaient pas peur. Un jour de grosse chaleur, incommodé par le soleil, il braqua son arc vers le char d'Apollon et menaça d'en abattre les chevaux et le conducteur.

10. LES DÉBUTS DES DEUX HÉROS

Une fois, alors que le navire où il se trouvait était ballotté par une tempête, il osa insulter et défier Neptune. Il ne craignait même pas de braver Jupiter, dont il était le fils : au cours d'un voyage, passant près du Caucase, il aperçut Prométhée, enchaîné à son rocher et dévoré par un aigle ; au récit que lui fit Prométhée des causes de son supplice, il fut pris de pitié pour le Titan, qu'il délivra en brisant ses chaînes de ses mains nues.

Par de telles prouesses, Hercule, au seuil de l'adolescence, s'était déjà rendu célèbre dans le monde grec ; Thésée était au courant des exploits de son cousin, et brûlait de les égaler.

Les premiers exploits de Thésée

Physiquement, Thésée était beaucoup moins fort qu'Hercule, mais, intellectuellement, il lui était très supérieur. Il avait compris très tôt – comme devaient le faire trente siècles plus tard les petits lutins Plick et Plock – qu'il faut « réfléchir avant d'agir », et il employait plus volontiers les ressources de l'intelligence que la force brutale.

Cependant, il n'était pas timoré et, comme il avait un sens élevé du devoir, de la gloire et de l'amitié, il fut souvent conduit, comme Hercule, à prendre de grands risques et à affronter de graves dangers.

C'est lorsqu'il eut seize ans que sa mère lui dit qui était son père et lui montra le rocher sous lequel Égée avait caché son épée. Thésée s'efforça en vain de le soulever par la seule force de ses bras. Une idée lui vint : glissant l'extrémité d'un pieu entre le sol et le rocher, il exerça une poussée de haut en bas sur l'autre extrémité du pieu, et parvint ainsi à déplacer le rocher.

Plus de mille ans avant Archimède, il venait d'appliquer, pour la première fois, le principe du levier.

Armé de l'épée de son père, il se mit en route pour Athènes.

La région qu'il devait traverser était infestée de brigands et d'assassins, dont deux étaient particulièrement redoutables.

Le premier, nommé Sciron, passait ses journées assis sur un tabouret à un mètre d'un précipice profond auquel il faisait face. Lorsque apparaissait un voyageur, il le priait poliment de lui laver les pieds et, dès que le voyageur s'était agenouillé devant lui, il le projetait d'un coup de pied dans le précipice. Thésée fit mine de se prêter à ce manège ; mais, au moment où Sciron lui tendait la jambe, il s'en saisit vivement, roula sur le dos et, dans un mouvement bien connu des judokas, fit basculer Sciron au-dessus de lui, droit dans le précipice.

Le second brigand était le plus célèbre. Il s'appelait Procuste et était fils de Neptune, lequel, comme je vous l'ai déjà dit, n'avait pas de chance avec ses enfants. Procuste s'était fait construire, par Vulcain lui-même, un lit de fer extensible qu'il pouvait en quelques instants allonger ou rac-courcir. Lorsqu'il voyait venir un voyageur, Procuste évaluait rapidement sa taille ; si le voyageur était petit, Procuste agrandissait le lit au maximum ; si le voyageur était grand, il réduisait au contraire le lit à sa plus petite dimension.

Procuste invitait ensuite le voyageur à se coucher sur le lit et, sous prétexte de bien les ajuster l'un à l'autre, tantôt il coupait la tête des voyageurs trop grands, tantôt il étirait les pieds des voyageurs trop petits jusqu'à leur rompre la colonne vertébrale. Dans le cas de Thésée, qui était grand, Procuste réduisit la taille du lit. Mais Thésée, qui avait consacré de longues heures à l'étude de la géométrie, savait que la diagonale d'un rectangle est nécessairement plus longue que son plus grand côté et se coucha en biais dans le lit, déjouant ainsi le calcul de Procuste. Comme celui-ci, désemparé, se penchait au-dessus du lit pour tenter de comprendre le mystère, Thésée lui coupa le corps en deux parties rigoureusement égales qui, par une curieuse coïncidence, se trouvèrent avoir exactement la dimension de la largeur du lit.

Lorsque Thésée arriva à Athènes, le bruit de ses exploits l'avait précédé, mais personne ne savait qu'il était le fils d'Égée.

Thésée se rendit au palais de son père, qui lui fit un accueil courtois. Mais Égée se méfiait de cet étranger célèbre, en qui il voyait un rival possible. Il prépara un breuvage empoisonné qu'il versa dans une coupe. Au cours d'un banquet donné en l'honneur du jeune héros, Égée tendit la coupe empoisonnée à Thésée, se leva et porta un toast :

— Levons nos verres à la santé de notre hôte, dont l'épée nous a débarrassés de redoutables bandits.

— Cette épée, lui répondit Thésée avant de boire, est désormais à ton service, et il la tendit à Égée.

Celui-ci la reconnut aussitôt et comprit qu'il avait en face de lui son propre fils. Il n'eut que le temps de faire tomber, d'un coup d'épée précis, la coupe que Thésée portait déjà à ses lèvres.

Thésée s'installa alors dans le palais de son père, au milieu du peuple athénien auquel l'attacha bientôt une vive et réciproque affection. Cette affection allait, quelques mois plus tard, conduire Thésée vers la plus célèbre de ses aventures.

11. Thésée et le Minotaure

La famille de Minos

Quelques années avant le retour de Thésée, alors qu'Égée régnait déjà sur Athènes, le roi Minos gouvernait l'île de Crète. Il s'était marié, très jeune, à une femme appelée Pasiphaé. Leur mariage avait donné lieu à de brillantes cérémonies, au cours desquelles de nombreux sacrifices avaient été offerts aux dieux. Un taureau, en particulier, devait être sacrifié à Neptune. Mais Pasiphaé, émue par la beauté de l'animal, demanda à Minos de l'épargner, et Minos y consentit. Neptune en fut irrité et, pour se venger, il rendit Pasiphaé amoureuse du taureau. De leur union naquit un monstre bizarre, ayant un corps d'homme et une tête de taureau, et qui fut appelé le Minotaure. Minos, qui le croyait son propre fils, ne voulut pas le tuer mais décida de cacher à tous son existence. Il fit venir un architecte de génie, appelé Dédale, et lui demanda de construire une prison dont personne, une fois entré, ne pourrait jamais sortir. Dédale se mit au travail et inventa le Labyrinthe.

C'était un réseau complexe de routes, de croisements, d'impasses et de boucles dans lesquels il était impossible de se retrouver si l'on n'en possédait pas les plans. Ces plans, Minos demanda à Dédale de les lui remettre et il les brûla. Puis Minos fit entrer le Minotaure dans le labyrinthe, certain qu'il n'en sortirait jamais et que, si par hasard un curieux s'y aventurait à son tour, il ne reviendrait jamais dire à personne ce qu'il y avait vu.

Minos vécut alors quelques années paisibles avec Pasiphaé qui lui donna successivement trois enfants : un fils, Androgée, et deux filles, Ariane et Phèdre. Lorsque son fils Androgée eut quinze ans, Minos crut bon de lui faire voir un peu de pays et l'envoya à Athènes, muni d'une recommandation pour le roi Égée. Par un malheureux hasard, Androgée arriva au palais d'Égée au moment où celui-ci s'apprêtait à en sortir pour aller à la chasse aux fauves. Pour ne pas avoir à renoncer à sa chasse, Égée invita Androgée à y participer ; le jeune homme, qui était imprudent et inexpérimenté, y fut tué par un lion.

Minos, indigné par ce manquement aux lois de l'hospitalité, monta une expédition punitive contre Athènes. À la tête de son armée, il vainquit celle d'Égée, auquel il imposa de dures conditions :

– Tous les neuf ans, lui dit-il, et à compter d'aujourd'hui, sept jeunes gens et sept jeunes filles de la noblesse athénienne me seront envoyés sur un navire aux voiles noires, et je les donnerai en pâture au Minotaure.

Égée dut s'incliner et envoya séance tenante une première cargaison humaine.

Le fil d'Ariane

Près de neuf ans s'étaient écoulés depuis la signature de ce traité fatal lorsque Thésée arriva à Athènes. Il ne tarda pas à remarquer les funèbres préparatifs qui s'y faisaient en vue de la livraison à Minos du second contingent prévu. S'étant fait expliquer l'affaire, Thésée supplia son père de le laisser faire partie de ce contingent. Il obtint le consentement d'Égée, non sans lui avoir promis de tout faire pour tuer le Minotaure et pour revenir lui-même vivant de son expédition.

— Si tu en réchappes, lui demanda Égée, remplace à ton retour les voiles noires de ton navire par des voiles blanches, afin que, de loin, j'apprenne la bonne nouvelle.

Lorsque Thésée et ses treize compagnons arrivèrent en Crète, ils furent accueillis par le roi Minos, qui leur annonça qu'ils seraient introduits dès le lendemain dans le Labyrinthe.

— Mais, ajouta Minos, comme je respecte, moi, les lois de l'hospitalité, je vous invite ce soir à un grand dîner dans mon palais.

À ce dîner, Thésée se trouva placé, en raison de sa haute naissance, entre les deux filles du roi Minos, Ariane et Phèdre. Il éprouva aussitôt une vive attirance pour Phèdre, qui pourtant ne lui accordait guère d'attention ; Ariane, au contraire, que Thésée avait à peine regardée, tomba follement amoureuse de lui. À la fin du dîner, Ariane avait secrètement décidé de tout faire pour sauver Thésée de la mort. Pendant la nuit, elle se rendit chez l'architecte Dédale et le supplia de lui remettre les plans du Labyrinthe.

— Je ne les ai plus, lui répondit Dédale, mais je connais un autre moyen de retrouver la sortie.

Et il lui confia ce secret.

Le lendemain, à l'aube, Ariane entrait dans la chambre de Thésée, qui, encore endormi, rêvait de Phèdre. Elle le réveilla :

— Je suis prête, lui dit-elle, à te donner le moyen de sortir du Labyrinthe, à condition que tu me promettes de m'emmener avec toi à Athènes et de m'y épouser.

Thésée, qui n'avait guère le choix, accepta cette offre et

11. THÉSÉE ET LE MINOTAURE

Ariane lui expliqua ce qu'il devait faire :

– Voici une grosse pelote de fil. En entrant dans le Labyrinthe, attache un bout du fil à la grille d'entrée et laisse ensuite se dérouler la pelote pendant tout ton trajet. Il te suffira, pour retrouver ton chemin, de suivre le fil en sens inverse.

Thésée fit ce qu'Ariane lui avait conseillé. Après avoir longtemps erré dans le Labyrinthe, il découvrit le Minotaure, le tua et revint sain et sauf à la grille, avec ses treize compagnons. Ariane les y attendait, et c'est avec elle qu'ils s'embarquèrent aussitôt sur leur navire.

Évasion de Dédale et d'Icare

Lorsqu'il s'aperçut de la fuite de Thésée et de l'enlèvement d'Ariane, Minos fit mener une enquête qui lui révéla la complicité de Dédale. Pour le punir, Minos enferma Dédale, avec son fils Icare, dans son propre Labyrinthe, après s'être assuré d'abord, par une fouille minutieuse, que ni le père ni le fils ne portaient sur eux une pelote de fil. En cette circonstance, Dédale montra qu'il était aussi bon ingénieur qu'architecte.

– La voie terrestre nous est fermée, dit-il à son fils Icare, mais la voie aérienne nous reste ouverte.

Précurseur de l'aviation, il construisit deux paires d'ailes articulées, qu'il fixa respectivement sur ses épaules et sur celles de son fils à l'aide de cire d'abeille. Après quelques exercices d'entraînement, le père et le fils prirent leur vol, s'élevèrent au-dessus du Labyrinthe et, sortant de l'espace aérien crétois, se dirigèrent, au-dessus des flots bleus de la Méditerranée, vers la Grèce.

Dédale avait recommandé à son fils de ne pas voler trop haut. Mais Icare, grisé par le plaisir et par l'orgueil, se prit bientôt pour un aigle et voulut aller voir de plus près le char d'Apollon. Il s'en approcha tant que les rayons du soleil firent fondre la cire qui retenait ses ailes et que le malheureux Icare tomba comme une pierre et se noya. Son père, désespéré mais impuissant, poursuivit son vol jusqu'en Sicile.

L'abandon d'Ariane

Pendant ce temps, Thésée voguait vers Athènes. Depuis leur départ de Crète, Ariane lui manifestait un amour ardent, exclusif et, disons-le, pesant. Thésée, au contraire, n'éprouvait à son égard qu'une froide reconnaissance, sentiment qui se transforme facilement en irritation, puis en ingratitude, enfin en rancune. Thésée avait beau être un héros, il n'était pas un saint. Il était capable de grandes actions, mais aussi de petites bassesses. Il finit par décider de se séparer d'Ariane, mais, comme il n'avait pas le courage de le lui dire en face, il fit ce que font certains propriétaires de chiens, qui abandonnent lâchement leur compagnon fidèle au cours d'une promenade en forêt de Fontainebleau. Thésée, lui, profita d'une escale dans l'île de Naxos. Pendant qu'Ariane dormait, il se leva silencieusement, rejoignit son navire et mit les voiles. Lorsque Ariane se réveilla, Thésée était loin.

« *No hay mal que por bien no venga* »*, disent les Espagnols.

Après avoir erré quelques jours en sanglotant dans les bois de Naxos, Ariane rencontra le dieu Bacchus qui s'y trouvait. Il lui offrit du vin, la consola, s'éprit d'elle et l'épousa. En troquant un héros contre un dieu, elle n'avait pas perdu au change.

Mort d'Égée

Thésée, cependant, approchait des côtes d'Athènes. Il avait eu tant de problèmes et de soucis, depuis son départ de Crète, qu'il avait complètement oublié de changer les voiles de son navire, comme son père le lui avait recommandé. Lorsque Égée, assis à la fenêtre de son palais, aperçut au loin les voiles noires, il ne douta pas que son fils était mort. Désespéré, il se jeta dans la mer et s'y noya. Depuis, elle porte le nom de mer Égée.

---

* « À quelque chose malheur est bon. »

11. THÉSÉE ET LE MINOTAURE

Accablé par le double remords que lui causaient l'abandon d'Ariane et la mort de son père, Thésée ressentit le besoin d'un soutien moral. Depuis longtemps, il entendait vanter la force et le courage de son cousin Hercule. Il décida d'aller le trouver à Thèbes, où Hercule demeurait.

Comment Thésée aurait-il pu se douter qu'Hercule était, à ce moment précis, plongé dans un désespoir bien plus profond encore que le sien ?

12. Première rencontre de Thésée et d'Hercule

Le crime d'Hercule

Très jeune, Hercule s'était marié avec une princesse appelée Mégarée, qui lui avait donné trois enfants. Au début de son mariage, il avait promis à Mégarée de renoncer à ses voyages aventureux pour mener avec elle une vie de famille bourgeoise et tranquille.

Mais Hercule n'était pas fait pour le jardinage, le coin du feu et les pantoufles. Il ne tarda pas à s'ennuyer et se mit à boire avec excès. Déjà, lorsqu'il était sobre, il était enclin à des emportements subits et violents ; mais, lorsqu'il était ivre, il devenait la proie de véritables crises de démence. C'est au cours d'une de ces crises que, sans savoir ce qu'il faisait, il tua de ses propres mains sa femme et ses trois enfants. Il tomba ensuite, pendant toute la nuit, dans une sorte de coma.

Lorsqu'il en sortit, il ne se souvenait plus de rien. Hagard, il contempla les cadavres et, d'une voix tonnante, demanda à ses serviteurs terrorisés de lui dire qui avait commis le crime.

Personne n'osa d'abord lui répondre. Mais, comme il menaçait de massacrer toute la population de Thèbes, son père putatif, Amphitryon, rassembla son courage et lui dit la vérité. La colère d'Hercule se transforma alors en remords et en désespoir. Pendant plusieurs jours il resta prostré, sans manger, sans dormir et sans se laver. Ses serviteurs, ses amis, ses parents eux-mêmes le regardaient avec horreur et réprobation. Nul n'osait s'approcher de lui et le toucher, de crainte d'être souillé de son crime. Persuadé d'être à tout jamais maudit des hommes et des dieux, Hercule décida de mettre fin à ses jours. Il s'allongea sur son lit, saisit son épée, en appliqua la pointe sur sa gorge et...

– Entrez ! dit-il machinalement en entendant frapper.

La porte s'ouvrit et Thésée entra.

Nouveau départ pour les deux cousins

Thésée savait tout et pourtant, s'approchant d'Hercule, il l'embrassa. Ému par ce témoignage d'amitié, le premier qu'il recevait depuis son crime, Hercule pleura. Au bout d'un moment, Thésée lui parla. Il lui dit d'abord qui il était, et qu'il venait lui-même de commettre deux mauvaises actions, l'une par ingratitude et l'autre par négligence.

– Peut-être, lui dit Hercule, mais mon crime à moi est bien plus grave.

– Il l'est moins, lui répondit Thésée, car tu l'as commis sous l'empire de l'ivresse et sans savoir ce que tu faisais.

La conversation entre les deux cousins se prolongea long-temps, ce jour-là et les suivants. Alors que Thésée était venu à Thèbes chercher du réconfort auprès d'Hercule, ce fut lui qui, au contraire, finit par détourner Hercule de son projet sui-cidaire. Pour achever de rendre à Hercule le goût de la vie et de l'action, il lui donna enfin un sage conseil :

12. PREMIÈRE RENCONTRE DE THÉSÉE ET D'HERCULE

— Puisque tu veux à tout prix expier ton prétendu crime, va te mettre au service de notre cousin commun, le roi Eurysthée, qui, d'après ce qu'on m'a dit, a besoin d'aide.

— Et toi, lui demanda Hercule, que vas-tu faire ?

— Je vais rendre visite à un ami qui se marie ces jours-ci.

Les deux cousins, désormais amis, partirent de Thèbes ensemble. Lorsque leurs routes se séparèrent, quelques jours plus tard, Hercule dit simplement à Thésée :

— Tu m'as sauvé la vie ; je ne l'oublierai pas.

Thésée et Pirithoüs

L'ami chez qui se rendait Thésée s'appelait Pirithoüs et était roi des Lapithes. Lorsque Thésée arriva chez lui, le banquet de noces commençait. Il réunissait de nombreux convives, parmi lesquels un personnage qui, grâce à son exceptionnelle longévité, aurait la chance d'être le témoin et parfois l'acteur des plus grands événements de son siècle ; j'ai nommé Nestor.

Nestor était alors dans la fleur de l'âge, mais déjà se manifestait chez lui, parmi de nombreuses qualités intellectuelles et morales, une certaine propension au bavardage qui, avec le temps, deviendrait caricaturale et légendaire. Pendant le repas nuptial, Nestor mit le grappin sur Pirithoüs et Thésée, et sut si bien captiver leur attention par ses interminables récits qu'ils ne remarquèrent pas l'arrivée discrète, dans la salle du banquet, d'une bande de « loubards » qui étaient venus sans être invités. Ces intrus étaient les Centaures, créatures vigoureuses et violentes ayant un tronc d'homme sur un corps de cheval. Profitant de l'inattention de Pirithoüs, les Centaures, excités par le vin, commencèrent par importuner sa jeune épouse puis, tout à coup, tentèrent de l'enlever de force. Enfin alertés par les cris de la jeune femme, Pirithoüs, Thésée, Nestor et les autres convives se portèrent à son secours, et un effroyable combat s'engagea. Les Lapithes finirent par l'emporter sur les Centaures, mais, au cours de la bataille, la femme de Pirithoüs mourut. Thésée, une nouvelle fois, dut jouer les consolateurs.

Il fut si persuasif que, quelques jours plus tard, Pirithoüs décidait de se remarier. Pour être sûr que, cette fois, personne ne tenterait de lui enlever son épouse, il eut l'idée saugrenue de se marier avec la femme, ou plutôt la déesse, la mieux protégée du monde : Proserpine, femme de Pluton et déesse des enfers. Malgré l'absurdité d'un tel projet, Thésée, qui à cette époque de sa vie semble ne pas avoir été dans un état tout à fait normal, accepta d'accompagner son ami dans un voyage aux enfers.

La chaise de l'oubli

Au cours de leur voyage, ils passèrent par Sparte et décidèrent de rendre visite au roi de la ville, Tyndare. Ce nom doit vous dire quelque chose. Tyndare était le mari, ou plutôt le veuf de Léda, cette reine avec qui Jupiter avait eu une liaison et qui en mourant avait donné le jour à deux filles, Hélène et Clytemnestre, et à deux fils, Castor et Pollux. Lorsque Thésée et Pirithoüs se présentèrent au palais de Tyndare, le roi n'y était pas, ni ses fils. Mais Hélène, alors âgée de dix ans, s'y trouvait. Thésée ne l'eut pas plus tôt regardée qu'il devina que cette charmante enfant deviendrait quelques années plus tard la plus belle femme du monde

« Il faut que je me la réserve », pensa-t-il.

Et, avec l'aide de Pirithoüs, il l'enleva.

Ce premier enlèvement d'Hélène, moins connu que le second que je raconterai plus tard, me paraît cependant profondément révélateur. Il montre combien, en matière amoureuse, le destin des femmes se répète : certaines d'entre elles paraissent ne pouvoir tomber amoureuses que de gigolos bons à rien ; d'autres, de vieux messieurs qui pourraient être leur père ; d'autres encore semblent condamnées à être toujours abandonnées par leurs amants ; Hélène, pour sa part, avait une propension, sans doute inconsciente mais irrésistible, à l'enlèvement.

Son premier enlèvement n'eut cependant pas de graves conséquences. Placée par Thésée sous la garde d'une vieille paysanne, Hélène fut bientôt libérée et ramenée chez elle par ses deux jeunes frères, Castor et Pollux.

Thésée et Pirithoüs, cependant, étaient arrivés au royaume de Pluton. L'accès des enfers était normalement réservé, d'une manière exclusive, aux morts. Mais l'aplomb et l'inconscience des deux visiteurs étaient tels que, on ne sait trop comment, ils franchirent tous les contrôles et se retrouvèrent enfin dans la chambre conjugale de Pluton et de Proserpine. Pluton songea d'abord à punir de mort l'insolence des deux visiteurs ; puis, sur l'intervention de Proserpine, il consentit à réduire la peine : il les fit asseoir dans des chaises qu'on appelait « chaises de l'oubli » et qui avaient la propriété de rendre leurs occupants complètement amnésiques. À peine y avaient-ils pris place que Thésée et Pirithoüs perdirent jusqu'au souvenir de leur propre identité.

13. Les travaux d'Hercule

Sur le conseil de Thésée, Hercule, désireux d'expier le crime qu'il avait commis sous l'empire de l'ivresse, était allé se mettre au service de son cousin, Eurysthée. Celui-ci, roi de Mycènes, était un personnage intéressé et peu scrupuleux. Il vit bientôt tout le parti qu'il pouvait tirer de la collaboration bénévole d'Hercule et lui annonça d'emblée que, « pour lui faire plaisir », il lui confierait successivement dix tâches, toutes plus difficiles les unes que les autres.

Le lion de Némée

La première tâche d'Hercule fut de débarrasser le royaume de Mycènes d'un lion redoutable, qui sortait périodiquement de la forêt de Némée pour s'attaquer aux troupeaux et à leurs bergers. Muni de son arc et de sa massue, Hercule se mit à la recherche du lion de Némée et le trouva bientôt. Il tenta d'abord de le tuer à coups de flèches, mais la peau du lion était si épaisse que les flèches n'y pénétraient pas. Il lui assena alors un formidable coup de massue. Mais la tête du lion était si dure que la massue se brisa. Hercule attaqua enfin le lion à mains nues ; indifférent à ses rugissements, à ses crocs et à ses griffes, il parvint à l'étouffer entre ses bras puissants. Lorsque le lion fut mort, Hercule découpa sa peau et s'en revêtit comme d'une cape, la tête du lion reposant comme un casque sur sa propre tête. C'est dans cette tenue qu'il retourna chez Eurysthée pour l'informer que sa première tâche était accomplie. Le premier instant d'épouvante passé – car Eurysthée avait cru d'abord voir apparaître le lion lui-même –, il confia à Hercule une deuxième mission : le nettoyage des écuries d'Augias.

13. LES TRAVAUX D'HERCULE

Les écuries d'Augias

Augias était un voisin et ami d'Eurysthée. Il possédait un troupeau de trois mille bœufs qui, le jour, paissaient dans de riches prairies et, la nuit, dormaient dans d'immenses étables. Par suite de la négligence du personnel d'entretien, ou peut-être d'une grève (l'histoire ne le dit pas), ces étables étaient res-tées quelque temps sans être nettoyées et une quantité immense d'excréments s'y était accumulée. Ils dégageaient une odeur si nauséabonde que personne ne pouvait plus s'ap-procher des étables et que, chaque jour, la couche de fumier s'élevait de vingt centimètres, menaçant de monter bientôt jusqu'au toit.

À distance respectueuse, Hercule contempla cet océan de bouse et comprit qu'avec une pelle et un balai il n'en viendrait jamais à bout. Une violente colère le prit ; pour la passer, il se saisit d'un gros rocher qu'il projeta violemment vers un tor-rent qui coulait à ses pieds. Dans sa chute, le rocher provo-qua une avalanche qui, à son tour, forma un barrage au fond de la vallée. Sortant de son lit, le torrent fut alors détourné vers les écuries d'Augias et les nettoya en moins de temps qu'il ne faut pour l'écrire. Augias, reconnaissant, fit cadeau à Hercule de trois cents de ses bœufs.

Les oiseaux du lac Stymphale

Les bois qui entouraient le lac Stymphale étaient peuplés d'une multitude d'oiseaux redoutables, pourvus de becs et de griffes d'airain qui les rendaient dangereux pour le bétail et même pour les humains. Eurysthée confia à Hercule la mission de les détruire.

Arrivé un matin de bonne heure sur les rives du lac, Hercule se mit en devoir de tirer ses flèches sur les oiseaux perchés dans les arbres. Comme il était un fin tireur, ses flèches faisaient mouche à chaque coup. Mais les oiseaux étaient si nombreux qu'ils se reproduisaient plus vite qu'Hercule ne les tuait. À la fin de la journée, le carquois d'Hercule était vide, et il y avait plus d'oiseaux dans les arbres que lorsqu'il était arrivé le matin. Dans un mouvement de rage, le héros frappa de toute sa force son épée de bronze sur son bouclier d'airain. Le choc du métal retentit comme un coup de tonnerre. Effrayés, tous les oiseaux prirent leur vol dans un tournoiement agité et confus. Cela donna une idée à Hercule : au moment où, rassurés, les oiseaux s'apprêtaient à se reposer sur les arbres, il donna un second coup d'épée sur son bouclier, provoquant un nouvel affolement des oiseaux. Et ainsi, se servant de ses armes comme d'une paire de cymbales, il força les oiseaux à voler toute la nuit. À l'aube, épuisés par leur vol prolongé, ils tombèrent, l'un après l'autre, dans le lac Stymphale, où ils se noyèrent.

Le taureau de Crète

La quatrième tâche imposée par Eurysthée à Hercule fut d'aller chercher, et de ramener vivant, le taureau de Crète. Je vous ai déjà parlé de cet animal : c'est de lui que Pasiphaé, femme du roi de Crète, était tombée amoureuse, et c'est de lui qu'elle avait eu un enfant monstrueux, le Minotaure. Le Minotaure était mort quelque temps auparavant des mains de Thésée ; mais son père, le taureau de Crète, vivait encore.

S'il s'était agi de le tuer, la tâche eût été, pour Hercule, relativement facile. Mais l'attraper vivant était une autre affaire.

Ayant posé sa massue et son arc, Hercule, vêtu de sa peau de lion, pénètre dans le vaste enclos où paissait le taureau. Celui-ci lève la tête, aperçoit l'intrus, gratte le sol d'un sabot irrité et souffle un jet de vapeur par les naseaux. Hercule fait un pas en avant, puis un autre, en direction du taureau menaçant mais immobile. Et tout à coup, alors qu'Hercule n'était plus qu'à dix pas de lui, le fauve passe à l'attaque. Pour être plus agile, Hercule a l'idée de se dépouiller de sa pelisse de lion, qui entrave ses mouvements. D'un geste rapide, il l'arrache de ses épaules et s'apprête à la jeter loin de lui. Mais il s'aperçoit alors, avec surprise, que c'est vers la peau de lion, et non vers l'homme qui la tient encore, que le taureau dirige sa charge. Par hasard, Hercule vient d'inventer l'art du toréador. Se servant de la peau du lion comme d'une cape, il excite le taureau, provoque sa charge et la détourne ; une fois, dix fois, cent fois, le taureau attaque furieusement mais en vain : ses cornes ne rencontrent chaque fois que les plis flottants de la cape. À la centième passe d'Hercule, une superbe « *veronica* » de la main gauche, le taureau épuisé tombe sur les genoux. Hercule n'a plus qu'à lui attacher les pattes et le rapporter sur ses épaules au palais d'Eurysthée, lequel, épouvanté, va se cacher sous son lit.

Le cerf aux cornes d'or et le sanglier d'Érymanthe

– Puisque tu es si fort pour attraper les animaux vivants, je voudrais, dit alors Eurysthée à Hercule, que tu m'en captures deux autres : le cerf aux cornes d'or de la forêt de Cérynée et le sanglier du mont Érymanthe. Comme je suis bon prince, je compterai cela pour deux travaux.

Le cerf aux cornes d'or n'était pas particulièrement redoutable, mais il était capable de courir très vite et très longtemps. Il ne fallut pas moins d'un an à Hercule pour le fatiguer et le prendre. Soucieux de ne pas passer autant de temps avec le sanglier, Hercule employa pour lui une autre méthode. Il força la bête à monter, toujours plus haut, sur la pente du mont Érymanthe. Une épaisse couche de neige molle en recouvrait le sommet. Le sanglier s'y enfonça et s'y épuisa bientôt. Il fut alors une proie facile pour Hercule.

Les troupeaux de Géryon

L'insatiable Eurysthée demanda ensuite à Hercule de lui rapporter les troupeaux de Géryon, un géant à trois corps qui vivait au sud de l'Espagne. La première partie de la tâche, consistant à se débarrasser de Géryon, fut expédiée rapidement par Hercule, qui en avait vu d'autres. Mais les difficultés commencèrent lorsqu'il s'agit de transporter les troupeaux. Par voie de terre, il y avait, de Cadix à Mycènes, une distance énorme à parcourir, dans des régions le plus souvent montagneuses. Et, par voie de mer, il n'était pas possible d'accéder à la Méditerranée, qui, à cette époque, n'était pas reliée à l'Atlantique. Qu'à cela ne tienne : d'un coup de massue, Hercule brise l'isthme qui fermait la Méditerranée et ouvre le détroit de Gibraltar. De part et d'autre du détroit, à Gibraltar et à Ceuta, se dressent encore aujourd'hui les « Colonnes d'Hercule ».

Le huitième d'Hercule

Si j'ai choisi d'appeler le travail suivant « le huitième d'Hercule » (comme on dit « la huitième de Beethoven »), plutôt que de lui donner son nom officiel de « cavales de Diomède », c'est parce que l'objet initial de ce travail, à savoir la capture de quatre chevaux anthropophages, se révéla en définitive beaucoup moins important que les incidents annexes qui vinrent s'y greffer.

Les quatre chevaux en question appartenaient à un roi nommé Diomède, qui avait pris l'habitude perverse de les nourrir de chair humaine et qui, pour leur procurer leur ration journalière, sacrifiait tous les voyageurs qui passaient sur ses terres. Eurysthée, qui désapprouvait cette pratique, chargea Hercule d'y mettre fin. Ce fut vite fait. Hercule s'empara de Diomède et le servit en pâture à ses propres chevaux. Sa chair était apparemment si dure que les chevaux furent définitivement dégoûtés de la viande et redevinrent végétariens.

C'est au retour de cette mission, somme toute banale, qu'Hercule eut l'occasion d'accomplir l'un des exploits les plus surprenants de sa carrière, et l'un des plus révélateurs de son caractère.

13. LES TRAVAUX D'HERCULE

Admète et Alceste

Hercule avait un ami nommé Admète. Cet Admète était jeune, riche et beau ; il avait une femme charmante nommée Alceste, et il bénéficiait de la faveur et de la protection spéciale d'un dieu, Apollon, à qui il avait eu l'occasion de rendre un service. Bref, Admète « avait tout pour être heureux » et, chose surprenante, il l'était effectivement. Jusqu'au jour où, se sentant un peu patraque, il alla voir un médecin qui lui annonça qu'il n'en avait plus que pour quelques mois à vivre. « Mourir à vingt-cinq ans, ce n'est pas possible », pensa Admète, qui se rendit aussitôt chez Apollon pour lui demander de faire quelque chose pour lui.

— Je ne peux te sauver la vie, lui dit Apollon, que si quelqu'un d'autre accepte de mourir à ta place.

— C'est facile, répondit Admète : je trouverai bien un volontaire parmi mes nombreux serviteurs.

Mais les serviteurs à qui il s'adressa se récusèrent tous, les uns après les autres. Ses amis ne furent pas plus coopératifs.

Il songea alors à ses parents, qui, âgés de plus de soixante-dix ans et accablés d'infirmités diverses, ne cessaient de se plaindre et de déclarer qu'à leur âge la vie ne valait vraiment plus la peine d'être vécue. Admète était donc persuadé que son père ou sa mère sauteraient sur l'occasion qui leur était offerte de quitter une vie misérable pour sauver celle de leur fils unique. À sa grande surprise, il se heurta, chez l'un comme chez l'autre, à un refus catégorique :

— Le soleil est doux, même aux vieillards, lui répondirent-ils pour justifier leur refus.

Admète faisait d'amères réflexions sur l'insondable profondeur de l'égoïsme humain lorsque sa femme Alceste, âgée, elle, de vingt-trois ans, vint lui dire qu'elle avait décidé de se sacrifier pour lui. Admète, faisant preuve d'un égoïsme au moins égal à celui qu'il venait de fustiger chez ses parents, accepta sans hésiter. Quelques jours plus tard, Admète guéri disait à sa femme mourante :

– Dussé-je vivre cent ans (et il y comptait bien), je n'oublierai jamais ce que tu as fait pour moi ; jamais, je te le jure, je ne poserai la main, ou même le regard, sur une autre femme.

Alceste le regarda avec une expression d'amour, mais aussi de scepticisme, et poussa son dernier soupir.

Le convoi funèbre, mené par Admète, s'apprêtait à quitter la maison lorsque Hercule, qui passait par là au retour de son expédition chez Diomède et qui n'était au courant de rien, s'arrêta chez son ami avec l'intention d'y passer quelques jours. Admète avait un sens élevé de l'hospitalité et une grande délicatesse. Il songea que, s'il mettait Hercule au courant du décès d'Alceste, le héros se sentirait importun et n'oserait pas demeurer sous son toit. C'est pourquoi, comme Hercule lui demandait la raison du deuil dont il voyait les signes, Admète lui répondit évasivement qu'une étrangère venait de mourir dans la maison.

– Je reviendrai ce soir, ajouta-t-il ; en m'attendant, installe-toi confortablement et fais comme chez toi.

La finesse et le tact n'étaient pas les qualités dominantes d'Hercule. Prenant l'invitation d'Admète au pied de la lettre, il entre dans la maison, se baigne, se change et demande qu'on lui apporte à boire. Après quelques coupes de vin, mis en gaieté, il plaisante avec les serviteurs, lutine les servantes, et se met à chanter à tue-tête des chansons paillardes. Irrité par l'expression contrite et quelque peu offusquée qu'il croit percevoir chez un domestique, il le prend violemment à partie.

– Ne fais donc pas cette tête sinistre ! lui crie-t-il. Ne croirait-on pas que tu viens d'enterrer ta mère ?

– C'est que, lui répond le domestique, notre maîtresse était comme une mère pour moi.

– Ta maîtresse ? s'étonne Hercule, mais je croyais que c'était une étrangère qui venait de mourir.

Subitement dégrisé, il comprend qu'Admète lui a menti, par délicatesse, et que lui, Hercule, vient de se comporter comme un goujat. Submergé par la honte et le remords, il prend aussitôt l'une de ces résolutions impulsives, généreuses et folles dont il est coutumier :

« Je vais, se dit-il, chercher Alceste aux enfers et la ramener à son mari. »

Hercule aux enfers

Hercule, faut-il le rappeler, était fils de Jupiter. Il jouissait en outre déjà, auprès des dieux comme auprès des hommes, d'une immense réputation. C'est à cette double circonstance qu'il faut attribuer la facilité avec laquelle, en violation de toutes les règles, il put pénétrer au royaume des morts. Pluton et Proserpine, qui brûlaient de le connaître, l'accueillirent aimablement et lui demandèrent ce qu'ils pouvaient faire pour lui.

– Rendre Alceste à la vie, répondit Hercule.

Cette faveur lui fut accordée, à condition qu'Alceste sortît voilée des enfers et ne montrât ensuite son visage à personne pendant trois jours. Se dirigeant vers la sortie, Hercule aperçut alors, avec stupéfaction, son ami Thésée assis dans la chaise de l'oubli.

– Que fais-tu là ? lui demande-t-il.

– Je ne sais pas, répond Thésée, qui a tout oublié.

– Mais tu es bien Thésée ? reprend Hercule, saisi d'un doute.

– Je ne sais pas, répète Thésée, la voix blanche et le regard vide.

Hercule retourne chez Pluton, réclame des explications, demande et obtient la grâce de Thésée après celle d'Alceste. Et c'est en leur double compagnie qu'il retrouve, quelques instants plus tard, la lumière du jour.

D'humeur joyeuse, Hercule retourne alors chez Admète, décidé à jouer un bon tour à son ami pour le punir de sa trop grande courtoisie. Il trouve Admète en train de dîner, d'assez bon appétit, ma foi.

Après lui avoir amicalement reproché son mensonge :

– Je t'amène, lui dit-il, une fort jolie femme que je viens de rencontrer.

Il faut croire qu'Admète, lui aussi, avait dû s'asseoir par mégarde dans une chaise de l'oubli qui avait effacé de sa mémoire le serment de fidélité prononcé par lui quelques heures plus tôt. Se tournant vers Alceste, qu'il ne reconnaît pas, mais dont les formes juvéniles se dessinent avantageusement sous son voile :

– Fais-moi l'honneur, lui dit-il, de partager avec moi ce modeste repas que nous continuerons, si tu le veux bien, dans un salon particulier.

La ceinture d'Antiope

C'est en compagnie de Thésée qu'Hercule retourna chez le roi Eurysthée, pour y prendre de nouvelles instructions.

– Ta prochaine tâche, lui dit Eurysthée, consistera à t'emparer de la ceinture d'Antiope, reine des Amazones, et à la rapporter en cadeau à ma fille.

Les Amazones étaient une tribu composée exclusivement de femmes, aux mœurs violentes et belliqueuses. En vue de se reproduire, elles menaient une fois par an une expédition contre un des peuples voisins, dont elles massacraient les femmes et violaient les hommes.

Neuf mois plus tard, lorsque naissaient les fruits de ces brèves étreintes, elles noyaient tous les garçons, pour ne garder que les filles.

Ces farouches guerrières étaient vêtues d'une courte tunique qui ne couvrait que leur sein gauche ; cette particularité vestimentaire s'expliquait par le fait qu'elles n'avaient pas de sein droit : on le leur coupait à l'âge de treize ans pour leur faciliter le maniement de l'arc. Comme signe distinctif, leur reine Antiope portait une large ceinture d'or à laquelle pendait son épée. C'est cette ceinture qu'Hercule était chargé de rapporter.

Thésée ayant insisté pour accompagner Hercule, les deux cousins partirent ensemble. Ils arrivèrent chez les Amazones au moment où celles-ci se disposaient à entreprendre leur voyage de noces annuel. La formidable musculature d'Hercule et la mâle élégance de Thésée produisirent sur Antiope une vive impression.

« Voilà, pensa-t-elle, le genre de reproducteurs qu'il nous faut. »

Une négociation s'engagea, au terme de laquelle l'accord suivant fut conclu : Hercule partagerait successivement la couche de cinquante Amazones, cependant qu'Antiope se réservait les services exclusifs de Thésée ; en contrepartie, Antiope faisait don de sa ceinture à Hercule et s'engageait envers Thésée à lui envoyer vivant l'enfant qui naîtrait de leur liaison, si jamais c'était un garçon.

Antiope s'imaginait qu'elle allait profiter de la présence de Thésée pendant au moins un mois ou deux, le temps pour Hercule de remplir son contrat. Mais c'était compter sans l'exceptionnelle virilité du fils de Jupiter : en une seule nuit, il expédia allègrement ses cinquante fiancées, et le lendemain matin, frais comme une rose, il alla prendre livraison de la ceinture et congé de la reine.

Quelques mois plus tard, celle-ci accouchait d'un fils, qu'elle appela Hippolyte et que nous retrouverons bientôt. Sur le chemin du retour, les deux cousins se séparèrent, Thésée pour aller à Athènes et Hercule pour se rendre chez Eurysthée.

L'hydre de Lerne

La dixième mission que celui-ci confia alors à Hercule consistait à tuer l'hydre de Lerne, un monstre affreux doté d'un corps de serpent et de plusieurs têtes qui repoussaient lorsqu'on les coupait. Cet animal fabuleux a posé aux mythologues, depuis plus de trois mille ans, une énigme qui, jusqu'à ce jour, était restée sans solution. En effet, si tous les auteurs anciens s'accordent à dire que l'hydre possédait plusieurs têtes, de graves divergences apparaissent en revanche à propos de leur nombre exact. Certains parlent de trois têtes, d'autres de cinq, d'autres encore de six ou de neuf.

Ovide mentionne même « cent têtes » et Euripide désigne l'hydre comme « le monstre aux mille têtes », mais il semble qu'il s'agisse chez ces deux auteurs de simples figures de style.

En présence d'une telle diversité d'estimations, un auteur pressé se serait sans doute contenté d'en calculer la moyenne pondérée, ce qui lui aurait permis d'affirmer que l'hydre de Lerne possédait 6,4 têtes. Pour ma part, je n'ai pas cédé à cette facilité ; j'ai cherché à savoir qui, parmi les auteurs anciens, avait raison. Mes recherches me permettent aujourd'hui d'affirmer qu'ils avaient tous raison. La clé de ce troublant mystère m'a été fournie par une précision que donnent plusieurs mythographes relativement au processus de régénération des têtes de l'hydre : selon eux, chaque fois que l'on en coupait une, il en repoussait deux. Mais alors, tout s'explique !

Lorsque Hercule, parvenu à Lerne, se trouva pour la première fois en face de l'hydre, celle-ci ne possédait que trois têtes. Mais lorsque, de son épée, Hercule en eut tranché une, il en repoussa deux, et leur nombre total fut alors de quatre. À la décapitation suivante, il y en avait cinq, et ainsi de suite jusqu'à neuf. Malgré sa lenteur d'esprit, Hercule, à qui les principes de la progression arithmétique n'étaient pas totalement inconnus, comprit que la méthode qu'il avait adoptée ne lui permettait pas de résoudre le problème.

Selon la plupart des mythographes, il en adopta alors une autre, consistant à se faire aider par l'un de ses neveux, appelé Iaos, de la façon suivante : chaque fois qu'Hercule coupait une tête, son neveu cautérisait la plaie sanglante à l'aide d'un brandon ou d'un tison. Cette version des faits ne me convainc guère : je ne vois pas pourquoi le pouvoir de régénération des tissus de l'hydre, qui résistait au fer, n'aurait pas résisté aussi au feu.

13. LES TRAVAUX D'HERCULE

Qu'il me soit donc permis, pour une fois, de m'écarter de la tradition et de proposer une version personnelle.

Selon moi, Hercule est allé demander une consultation à Thésée, et celui-ci, au terme d'un raisonnement fondé sur le principe mathématique de la réciprocité, est parvenu à la conclusion suivante : si, lorsqu'on retranche une tête à l'hydre, il lui en pousse deux, alors, si on lui en rajoute une, elle en perdra deux. Il conseilla donc à Hercule de greffer, à titre d'essai, une tête de mouton sur le corps de l'hydre. Comme l'avait prévu Thésée, et par suite sans doute d'un processus biologique de rejet, non seulement la greffe ne prit pas, mais elle provoqua l'infection et la chute d'une des têtes préexistantes de l'hydre. En procédant neuf fois de suite à une greffe similaire, Hercule put ainsi se débarrasser de toutes les têtes, et l'hydre mourut.

Hercule trempa alors la pointe de toutes les flèches de son carquois dans le sang noir et fumant du monstre, ce qui eut pour résultat de les empoisonner pour toujours.

Hercule était d'humeur joyeuse lorsqu'il retourna chez Eurysthée. Celui-ci lui avait annoncé en effet, la première fois qu'ils s'étaient vus, qu'il lui imposerait dix travaux : or l'hydre de Lerne était le dixième. Mais Eurysthée n'était pas un homme de parole. Il avait pris goût aux services d'Hercule et entendait bien en profiter encore un peu.

Les pommes d'or du jardin des Hespérides

– Mes dix travaux sont terminés, annonça Hercule en déposant devant Eurysthée le corps inerte de l'hydre.

– Pas du tout, lui répondit Eurysthée, car sur les dix travaux que tu as accomplis il y en a deux qui ne comptent pas : les écuries d'Augias, parce que tu as perçu sans mon accord une rémunération personnelle de trois cents bœufs, et la ceinture d'Antiope, parce que tu t'es fait aider par Thésée. Tu me dois donc encore deux travaux.

Aussi surprenant que cela puisse paraître à qui connaît les emportements d'Hercule, celui-ci ne protesta pas et accepta la onzième tâche que lui imposait Eurysthée : aller chercher et rapporter un panier de pommes d'or du jardin des Hespérides.

On ne savait pas grand-chose de ces fruits fabuleux. Selon certains voyageurs, qui prétendaient en avoir vu, ils avaient la forme de pommes, la couleur de l'or et étaient gorgés d'un jus délicieux. En fait, il s'agissait tout simplement d'oranges, dont la culture ne s'était pas encore répandue en Grèce. Quant à l'endroit où l'on pouvait les cueillir, c'était, disait-on, un vaste verger, gardé par un terrible dragon et appartenant aux filles du Titan Atlas, celui-là même qui avait été condamné par Jupiter à porter éternellement la voûte du ciel sur ses épaules. Ses filles, propriétaires du verger, s'appelaient les Hespérides. Personne ne savait exactement dans quelle partie du monde se trouvait leur jardin. La première difficulté, pour Hercule, consistait donc à le découvrir.

Il existait dans l'Antiquité, comme il en a existé à toutes les époques, certains personnages qui connaissaient toutes les bonnes adresses. L'un de ces personnages était un dieu marin, nommé Nérée et appelé parfois aussi « le vieil homme de la mer ». Il était malheureusement très peu sociable et se refusait généralement à recevoir les gens qui venaient lui demander des renseignements. Pour les écarter, il se transformait à volonté en monstre, en animal féroce ou en feu. Hercule décida cependant d'aller le trouver pour lui demander où se trouvait le jardin des Hespérides.

En voyant arriver Hercule, Nérée se transforma d'abord en lion, puis en taureau, puis en géant. Inutile de vous dire qu'Hercule n'en fut guère impressionné. Nérée se transforma alors en une colonne de feu.

— Tu vas voir comment je vais t'éteindre, lui cria Hercule ; et il le noya sous un jet torrentiel.

Vous me demanderez peut-être de quel tuyau d'arrosage avait bien pu se servir Hercule ? Je vous le laisse deviner.

Vaincu, Nérée lui apprit que le jardin des Hespérides se trouvait à l'extrémité occidentale du Maroc, juste à côté de l'endroit où Atlas portait son lourd fardeau. Hercule se rendit donc chez Atlas, à qui il expliqua l'objet de sa visite.

– Je veux bien te dire où se trouve le jardin de mes filles, lui répondit Atlas avec amabilité, mais cela ne te servira à rien, car le dragon qui garde les pommes d'or est invulnérable et ne te laissera pas approcher. Il n'obéit qu'à mes filles et à moi-même. Si tu le désires, cependant, j'irai chercher moi-même les pommes d'or, à condition que tu me relaies pendant quelques jours pour porter la voûte du ciel. Cela me permettra en outre d'aller embrasser mes filles, que je n'ai pas vues depuis longtemps.

Sans méfiance, Hercule accepte. Dès qu'il s'est déchargé sur Hercule de son fardeau, Atlas dévoile son jeu :

– Bon courage ! dit-il ironiquement à Hercule. Je te cède définitivement ma place ; je viendrai t'apporter des oranges de temps en temps.

Et il s'en va chez ses filles.

Désespéré, Hercule appelle au secours, une fois encore, son cousin Thésée. Celui-ci accourt et, au premier coup d'œil, comprend ce qui s'est passé.

– Je vais te dire comment te sortir de là, dit-il à Hercule.

Craignant que des oreilles indiscrètes ne les écoutent, il s'approche d'Hercule et lui murmure quelque chose à l'oreille.

– J'ai compris, lui répond Hercule.

Quelques jours plus tard, Atlas vient lui rendre visite. Il apporte un panier de provisions contenant, parmi d'autres victuailles, quelques pommes d'or. Ce n'est pas par bonté d'âme qu'il est venu, mais seulement parce qu'il craint qu'Hercule ne meure d'inanition et ne laisse tomber le ciel.

– Tout va bien ? demande-t-il à Hercule.

– Oui, répond celui-ci, récitant la leçon de Thésée, mais je commence à avoir un peu mal à la nuque ; pourrais-tu me remplacer un instant, le temps que je glisse un coussinet sur mes épaules ?

– Bien volontiers, répond Atlas, qui était apparemment plus naïf encore qu'Hercule.

Aussitôt libéré, Hercule prend le large en ayant garde de ne pas oublier les précieuses pommes d'or.

Cerbère

Eurysthée était très fier de sa ménagerie. Il l'avait déjà enrichie, grâce à Hercule, du taureau de Crète, du cerf aux cornes d'or, du sanglier d'Érymanthe et des cavales de Diomède. Il rêvait depuis longtemps de la compléter par une pièce unique, le chien Cerbère ; il chargea Hercule, pour son douzième travail, de le lui apporter.

Cerbère était un chien énorme et farouche, qui gardait la porte des enfers. Il avait pour consigne d'y laisser entrer tout le monde et de n'en laisser sortir personne. Il possédait trois têtes, dotées chacune d'un aboiement différent.

Se rendre aux enfers n'était pas bien difficile pour Hercule ; il connaissait le chemin, pour y être déjà allé une fois, et entretenait de bonnes relations avec Pluton dont il était le neveu. Il alla donc trouver Pluton et lui exposa l'objet de sa nouvelle visite.

– Décidément, lui répondit Pluton avec un sourire amusé, ce qui était rare chez lui, tu ne doutes de rien ! Eh bien, je consens à ce que tu essaies de t'emparer de Cerbère, mais à la condition que tu ne te serves pas de ta massue, ni d'aucune autre arme.

S'attaquer à Cerbère à mains nues, même Hercule n'y pouvait songer. Une fois de plus, il eut recours aux conseils de Thésée, qui, lui aussi, connaissait bien Cerbère pour avoir séjourné quelque temps aux enfers.

– Puisque Cerbère a trois têtes et trois aboiements, dit-il à Hercule, il faut, pour le dompter, que tu emploies successivement trois voix : une voix calme, pour commander, une voix forte, pour gronder, et une voix douce, pour récompenser.

Toute la technique des futurs dresseurs de chiens était contenue dans cette formule. Hercule l'appliqua scrupuleusement et Cerbère le suivit docilement. Mais lorsque, sur les talons d'Hercule, Cerbère et ses trois têtes menaçantes entrèrent dans la salle où était assis Eurysthée, celui-ci fut si épouvanté qu'il supplia Hercule de ramener Cerbère aux enfers et promit au héros qu'il ne lui imposerait jamais plus d'autres tâches. Les douze travaux d'Hercule étaient terminés.

14. Grandeur et chute de Thésée

Fondation de la démocratie athénienne

Après avoir aidé Hercule, de la manière que l'on sait, à s'emparer de la ceinture d'Antiope, reine des Amazones, Thésée, assagi et repu d'aventures, retourna à Athènes dont il était devenu roi après la mort de son père. Comme tous les autres États de la Grèce antique, Athènes était alors une monarchie absolue, où tous les pouvoirs appartenaient au roi. Thésée décida d'en modifier radicalement le système de gouvernement.

Dans une proclamation aux Athéniens, il annonça qu'il leur remettait la souveraineté. Ce serait désormais le peuple lui-même qui, réuni en assemblée, voterait les lois, prendrait les décisions importantes et désignerait ses gouvernants. Tous les citoyens seraient libres et égaux en droits. Ils ne seraient soumis qu'à l'autorité de la loi. Quant à lui, Thésée, il renonçait à son titre de roi et devenait un citoyen comme les autres ; il conserverait seulement, si le peuple le lui demandait, le commandement de l'armée.

Les propositions de Thésée ayant été approuvées par le peuple, Athènes devint, plusieurs siècles avant Rome et plusieurs millénaires avant les États-Unis d'Amérique, la première démocratie de l'Histoire. Elle fut bientôt, pour tout le monde grec, un exemple de justice et de liberté. C'est pourquoi, de tous les pays voisins, les exilés et les proscrits vinrent souvent y chercher asile.

Un de ces réfugiés politiques se présenta un jour à la demeure de Thésée, demandant humblement l'autorisation d'y passer quelques heures. C'était un homme jeune encore, mais aveugle, et dont le visage portait les marques de la souffrance. Il était soutenu et guidé par deux très jeunes filles qui lui ressemblaient. Thésée les accueillit avec son hospitalité coutumière et les invita à sa table ; à la fin du repas, il demanda courtoisement à l'étranger d'où il venait et quels étaient les événements ou les malheurs qui l'avaient amené à quitter son pays.

Le récit d'Œdipe

L'étranger se fit un peu prier ; il craignait, disait-il, d'importuner son hôte par le long récit d'une vie tragique. Il finit cependant par céder à l'insistance de Thésée, et commença par ces mots :

– Je me nomme Œdipe ; ces deux jeunes filles qui m'accompagnent et qui font tout pour adoucir mes souffrances se nomment Antigone et Ismène.

– Leurs visages rappellent le tien, interrompit Thésée. Sont-elles tes sœurs, ou peut-être tes filles ?

Œdipe, perdu dans ses pensées, parut ne pas entendre la question de Thésée et poursuivit son récit.

– Mon plus ancien souvenir remonte au jour de mes sept ans. J'habitais une grande et belle chambre du château royal de Corinthe. Dès mon réveil, ma gouvernante – car dans les familles royales, tu le sais bien, les enfants ont des gouvernantes – me dit que mes parents m'attendaient dans la salle à manger. Mon père, le roi Polybe, et ma mère, la reine Péribée, m'accueillirent avec tendresse et me donnèrent mes cadeaux d'anniversaire. Puis, avec une certaine gravité, mon père me parla :

» – Tu es, Œdipe, notre fils unique ; à ce titre, tu me succéderas un jour sur le trône de Corinthe. Maintenant que tu as atteint l'âge de raison, tu dois commencer à te préparer à tes futures responsabilités.

» À partir de ce jour, on me donna un précepteur, et je partageai mon temps entre les études, les exercices physiques et les jeux. Dix années s'écoulèrent ainsi, qui furent sans doute les plus heureuses de mon existence. Lorsque j'eus dix-sept ans, mon père m'invita à compléter mon éducation par un voyage de quelques mois dans les pays voisins.

» C'est au début de ce voyage que l'idée funeste me vint d'aller consulter, sur mon destin futur, le célèbre oracle de Delphes. Tu sais comme moi, Thésée, que cette prêtresse d'Apollon passe pour connaître l'avenir de tous les humains, et qu'elle accepte de le leur révéler, mais à l'aide de formules le plus souvent ambiguës ou obscures. Dans mon cas, cependant, sa réponse fut on ne peut plus claire : « Tu tueras ton père et tu épouseras ta mère », me dit-elle. Bien que je n'eusse jamais accordé un grand crédit aux soi-disant oracles et devins, je fus bouleversé par cette prédiction et, pour éviter qu'elle ne se réalisât, je pris instantanément la décision de m'éloigner à tout jamais de Corinthe et de mes parents.

» Je partis à pied, en direction de l'est, sans but précis et de fort mauvaise humeur. C'est à cette mauvaise humeur qu'il faut attribuer le grave incident qui me survint quelques jours plus tard. Je traversais un col, par un sentier étroit, lorsque je vis arriver, en sens inverse, un petit groupe de cinq hommes à cheval. Le premier d'entre eux, qui paraissait leur chef, me cria d'une voix rude de m'écarter pour lui laisser le passage. Sur mon refus, il dégaina son épée et chercha à m'en frapper. Mais je fus plus rapide que lui et l'étendis mort sur le chemin. Ses quatre compagnons sautèrent aussitôt de cheval et m'attaquèrent. Mes forces étaient décuplées par la colère ; j'en tuai trois, et le quatrième s'enfuit sans demander son reste. Comme je m'estimais en état de légitime défense, c'est sans remords que je repris ma route. J'entrai quelques mois plus tard dans le royaume de Thèbes. Je le trouvai plongé dans une consternation dont la cause me fut révélée bientôt par ses habitants : un monstre bizarre, ayant un corps de lionne, un buste et une tête de femme et deux petites ailes sur les épaules, y faisait régner la terreur. Ce monstre, appelé le Sphinx, se tenait accroupi sur un rocher, à l'entrée de la ville de Thèbes. À tous les passants, il s'adressait en ces termes : « Je

vais te proposer une énigme ; si tu en trouves la solution, je te laisserai passer ; sinon, tu perdras la vie. » Quelques voyageurs avaient relevé le défi, mais aucun n'avait résolu l'énigme, et le Sphinx les avait tous dévorés. Depuis, plus personne n'osait se rendre à Thèbes ni en sortir, et la vie du pays était paralysée. Dans la situation où j'étais, j'estimais ne pas avoir grand-chose à perdre. Je décidai d'affronter le Sphinx.

» Il me fit asseoir devant lui et me proposa l'énigme suivante :

» – Quel est l'animal qui marche le matin sur quatre pattes, à midi sur deux pattes et le soir sur trois pattes ?

» Puis, conformément à sa coutume, il retourna un sablier dont le contenu s'écoulait en trois minutes. Il ne m'en fallut que deux pour trouver la solution :

» – C'est l'homme, répondis-je ; au matin de sa vie, il marche à quatre pattes ; à l'âge mûr, il marche debout sur ses deux jambes ; quand vient la vieillesse, il s'appuie sur une canne.

» La foule nombreuse qui nous entourait éclata en applaudissements.

» Vexé et faisant preuve d'une insigne mauvaise foi, le Sphinx prétendit que quelqu'un, dans la foule, m'avait soufflé la réponse et que, par conséquent, je devais me soumettre à une deuxième épreuve :

» – Quelles sont, me demanda-t-il, les deux sœurs qui s'engendrent mutuellement ?

» Je n'eus pas de peine à trouver : – Ce sont, lui répondis-je, la journée et la nuit.

» Cette fois, ma victoire était incontestable. Ulcéré, le Sphinx sauta de son rocher dans le vide, avec l'intention, peut-être, de s'envoler. Ses petites ailes étant incapables de le porter, il s'écrasa au sol et mourut aussitôt.

» Porté en triomphe, je fus conduit au palais royal de Thèbes, pour y être présenté à la reine Jocaste. Dès que je la vis, j'éprouvai pour elle une vive sympathie, et même un sentiment plus profond que la sympathie. Elle me parut avoir déjà une trentaine d'années, mais elle était d'une grande beauté et son visage respirait la douceur.

» Elle me remercia pour le service que j'avais rendu à son pays et m'invita à dîner avec elle. Pendant le repas, je lui dis qui j'étais et la raison qui m'avait fait quitter mes parents et mon pays.

» À ce récit, elle sourit tristement.

» – Tu n'aurais pas dû attacher d'importance à la prédiction de l'oracle, me dit-elle. Cette prêtresse d'Apollon manque d'imagination et utilise constamment les mêmes formules. Ce qu'elle t'a dit à toi, elle le disait déjà il y a près de vingt ans, je suis bien placée pour le savoir.

» Et la reine Jocaste, à son tour, me raconta sa vie. Elle avait épousé, très jeune, le roi de Thèbes, Laïos. Bientôt enceinte, elle était allée, avec son mari, consulter l'oracle de Delphes sur l'avenir de l'enfant qu'elle attendait. Et l'oracle lui avait répondu que cet enfant « tuerait son père et épouserait sa mère ». Épouvanté par cette prophétie, le roi Laïos avait décidé de faire mettre à mort le bébé le jour même de sa naissance : un serviteur, chargé de cette sinistre mission, avait pendu l'enfant à un arbre de la forêt voisine.

» – Je ne me suis jamais pardonné ce crime, conclut Jocaste, ce crime auquel nous avait conduits notre aveugle crédulité. Quant à mon mari, le roi Laïos, il en fut, lui aussi, si affecté qu'il se mit à me délaisser fréquemment et à s'absenter pour de longs voyages. C'est à l'occasion d'un de ces voyages qu'il fut attaqué et tué par une troupe nombreuse de voleurs. Veuve et sans enfants, j'ai désormais la lourde tâche de gouverner seule le royaume de Thèbes.

» Ému par le récit de la reine Jocaste, j'acceptai, à sa demande, de rester quelques jours chez elle. Bientôt, la sympathie que nous avions ressentie l'un pour l'autre se transforma en un sentiment plus fort ; j'épousai Jocaste et devins roi de Thèbes.

» Près de quinze ans s'écoulèrent ainsi, pendant lesquels nous eûmes quatre enfants : deux garçons et deux filles. Au cours de cette période, j'appris un jour que mon père, le roi Polybe, était mort d'une mort naturelle. Cette nouvelle acheva de me convaincre de la fausseté des prédictions des oracles.

» Il y a quelques mois, cette période de tranquillité fut brusquement interrompue par une terrible épidémie de peste qui s'abattit sur le pays. La médecine s'étant avérée impuissante à la combattre, je finis, sur les instances du peuple, par demander une consultation à l'oracle de Delphes, malgré le scepticisme que je professais à son égard. L'oracle répondit que l'épidémie ne cesserait que le jour où les meurtriers de l'ancien roi Laïos auraient été découverts et châtiés. Sans y croire vraiment, mais désireux de calmer l'agitation des Thébains, je décidai d'ouvrir une enquête sur les circonstances de ce meurtre vieux de quinze ans, et je la confiai au fameux devin Tirésias, dont tu as, Thésée, peut-être entendu parler.

– Qui n'a entendu parler de Tirésias ? répondit Thésée.

Mais si Thésée, comme tous les Grecs de son temps, connaissait bien Tirésias, certains lecteurs de ce livre sont peut-être moins bien informés. C'est pourquoi il n'est sans doute pas inutile que j'interrompe quelques instants le récit d'Œdipe pour présenter brièvement Tirésias, le devin aveugle.

Tirésias

Tirésias était un Thébain qui, pendant sa jeunesse, avait fait une expérience singulière : il avait changé de sexe. Vous me direz peut-être que cela n'a rien d'extraordinaire et que, de nos jours, les cas de transsexualité sont assez courants. Sans doute, mais la singularité de Tirésias venait de ce qu'il avait changé de sexe « deux fois » : né garçon, il était devenu jeune fille vers l'âge de dix-huit ans, l'était resté neuf ans, puis avait repris le sexe masculin. Cette double métamorphose l'avait rendu célèbre non seulement auprès des habitants de Thèbes, mais aussi auprès de ceux de l'Olympe. C'est ce qui explique que Jupiter et Junon l'aient un jour choisi comme arbitre d'un différend qui s'était élevé entre eux. Junon ayant, pour la centième fois, reproché à Jupiter ses infidélités conjugales, celui-ci, d'humeur facétieuse, lui avait répondu que si les hommes et les dieux cherchaient à varier leurs expériences amoureuses, cela venait de ce qu'ils éprouvaient, dans l'amour, des plaisirs moins vifs que les femmes. Junon ayant contesté cette thèse, Jupiter lui proposa de faire trancher le débat par Tirésias, qui s'était trouvé successivement des deux côtés de la barrière et qui pouvait donc faire une comparaison objective. Tirésias, consulté, avait donné raison à Jupiter. Vexée, Junon l'avait immédiatement puni en le rendant aveugle. Pour le dédommager, à défaut de pouvoir lui rendre la vue, Jupiter lui avait fait don d'une exceptionnelle clairvoyance mentale et d'une rare aptitude à élucider les mystères et les énigmes. Tirésias était ainsi devenu une sorte de Sherlock Holmes ou d'Hercule Poirot de son époque.

Suite du récit d'Œdipe

— Tirésias, reprit Œdipe, accepta l'enquête que je lui confiai, à condition de pouvoir convoquer tous les témoins qui lui paraîtraient utiles. Pendant trois semaines, je n'entendis plus parler de lui. Étonné de son silence, je le convoquai au palais ; il ne s'y présenta pas. Irrité, je me rendis chez lui.

» Il m'accueillit d'un air gêné et, presque aussitôt, me pria de le décharger de la mission que je lui avais confiée. Je m'emportai contre lui, lui reprochai son incompétence : il ne valait pas mieux, lui dis-je, que toute la méprisable vengeance des oracles et des devins. Piqué au vif, il s'écria alors :

» – Puisque tu tiens tant à connaître la vérité, je te la dirai, quoi qu'il puisse t'en coûter ; attends-moi au palais dans une heure.

» À l'heure dite, en compagnie de Jocaste, je reçus Tirésias dans la salle du trône. Tirésias me pria de me dissimuler derrière une tenture pendant qu'il ferait comparaître son premier témoin.

C'était un homme d'une cinquantaine d'années, dont le visage exprimait l'inquiétude. Lorsqu'il fut assis, Tirésias s'adressa à Jocaste en ces termes :

» – Reconnais-tu cet homme ?

» – Oui, répondit Jocaste. C'est l'un des quatre serviteurs qui accompagnaient Laïos au cours de son dernier voyage, et c'est lui qui, seul survivant de ce voyage fatal, nous raconta comment Laïos et son escorte avaient été attaqués et massacrés par une troupe nombreuse de voleurs.

» Tirésias se tourna alors vers le témoin.

» – Les choses se sont-elles vraiment passées comme tu l'avais raconté à l'époque ? lui demanda-t-il.

» Baissant la tête, l'homme répondit d'une voix basse :

» – Non, j'ai menti. La vérité, c'est que Laïos et mes trois compagnons ont été tués par un homme seul. Pour ne pas partager leur sort, je me suis enfui à cheval. Et c'est pour ne pas être accusé de lâcheté et de trahison que j'ai prétendu, à mon retour, que nous avions été attaqués par une troupe nombreuse.

» – Qu'as-tu fait depuis cette époque ? lui demanda Tirésias.

» – Je me suis retiré dans un village reculé et je n'ai plus, jusqu'à ce jour, remis les pieds à Thèbes.

» – Crois-tu que tu pourrais, aujourd'hui encore, reconnaître le visage du meurtrier de Laïos ?

» – Il est gravé dans ma mémoire, répondit le témoin.

» Sans même attendre que Tirésias m'y invitât, je sortis de

derrière mon rideau. L'homme me regarda un instant et s'écria :

» – C'est lui !

» Je l'avais déjà deviné, mais cette confirmation m'accabla. Voyant mon trouble, Jocaste vint à mon aide :

» – Tu n'as rien à te reprocher, s'écria-t-elle. C'est Laïos qui t'avait provoqué. Et jusqu'à aujourd'hui tu ignorais l'identité de l'homme que tu avais tué.

» – Il l'ignore encore en partie, reprit Tirésias, mais dans un instant il la connaîtra tout à fait.

» Et il fit entrer son deuxième témoin. C'était un des plus vieux serviteurs du palais, celui-là même qui, trente ans plus tôt, avait été chargé par Laïos de l'exécution du bébé que venait d'enfanter Jocaste.

» – Répète-nous, lui dit Tirésias, ce que tu m'as avoué hier au sujet de la mission dont t'avait chargé Laïos.

» D'une voix tremblante, le vieux serviteur raconta :

» – Malgré la pitié que j'éprouvais pour l'enfant, je n'osais désobéir aux ordres de mon maître. Mais je m'avisai, au dernier moment, que si Laïos m'avait ordonné de pendre le bébé à un arbre de la forêt, il n'avait pas précisé par quelle partie du corps devait s'effectuer cette pendaison. Plutôt que de le pendre par le cou, je le pendis donc par les pieds, et laissai l'enfant, en pleurs mais vivant. À mon retour au palais, je pus, sans mentir, jurer que j'avais accompli ma mission.

» Sans nous laisser, à Jocaste ou à moi-même, le temps d'intervenir, Tirésias fit entrer alors un troisième témoin, très âgé lui aussi, et le pria de déposer à son tour :

» – Je suis un berger de Corinthe, commença l'homme. Il y a une trentaine d'années, comme la sécheresse avait flétri les pâturages de mon pays, je vins faire paître mon troupeau aux environs de Thèbes. En traversant une forêt, j'entendis les cris d'un nouveau-né. Je m'approchai et découvris un bébé, pendu par les pieds à une branche d'arbre. Je le détachai, le soignai, le nourris du lait de mes brebis et le ramenai quelques semaines plus tard à Corinthe. Le roi Polybe et la reine Péribée, qui n'avaient pas d'enfants, adoptèrent celui que j'avais trouvé et, en souvenir des circonstances de sa découverte, l'appelèrent Œdipe, qui signifie « pieds enflés ».

» Je restai muet d'horreur : ainsi la double prédiction de l'oracle de Delphes s'était bien réalisée. Polybe et Péribée, que j'avais fuis, n'étaient pas mes vrais parents. En croyant échapper à mon destin, je m'étais précipité à sa rencontre. J'étais le meurtrier de mon père, Laïos, et l'époux de ma mère, Jocaste. Quant à mes quatre enfants... Tu me demandais tout à l'heure, Thésée, si Antigone et Ismène, qui m'ont accompagné ici, étaient mes filles ou mes sœurs. Je n'ai pas osé te répondre alors, mais tu sais, maintenant, qu'elles sont à la fois l'un et l'autre.

Œdipe resta silencieux quelques instants, la gorge serrée par l'émotion. Puis il reprit :

– Pendant que je faisais ces terribles réflexions, Jocaste, très pâle, avait quitté sans un mot la salle du trône. Quelques instants plus tard, saisi d'inquiétude, je la suivis dans notre chambre. Lorsque j'arrivai, elle s'était pendue et avait cessé de vivre. Je songeai d'abord à l'imiter, mais je ne me sentis pas le droit de laisser mes enfants orphelins. Pour me punir de mon crime, involontaire mais monstrueux, je me crevai les yeux.

» Dès le lendemain, je fus chassé de Thèbes. Aveugle, sans ressources, dévoré de honte, je serais mort depuis longtemps sans le dévouement et l'amour de mes filles, Antigone et Ismène, qui n'ont pas voulu m'abandonner. Partout où je passe, on me regarde avec horreur ; toutes les portes se ferment devant moi. Je n'ai plus ni patrie ni foyer.

– Ce n'est pas ta volonté, mais la fatalité qui est responsable de tes crimes, lui répondit Thésée ; tu n'es donc pas, à mes yeux, un criminel mais une victime. Si tu le veux, Athènes sera désormais ta patrie, et ma maison sera ton foyer.

14. GRANDEUR ET CHUTE DE THÉSÉE

Œdipe s'installa chez Thésée, où il mourut quelques mois plus tard. Ses deux filles, Antigone et Ismène, retournèrent alors à Thèbes. Elles trouvèrent le royaume à feu et à sang.

Étéocle et Polynice

Après qu'Œdipe avait été chassé de Thèbes, ses deux fils, Étéocle et Polynice, s'étaient disputé sa succession. Ils avaient fini par conclure un accord aux termes duquel chacun d'eux régnerait alternativement pendant un an. L'aîné, Étéocle, était monté le premier sur le trône. Un an plus tard, lorsque Polynice était venu réclamer son tour, Étéocle avait refusé de le lui céder et l'avait chassé de la ville. Au moment où Antigone et Ismène revinrent à Thèbes, Polynice, soutenu par six princes voisins dont il avait demandé le concours, se disposait à donner l'assaut à la ville, à la tête d'une forte armée. De son côté, Étéocle avait partagé sa garnison entre les sept portes de la ville, face auxquelles avaient pris position Polynice et ses six alliés.

C'est alors que, désireux d'éviter un bain de sang, Polynice proposa à son frère de vider leur querelle par un combat singulier. Étéocle accepta. En présence des deux armées et sous les yeux de leurs sœurs, les deux frères ennemis se ruèrent l'un sur l'autre dans un tel élan de haine qu'ils se transpercèrent mutuellement et simultanément de leurs épées. Quelques instants plus tard, ils mouraient ensemble.

Aussitôt après, les troupes assiégeantes, commandées par les six chefs, donnaient l'assaut à la ville. Au terme d'un bref combat, cinq des six chefs étaient étendus, parmi de nombreux autres morts, devant les portes. Le sixième, ainsi que les autres survivants, avait pris la fuite. Les Thébains victorieux se donnèrent alors pour roi Créon, le frère de l'ancienne reine Jocaste.

Sa première décision fut de refuser les honneurs funèbres et une sépulture décente à Polynice et aux cinq chefs étrangers qui avaient péri dans la bataille. C'était là une grave décision. Les anciens Grecs croyaient en effet que les âmes de ceux qui avaient été privés de sépulture étaient condamnées à errer sans fin aux portes du royaume des morts, sans pouvoir jamais y être admises.

Dès qu'elle a connaissance de cette décision, Antigone, révoltée, va trouver son oncle Créon, le nouveau roi.

– Est-il exact, lui demande-t-elle, que tu t'apprêtes à donner une sépulture décente à Étéocle et à la refuser à Polynice ?

– C'est exact, répond Créon ; je ne fais, en cela, qu'appliquer la loi de Thèbes, qui prévoit que les traîtres à la patrie seront privés des honneurs funèbres ; or Polynice, en attaquant la ville avec l'aide de troupes étrangères, a agi comme un traître ; j'ai donc interdit qu'on l'enterre, et je punirai de mort quiconque enfreindrait cet ordre.

– Les lois de l'État m'interdisent peut-être d'enterrer mon frère, lui répond Antigone, mais les lois de la nature m'ordonnent de le faire. Et, à mes yeux, les lois divines sont au-dessus des lois humaines.

Passant outre l'interdiction de son oncle, elle enterra Polynice pendant la nuit. Le lendemain, Créon la faisait exécuter.

Intervention de Thésée

Le dernier survivant des six princes se nommait Adraste. Il avait accepté sa défaite, mais il ne pouvait supporter l'idée que ses compagnons, privés de sépulture, fussent la proie des vautours et des chiens. Il se rendit à Athènes, dans l'intention de demander l'intervention de Thésée.

Lorsque Adraste arriva à Athènes, Thésée participait, avec tous les citoyens de la ville, à une assemblée du peuple. Le prenant à part, Adraste lui exposa l'objet de sa visite.

– Les Athéniens, lui répondit Thésée, ont pour principe de ne pas intervenir dans les affaires intérieures des autres États. Cependant je reconnais que le comportement de Créon, à l'égard des princes étrangers, semble contraire aux lois de la guerre. Si tu le souhaites, tu soumettras ta requête, dès demain, à notre assemblée.

Créon, cependant, avait appris qu'Adraste s'était rendu à Athènes pour en solliciter le concours. Il avait alors lui-même dépêché de toute urgence un ambassadeur, chargé de dissuader les Athéniens d'intervenir. Cet ambassadeur, arrivé à Athènes quelques heures seulement après Adraste, se présente dès le lendemain matin à l'assemblée du peuple et, dès qu'elle s'ouvre, demande la parole.

– Je suis, déclare-t-il, envoyé par Créon, le nouveau roi de Thèbes. Mon maître m'a chargé d'un message pour le vôtre. Veuillez donc me dire qui est votre roi.

Pareil à Mirabeau aux états généraux de 1789, Thésée se dresse, pointe un doigt accusateur vers l'ambassadeur et l'apostrophe en ces termes :

– Tu diras à Créon que les Athéniens n'ont pas de roi et qu'ils sont leurs propres maîtres. Si tu as une requête à adresser à Athènes, c'est à tous les Athéniens, ici réunis, que tu dois la présenter. Ils décideront librement de la suite à y donner.

Décontenancé, l'ambassadeur délivre cependant son message :

– Créon vous fait savoir que si vous avez l'audace de vous mêler des affaires de Thèbes, vous subirez le même sort que les six princes.

– Laisse-nous maintenant délibérer, lui répond simplement Thésée.

Après le départ de l'ambassadeur et l'audition d'Adraste, l'assemblée du peuple athénien, irritée par les menaces de Créon et indignée du traitement qu'il avait infligé aux cadavres des princes, décidait quelques heures plus tard de déclarer la guerre à Thèbes.

Sous la conduite de Thésée, commandant de l'armée, les Athéniens remportèrent la victoire. Créon, fait prisonnier, fut conduit devant Thésée.

– Tu vois, lui dit celui-ci, qu'une armée d'hommes libres, qui combattent par idéalisme, est plus forte qu'un troupeau d'esclaves, qui ne combattent que par crainte de leur maître. Nous pourrions maintenant, si nous le voulions, piller ta ville, la raser et emmener ses habitants en captivité. Mais nous sommes venus ici pour faire respecter le droit des gens et non pour le violer à notre tour. Nous n'abuserons donc pas de notre victoire.

Et, après avoir rendu les honneurs funèbres aux restes des cinq princes et à tous les autres soldats morts au combat, l'armée athénienne retourna dans son pays.

Phèdre et Hippolyte

Thésée avait eu, au cours de son existence agitée, de nombreuses aventures amoureuses, mais il ne s'était jamais marié. Peu de temps après son retour à Athènes, ayant repris sa vie de simple citoyen, il jugea qu'il était grand temps, pour lui, de fonder un foyer.

De toutes les femmes qu'il avait rencontrées, celle qui lui avait fait la plus vive impression était Phèdre, la fille aînée du roi de Crète, Minos. Il l'avait connue bien des années auparavant, lorsqu'il était allé en Crète pour affronter le Minotaure. À cette époque, le lecteur s'en souvient peut-être, Phèdre n'avait pas accordé la moindre attention à Thésée, alors que sa sœur Ariane s'était au contraire jetée dans les bras du héros. Peu de temps après, Thésée avait abandonné Ariane sur l'île de Naxos et l'avait depuis complètement oubliée. Mais il n'avait pas oublié Phèdre ; le souvenir qu'il avait d'elle s'était même idéalisé au fil des ans. C'est pourquoi, lorsqu'il eut résolu de se marier, c'est à Phèdre qu'il pensa aussitôt. S'étant assuré préalablement qu'elle était toujours célibataire, il se rendit en Crète, pour demander au roi Minos la main de sa fille. Auréolé de la gloire que lui avaient value ses nombreux exploits, il n'eut pas de peine à obtenir l'accord de

Minos. Quant à Phèdre elle-même, on ne lui demanda pas son avis : les convictions démocratiques de Thésée n'allaient pas jusqu'à lui faire reconnaître le droit des femmes à choisir un époux.

Sans enthousiasme, car elle persistait à ne pas éprouver une grande attirance pour Thésée, Phèdre l'épousa et s'installa avec lui à Athènes. Quelques mois plus tard, alors qu'ils dînaient en tête à tête, Thésée, l'air gêné, lui déclara qu'il avait un aveu à lui faire :

– Il y a bien des années, à la suite d'une expédition que j'avais faite en compagnie d'Hercule, j'ai eu une brève aventure avec Antiope, la reine des Amazones. En la quittant, je lui avais fait promettre que, si un garçon naissait de notre liaison, elle me l'enverrait lorsqu'il atteindrait l'âge de dix-huit ans. Or je viens d'apprendre qu'elle a eu en effet un garçon, nommé Hippolyte, et que celui-ci, âgé de dix-huit ans, est en route pour Athènes où il arrivera dans quelques jours. J'espère que tu ne lui feras pas trop mauvais accueil.

N'étant pas amoureuse de Thésée, Phèdre n'en était pas non plus jalouse. Elle promit donc volontiers à son mari qu'elle recevrait Hippolyte les bras ouverts. Elle ne croyait pas si bien dire.

Hippolyte était jeune, beau, sportif et d'une parfaite droiture morale. Mais c'était un maniaque de la santé. Obsédé par le souci de conserver sa forme physique et d'économiser son énergie vitale, il faisait du jogging tous les matins, chassait le reste de la journée, ne buvait pas de vin, suivait un régime rigoureusement végétarien et macrobiotique, se lavait les mains et les dents trois fois par jour et se couchait tous les soirs à neuf heures.

Quant aux femmes, elles lui inspiraient une profonde répulsion, et il ne voyait en elles qu'une source de fatigue et de complications. Sa chasteté absolue et son amour de la nature l'avaient rendu cher à Diane, la déesse solitaire de la chasse et des forêts. En revanche, Vénus s'irritait du mépris qu'il professait à l'égard des plaisirs amoureux ; elle attendait depuis longtemps l'occasion de l'en punir. Elle crut l'avoir trouvée le jour où Hippolyte partit rejoindre son père.

Dès qu'il vit son fils, Thésée ressentit pour lui une vive sympathie ; dès qu'elle vit son beau-fils, Phèdre éprouva pour lui un sentiment beaucoup plus violent que la sympathie : elle en tomba passionnément amoureuse. Cette passion coupable n'était pas sans excuses : Phèdre n'avait jamais encore connu l'amour ; Hippolyte était d'une grande beauté ; et, surtout, c'est Vénus elle-même qui avait allumé dans le cœur de Phèdre cette passion subite et violente.

Plusieurs mois passèrent, au cours desquels l'affection entre Thésée et Hippolyte ainsi que l'amour de Phèdre pour son beau-fils ne cessèrent de croître. Mais Phèdre dissimulait si bien ses sentiments que Thésée et Hippolyte n'en avaient pas le moindre soupçon.

Un jour, Thésée dut partir pour un assez long voyage. C'est pendant son absence que Phèdre, se trouvant seule un soir avec Hippolyte, succomba à sa passion et avoua son amour. Hippolyte en fut horrifié : de toutes les femmes, à l'égard desquelles il continuait d'ailleurs d'éprouver une aversion généralisée, la dernière qu'il eût songé à toucher était sa belle-mère. Sans un mot, il s'écarta brusquement de Phèdre et quitta la pièce. Par une fatale coïncidence, un serviteur entrait à ce moment dans la salle où se trouvait Phèdre, pour lui annoncer le retour imminent de Thésée.

Saisie de peur, de honte et d'un ardent désir de vengeance, Phèdre monte dans sa chambre ; elle s'assied à sa table et écrit une lettre à son mari, l'informant qu'Hippolyte a cherché à la séduire et à la violenter, et que, ne pouvant supporter ce déshonneur, elle a décidé de mettre fin à ses jours. La lettre terminée, elle se plonge un poignard dans le cœur. Thésée arrive quelques instants plus tard, découvre le cadavre de sa femme et sa lettre de dénonciation. Il convoque Hippolyte, l'accable de reproches. Hippolyte, stupéfait, s'apprête à rétablir la vérité ; mais il songe que son père sera plus meurtri encore en apprenant que Phèdre était la vraie coupable. Avec une singulière noblesse d'âme, Hippolyte renonce donc à se défendre et se laisse chasser de la maison par son père.

La rancune de Vénus à l'égard d'Hippolyte étant assouvie, on aurait pu croire l'affaire terminée. Pourtant, elle ne faisait que commencer. Pour en comprendre les rebondissements ultérieurs, il faut savoir qu'un autre dieu de l'Olympe, Neptune, dont le fils Procuste avait été tué bien des années auparavant par Thésée, n'attendait lui aussi qu'une occasion pour se venger de celui-ci.

Alors qu'Hippolyte, ne sachant où aller, conduisait son char, attelé de deux chevaux, le long d'une plage proche d'Athènes, un monstre marin, envoyé par Neptune, sortit tout à coup de la mer.

Les chevaux effrayés s'emballèrent, le char se renversa. Hippolyte fut traîné sur une longue distance. Secouru par des paysans, il fut ramené ensanglanté chez son père. Avant de mourir, il eut le temps de murmurer à Thésée :

– Je n'ai jamais attenté à ton honneur. Pardonne à la coupable, comme je lui ai pardonné.

Thésée comprit tout ; accablé de remords et de chagrin, il quitta Athènes et se réfugia chez un de ses amis, Lycomède, qui régnait sur un État voisin. Lycomède lui fit d'abord bon accueil. Quelques jours après, cependant, alors que les deux hommes se promenaient ensemble le long d'une falaise, Lycomède, sans raison apparente, poussa brusquement Thésée, qui s'écrasa sur les rochers et mourut sur le coup. On explique généralement le geste de Lycomède par la crainte qu'il aurait éprouvée de voir Thésée répandre dans toute la Grèce les idées démocratiques et subversives qu'il avait mises en application à Athènes. Cette explication contient sans doute une part de vérité ; mais le comportement de Lycomède avait une autre cause, plus profonde, que je me réserve de dévoiler dans un chapitre ultérieur.

Phèdre, Hippolyte et Thésée étant morts, le rideau pouvait-il être tiré sur cette sanglante tragédie ? Eh bien, non, pas encore. Car une troisième divinité de l'Olympe, Diane, n'avait pas dit son dernier mot. Elle avait toujours éprouvé, je l'ai dit, une prédilection pour Hippolyte, et fut donc très affectée par sa mort prématurée. Ne doutant de rien, elle alla trouver son frère Apollon, dieu de la médecine, pour lui demander de rendre la vie à Hippolyte. Apollon ne pouvait rien refuser à sa sœur, mais il ne souhaitait pas se mêler personnellement de cette affaire. Il chargea donc son fils Esculape, le plus grand médecin de toute la Grèce et de tous les temps, d'essayer de ressusciter Hippolyte. Esculape y consentit et y parvint. Mais, en accomplissant cet exploit, il avait signé sa propre perte. Deux des plus grands dieux de l'Olympe, les propres frères de Jupiter, Neptune et Pluton, ne pouvaient en effet tolérer la résurrection d'Hippolyte : Neptune parce qu'il avait lui-même condamné Hippolyte à mort, et Pluton parce qu'il craignait de voir Esculape multiplier les interventions de ce genre, et dépeupler ainsi peu à peu le royaume des morts. Neptune et Pluton allèrent donc trouver Jupiter et le prièrent instamment de punir Esculape d'une manière exemplaire. Jupiter dut se ranger à leurs arguments et foudroya Esculape.

Ce fut au tour d'Apollon de s'indigner de la mort de son fils.

N'osant s'en prendre directement à Jupiter, ni même à Neptune et Pluton, il se vengea en perçant de ses flèches plusieurs des Cyclopes qui, sous les ordres de Vulcain, avaient fabriqué la foudre de Jupiter. Pour comble d'ironie, c'était ces mêmes Cyclopes qui avaient fabriqué les flèches dont Apollon les frappa. Craignant de voir Vulcain tirer à son tour

14. GRANDEUR ET CHUTE DE THÉSÉE

les conséquences de cet attentat, et soucieux de ne pas voir se prolonger cette espèce de vendetta olympienne, Jupiter décida de punir lui-même Apollon : il lui retira toutes ses attributions divines et le chassa de l'Olympe. Nous verrons plus loin que cet exil d'Apollon allait être à l'origine de la guerre de Troie.

15. Nouveaux exploits et mort d'Hercule

CONTRAIREMENT À THÉSÉE, Hercule ne s'était pas assagi en prenant de l'âge. À peine son douzième travail terminé, il se lançait, pour son propre compte cette fois, dans de nouvelles aventures et accumulait d'innombrables victoires sur des taureaux, des monstres, des dragons et des géants. Sa force surhumaine, sa peau de lion, sa massue et ses flèches empoisonnées le rendaient pratiquement invincible. Il n'hésita pas à s'en prendre parfois aux dieux eux-mêmes et se battit ainsi un jour contre Apollon, un autre jour contre Mars. Chaque fois, ce fut son père Jupiter qui dut intervenir pour calmer les esprits. L'une de ses aventures devait cependant le brouiller pour de bon avec un dieu puissant.

15. NOUVEAUX EXPLOITS ET MORT D'HERCULE

Le Géant Antée

Antée était un Géant, fils de Neptune et de la Terre. Comme la plupart des fils de Neptune, c'était un individu peu recommandable. Posté dans une forêt, il arrêtait tous les voyageurs et les défiait à la lutte en les prévenant que, s'il était vainqueur, il les tuerait pour les dévaliser. Les combats tournaient toujours à son avantage, non seulement parce qu'il était très fort, mais aussi parce que, si par hasard son adversaire parvenait à le terrasser et à lui faire toucher la terre des épaules, Antée retrouvait instantanément, au contact de sa mère, des forces nouvelles. Hercule résolut de débarrasser le pays de ce brigand. Acceptant son défi, il engagea la lutte avec lui. À trois reprises, il crut l'avoir étendu au sol pour de bon. Chaque fois, il vit avec étonnement Antée se relever plus fort qu'avant. Comprenant que son adversaire tirait sa vigueur du contact avec la terre, Hercule l'étreignit alors entre ses bras, le souleva du sol et l'étouffa. Il ne le laissa retomber que lorsqu'il fut certain de sa mort.

Neptune prit fort mal la mort de son fils Antée. Il aurait bien voulu punir Hercule séance tenante, mais il craignit, en agissant ainsi, de s'attirer le courroux de Jupiter, dont l'affection paternelle pour Hercule était bien connue des autres dieux. Neptune décida donc d'attendre une occasion propice et de se venger alors par personne interposée. Il savait que ni les hommes, ni les bêtes, ni les monstres, ni les dieux ne pouvaient vaincre Hercule. Mais il lui restait un espoir : les femmes. Et ce furent elles, en effet, qui causèrent la perte du héros.

Le second mariage d'Hercule

Le premier mariage d'Hercule, avec Mégarée, s'était terminé tragiquement. Hercule s'était juré alors de rester célibataire. Mais il avait la mémoire courte et, quelque temps après sa victoire sur Antée, il tomba amoureux d'une jeune fille nommée Déjanire. Après avoir éliminé par la force quelques autres prétendants de Déjanire, il l'épousa.

Au cours de leur voyage de noces, Hercule et Déjanire furent amenés à traverser un fleuve large et profond. Comme il n'y avait pas de pont ni de gué, c'était un Centaure, appelé Nessus, qui faisait fonction de passeur. Il prenait les voyageurs sur son dos et les transportait à la nage sur l'autre rive.

Hercule, sans méfiance, lui confie Déjanire. Parvenu de l'autre côté du fleuve, le Centaure Nessus, qui avait des instincts de satyre, tente brusquement d'embrasser Déjanire qui se met à pousser des cris de frayeur. De la rive opposée, Hercule voit la scène. Saisissant son arc, il tire l'une de ses flèches empoisonnées sur le Centaure et le blesse mortellement. Avant de mourir, Nessus, inspiré sans le savoir par Neptune lui-même, a le temps de murmurer quelques mots à Déjanire :

– Pour me faire pardonner mon ignoble agression, je vais te rendre un grand service. Prends dans un flacon quelques gouttes de mon sang. C'est un élixir d'amour qui te permettra, en cas de besoin, de reconquérir l'affection de ton mari. Il te suffira, pour cela, de verser le contenu du flacon sur un vêtement quelconque et de faire porter ce vêtement par Hercule.

Déjanire, qui connaissait la frivolité d'Hercule, se dit que le conseil de Nessus lui serait peut-être utile un jour ; elle remplit le flacon et le cacha dans ses bagages.

Pendant ce temps, pareil à Tarzan, Hercule s'était jeté à l'eau et, d'une brasse puissante, avait traversé le fleuve pour rejoindre son épouse. Le reste du voyage de noces se déroula sans incident. Les deux époux s'installèrent dans une grande maison, quelque part en Béotie, et y passèrent des mois paisibles.

Puis le démon de l'aventure s'empara à nouveau d'Hercule. Après avoir promis à Déjanire qu'il serait bientôt de retour, il partit pour de nouveaux exploits. Un soir, se trouvant dans une auberge, il s'enivra, chercha querelle à un jeune homme qui ne lui avait rien fait et le tua. Cette fois, Jupiter se fâcha et jugea que son fils avait besoin d'une nouvelle leçon. Il lui imposa d'aller se mettre au service d'une jeune reine nommée Omphale, qui, comme naguère Eurysthée, pourrait lui imposer les épreuves de son choix.

Omphale était une femme sadique et perverse. Elle trouvait du plaisir à humilier les gens. Connaissant la réputation de virilité d'Hercule, elle l'obligea à se vêtir en femme, à porter des bijoux, à se livrer à des travaux ménagers, à filer la laine et à tisser des étoffes. Docile, Hercule se soumit à tous les caprices d'Omphale pendant un an, jusqu'à ce que Jupiter lui eût pardonné. Joyeux, il se mit alors en route pour rejoindre son épouse Déjanire.

Mort d'Hercule

Sur le chemin du retour, Hercule se trouva retardé par diverses affaires. Désireux de rassurer Déjanire sur son sort, il envoya au-devant de lui sa petite escorte de serviteurs et de servantes en les chargeant de prévenir sa femme de son retour imminent.

Parmi les servantes se trouvait une jeune fille d'une grande beauté qu'Hercule avait recueillie au cours de son voyage. En la voyant, les amis de Déjanire ne manquèrent pas de supposer qu'elle était la maîtresse d'Hercule et ils firent partager leurs soupçons à Déjanire elle-même. Celle-ci se souvint alors – et Neptune n'était sans doute pas étranger à cette réminiscence – de l'élixir d'amour que lui avait confié le Centaure Nessus en mourant. Conformément aux instructions qu'il lui avait laissées, Déjanire sortit d'une armoire une tunique toute neuve qu'elle avait brodée pour Hercule pendant son absence, la trempa dans le sang de Nessus et chargea un serviteur d'aller au-devant d'Hercule pour la lui remettre.

Touché de cette marque d'affection, Hercule se fit un devoir d'endosser aussitôt la tunique. Il ne l'avait pas plus tôt mise qu'il se sentit dévoré de brûlures atroces sur tout le corps : le sang du Centaure, mêlé à celui de l'hydre de Lerne dans lequel Hercule avait trempé ses flèches, était en effet devenu un poison d'une puissance surnaturelle. C'est en vain qu'Hercule essaya d'arracher la tunique ; elle semblait collée à sa peau, et Hercule ne pouvait pas l'ôter sans s'écorcher vif.

Malgré son courage et sa résistance, Hercule ne put supporter de telles souffrances. Il supplia les amis qui l'accompagnaient de mettre fin à son supplice en l'égorgeant. Aucun d'entre eux n'y consentit. Il construisit alors lui-même un immense bûcher et y étendit sa peau de lion. Il se coucha en implorant ses amis d'allumer le bois. L'un d'eux, un jeune homme nommé Philoctète, ému par les souffrances d'Hercule, finit par accepter.

– Tu es mon plus fidèle ami, lui dit Hercule. Je te lègue mon arc et mes flèches. Quant à ma massue, fais-la brûler avec moi. Philoctète enflamma alors le bûcher, et le corps d'Hercule fut bientôt consumé.

L'immortalité d'Hercule

Pendant que se produisaient ces événements, Jupiter était sans doute occupé par l'une de ses aventures galantes, car, lorsqu'il fut informé, Hercule était déjà mort. Le maître de l'Olympe rattrapa vite le temps perdu. Il commença par punir Neptune de sa sournoise intervention en le chassant de l'Olympe, comme il en avait déjà chassé Apollon quelques mois plus tôt. Puis il chargea Mercure, qui lui servait de conseiller juridique, de déclencher, en faveur d'Hercule, une procédure d'immortalisation.

Cette procédure permettait, dans certains cas tout à fait exceptionnels, de conférer l'immortalité à des demi-dieux, c'est-à-dire à des personnes ayant un parent divin et l'autre mortel ; elle avait déjà été utilisée à plusieurs reprises, notamment pour Bacchus, fils de Jupiter et de la mortelle Sémélé. La promotion d'Hercule fut moins éclatante que celle de Bacchus : il ne reçut pas la distinction suprême de dieu, mais il se vit néanmoins attribuer l'immortalité.

Quelques mois après sa mort, il fut donc reçu solennellement dans l'Olympe. Il causa une impression favorable à tous ses habitants, et tout particulièrement à Hébé, fille de Jupiter et de Junon, qui tomba bientôt amoureuse de lui. Hébé, je crois vous l'avoir déjà dit, était une déesse modeste et effacée dont la seule fonction consistait à servir le nectar aux dieux. Avec l'accord de Jupiter, elle épousa Hercule.

Pour quelqu'un qui, comme Hercule, avait un goût immodéré pour la boisson, il n'était pas recommandé d'épouser une barmaid, même divine ; ayant accès en permanence à la cave de l'Olympe, Hercule ne tarda pas à sombrer dans l'alcoolisme, ou si l'on préfère dans le nectarisme. Pour le sauver de ce vice, Hébé demanda alors à Jupiter à être relevée de ses fonctions de serveuse de nectar. Jupiter y consentit et la remplaça à ce poste par un jeune et beau Troyen, Ganymède, qu'il fit enlever par son aigle et à qui il accorda aussi, en contrepartie, l'immortalité.

Avec la mort de Thésée et d'Hercule, une époque s'achevait. Mais plusieurs des personnages qui avaient été témoins de leurs exploits vivaient encore et allaient devenir des acteurs de premier plan dans la seconde partie de ce siècle héroïque.

Hélène, qui avait été enlevée une première fois par Thésée, n'avait pas encore vingt ans lorsqu'elle apprit la mort de son ancien ravisseur ; Philoctète, qui avait assisté Hercule sur son bûcher, n'avait alors guère plus de trente ans ; quant à Nestor, qui avait bien connu les deux héros et qui avait participé activement à plusieurs de leurs aventures, il atteignait juste la soixantaine, mais se sentait encore en pleine forme : le long discours qu'il prononça à l'occasion de son anniversaire commençait par ces mots :

– Au moment où se termine la première moitié de ma vie...

TROISIÈME PARTIE

La guerre de Troie

La prise de Troie. École maniériste, début du XVIIe siècle, Blois, château.

16. La construction des remparts de Troie

Vous vous souvenez qu'après la mort de Thésée Jupiter avait chassé Apollon de l'Olympe, pour le punir d'avoir massacré quelques Cyclopes. Il l'avait en outre privé de ses allocations journalières de nectar et d'ambroisie, ce qui était une manière de lui dire : « Tu gagneras désormais ton pain à la sueur de ton front. » Apollon se mit donc à la recherche d'un travail. Dans les offres d'emploi de la *Gazette de Troie*, il tomba sur une annonce ainsi rédigée : « Recherchons, pour construction remparts, architecte expérimenté. Adresser candidatures, avec références, à Laomédon, roi de Troie. » Apollon, qui, en sa qualité de dieu des arts, avait acquis une certaine compétence en matière d'architecture, décida de présenter sa candidature.

Troie était, à l'époque, une grande et riche cité, située dans une région qui fait actuellement partie de la Turquie. Comme on peut le voir sur une carte, la ville, bien qu'elle ne fût pas un port, n'était séparée de la mer Égée que par une bande de terre de quelques kilomètres. De l'autre côté de la mer Égée, à quelques centaines de kilomètres de Troie, se trouve la Grèce.

Le roi de Troie, Laomédon, était intelligent et aimable, mais peu scrupuleux. La ville ayant été victime, à plusieurs reprises, d'attaques, d'invasions et de pillages organisés par des rois grecs, Laomédon avait décidé de la protéger dorénavant contre les agresseurs par une puissante ceinture de remparts.

Pour aller lui offrir ses services, Apollon se déguisa en architecte, c'est-à-dire qu'il se laissa pousser les cheveux très longs, tailla sa barbe en collier, s'habilla d'une manière savamment débraillée et prit l'expression à la fois inspirée et nonchalante propre aux membres de cette honorable profession. Il prétendit être un architecte italien et s'appeler Ponolla, ce qui était, vous l'avez deviné, l'anagramme d'Apollon. Il raconta au roi Laomédon qu'il avait déjà construit de nombreux remparts en Italie, lui montra des plans et des reproductions de ses prétendus travaux et fit preuve de tant de bagou que Laomédon accepta de lui confier le travail.

– Combien me paieras-tu ? demanda alors Apollon à Laomédon.

– Je te paierai un talent d'or, répondit Laomédon, mais à une condition : c'est que les travaux soient achevés dans un délai maximum de trois ans. La dernière pierre sera posée au terme d'une cérémonie d'inauguration au cours de laquelle je prononcerai un petit discours. Si, par malheur pour toi, cette dernière pierre n'est pas posée dans trois ans, jour pour jour, avant le coucher du soleil, tu ne recevras rien.

Apollon, ou plutôt Ponolla, accepta imprudemment cette clause et se mit aussitôt à l'œuvre.

Quelques mois plus tard, constatant que les travaux n'avançaient pas assez vite malgré les centaines de maçons et de terrassiers qu'il avait embauchés, il décida de se faire aider par Neptune qui, lui aussi, venait d'être banni de l'Olympe pour avoir provoqué, par ses manœuvres, la mort d'Hercule. Neptune fut présenté à Laomédon sous le nom d'Enupten. Grâce à son intervention, les travaux s'accélérèrent et le retard put être rattrapé. Le délai fixé par Laomédon expirait un 3 juin. Le 2 juin, à midi, tout était terminé : autour de la ville de Troie s'élevait une ceinture de remparts de pierre, hauts de quinze mètres et épais de deux mètres, percés d'une multitude de meurtrières et surmontés de créneaux, par où les Troyens pouvaient, en toute sécurité, tirer des flèches, lancer des pierres et verser de l'huile bouillante sur des agresseurs éventuels. Une dizaine d'énormes portes de chêne permettaient l'accès à la ville. En outre, à l'intérieur des remparts, d'immenses entrepôts avaient été construits, permettant aux Troyens d'emmagasiner suffisamment de provisions pour pouvoir soutenir, si nécessaire, un siège de vingt ans. Apollon et Neptune, satisfaits de leur travail, allèrent trouver Laomédon pour lui dire que la cérémonie de pose de la dernière pierre pouvait, comme convenu, être organisée pour le lendemain 3 juin. Mais Laomédon, qui, depuis le début, était bien décidé à ne pas leur payer ce qu'il leur avait promis, inventa un stratagème perfide :

– La cérémonie commencera demain matin à dix heures, leur dit-il. Vous ferez d'abord un exposé de présentation de votre travail ; puis nous offrirons un sacrifice aux dieux en leur demandant d'accorder leur protection éternelle à notre ville ; après quoi, nous nous mettrons à table ; enfin, après le déjeuner, je prononcerai mon discours, qui se terminera par la pose solennelle de la dernière pierre.

Apollon et Neptune acceptèrent sans méfiance ce programme.

La matinée du 3 juin se déroula comme prévu : l'exposé des architectes dura une heure et la cérémonie religieuse une heure et demie.

À midi et demi, les deux cents invités du roi se mirent à table. Le menu du banquet avait été préparé par Laomédon lui-même. Il comportait soixante-trois plats différents. Avec un tel menu, vous pouvez imaginer que le repas traîna en longueur. Il était près de cinq heures de l'après-midi lorsqu'on sortit de table et que Laomédon commença son discours. Il se livra, pour commencer, à un éloge prolongé du talent et de la conscience professionnelle des architectes ; puis il retraça d'une manière détaillée les différentes étapes de la construction en évoquant longuement tous les incidents qui s'étaient produits. Les invités bâillaient ; certains même, alourdis par une digestion laborieuse, s'endormaient sur leur siège. Et le temps passait. À huit heures, ayant enfin terminé son historique, Laomédon déclara qu'il allait conclure son discours par une analyse comptable des dépenses du chantier ; et il se mit à lire, une par une, les 2 843 factures des fournisseurs de pierre, de bois de charpente, de sable, de pelles, de paniers, etc., qu'il avait payées au cours des trois ans qu'avait duré le chantier. Lorsqu'il termina, la nuit était tombée depuis longtemps et c'est à la lueur des torches que fut posée enfin la dernière pierre, aux applaudissements de la foule épuisée.

Le lendemain matin, Apollon et Neptune se présentent de bonne heure au palais de Laomédon pour se faire payer leurs honoraires.

– Vous plaisantez, leur dit le roi. Il était convenu que vous ne seriez payés que si la dernière pierre était posée trois ans, jour pour jour, après le début des travaux, *avant le coucher du soleil*. Or ce délai n'a pas été tenu. Contentez-vous donc, pour tout salaire, du bon repas que je vous ai offert hier et des compliments que je vous ai adressés publiquement.

Pendant quelques instants, Apollon et Neptune restent muets de stupeur. Enfin, Apollon déclare d'une voix étranglée :

– Tu nous le paieras cher, espèce..., espèce de...

Il cherchait une injure qui fût à la hauteur de son indignation : « voleur » lui paraissait insuffisant, ainsi que « bandit », « escroc », « ordure » ou même « crapule ». Neptune lui vint en aide :

– Espèce de flibustier, laissa-t-il tomber.

Le terme de « flibustier » désignait alors, et désigne d'ailleurs toujours, des pirates particulièrement dénués de scrupules. Depuis cette époque, il est également utilisé pour désigner des orateurs qui, pour retarder une décision ou un vote dans une assemblée, prononcent à la tribune un discours interminable.

Laomédon ne parut pas ému par les menaces des deux architectes, dont il ignorait toujours la véritable identité, et les renvoya sans ménagements. Mais il n'allait pas tarder à apprendre, à ses dépens, à qui il avait réellement affaire.

Apollon et Neptune, en effet, demandaient peu après audience à Jupiter et, en considération de la longue pénitence qu'ils avaient subie, obtenaient du roi des dieux leur pardon et la restitution de leurs pouvoirs divins. Aussitôt, pour se venger de Laomédon, Neptune, dieu de la mer, déclenche un raz de marée qui inonde toute la plaine autour de la ville de Troie, cependant qu'Apollon, qui était chargé des questions de santé, provoque dans la ville une épidémie de peste qui décime bientôt la population.

À cette époque, lorsqu'un pays était frappé par des catastrophes naturelles de ce genre, ses dirigeants avaient coutume de consulter un oracle, c'est-à-dire un prêtre qui était censé connaître la volonté des dieux. C'est ce que fit Laomédon. L'oracle, consulté par lui, dévoila le mystère :

– Les architectes que tu as bernés n'étaient autres qu'Apollon et Neptune, et ce sont eux qui se vengent aujourd'hui en nous envoyant l'inondation et la peste. Leur colère ne s'apaisera que si tu leur sacrifies l'un de tes enfants en l'attachant sur un rocher où un monstre marin viendra le prendre pour le dévorer.

Laomédon n'avait que deux enfants : un fils nommé Priam et une fille nommée Hésione. Après une longue et cruelle hésitation, estimant que son fils devait être sauvé à tout prix pour pouvoir lui succéder un jour sur le trône, il décida de sacrifier Hésione.

Il la fit donc attacher sur le rocher, comme l'exigeaient les dieux. Mais, lorsque sortit des flots le hideux monstre marin envoyé par Neptune, Laomédon ne put supporter l'idée de perdre sa fille.

Il élève vers l'Olympe une ardente prière :

– À celui qui sauvera ma fille, je ferai cadeau de mes deux plus beaux chevaux, que je tiens de Jupiter lui-même.

Hercule, qui s'ennuyait sur l'Olympe depuis qu'il était devenu immortel et qui en outre avait la passion des chevaux, est enchanté de cette occasion de montrer qu'il n'a pas perdu la main. Il apparaît tout à coup devant le monstre et l'étrangle de ses mains nues. Puis il va réclamer à Laomédon la récompense promise. Mais Laomédon était d'une incorrigible mauvaise foi.

– J'ai bien promis, déclare-t-il à Hercule, que je ferais cadeau de mes deux plus beaux chevaux, mais cet engagement ne concernait que leur nue-propriété, et non leur usufruit que je me réserve jusqu'à ma mort.

– Tu n'en jouiras pas longtemps, lui répond Hercule avec une présence d'esprit qui ne lui était pas habituelle ; et, d'un coup de poing, il tue Laomédon.

Puis il s'empare d'Hésione, lui fait traverser la mer Égée et en fait cadeau à l'un de ses amis, Télamon, roi de Salamine, qui l'épousera bientôt après.

En voyant partir sa sœur, pour qui il avait beaucoup d'affection, Priam, bouleversé, avait fait le serment de ne jamais l'oublier et de la faire revenir un jour dans son pays et dans sa famille.

Il n'imaginait pas ce que ce serment allait coûter à son peuple, en sang, en sueur et en larmes.

17. Naissance et enfance de Pâris

Priam, qui avait succédé à Laomédon sur le trône de Troie, était bien différent de son père : il était bon, juste et surtout fidèle à sa parole. Peu après être devenu roi, il épousa une jeune fille nommée Hécube, qui devait se révéler une excellente épouse, une excellente mère et, qui plus est, une excellente cuisinière.

Quelques années plus tard, ils avaient cinquante enfants. Certains d'entre eux avaient été mis au monde par Hécube elle-même, d'autres par diverses dames de compagnie ou servantes du palais avec qui Priam avait eu des liaisons. Hécube, dotée d'un instinct maternel insatiable, élevait tous ces enfants comme s'ils eussent été les siens propres. Je ne vous les citerai pas tous, mais trois d'entre eux, qui joueront un rôle important dans cette histoire, méritent d'être mentionnés dès maintenant. Le fils aîné, prénommé Hector, pesait près de six kilos lorsqu'il vint au monde et devait devenir plus tard un véritable colosse. Quelques jours après sa naissance, conformément à une coutume de l'époque, ses parents allèrent consulter un oracle sur l'avenir de leur fils. L'oracle déclara, dans le langage un peu mystérieux qu'affectionnait sa confrérie, qu'Hector « serait la gloire de son pays et qu'il ne serait jamais vaincu, tant que le Xanthe ne sortirait pas de son lit ». Le Xanthe était un fleuve qui coulait dans la plaine, entre Troie et la mer Égée. Étant donné que, de mémoire d'homme, on n'avait jamais vu déborder ce fleuve, Priam et Hécube conclurent, des déclarations de l'oracle, que l'avenir d'Hector se présentait sous les meilleurs auspices.

Le deuxième enfant de Priam et d'Hécube fut une fille, qu'ils appelèrent Cassandre. Consulté à son sujet, l'oracle tint des propos un peu moins encourageants que pour Hector :

– Comme moi, dit-il, Cassandre lira l'avenir ; mais, contrairement à moi, elle ne sera pas écoutée.

Priam, qui, depuis la naissance de Cassandre, était exaspéré par les hurlements stridents et ininterrompus du bébé, décida d'apporter une confirmation immédiate à la deuxième partie de la prophétie de l'oracle : pour ne plus entendre Cassandre, il ordonna à sa nourrice de la garder désormais dans une aile reculée du palais.

Un an après la naissance de Cassandre, Hécube donnait le jour à un troisième enfant, un garçon qui fut prénommé Pâris. La veille de son accouchement, Hécube avait eu un songe bizarre : elle avait rêvé qu'elle enfantait un flambeau allumé, entouré de vingt bougies ; les vingt bougies s'éteignaient une à une et, après l'extinction de la dernière, le flambeau se mettait en mouvement pour allumer, dans le palais royal et dans la ville, un incendie dévorant. Elle relata ce songe à l'oracle, qui l'interpréta ainsi :

– Le flambeau représente Pâris et les bougies sont des années ; lorsque vingt ans se seront écoulés, à compter de sa naissance, Pâris entreprendra un voyage qui entraînera la ruine et la destruction de Troie.

De retour au palais, Priam dit à Hécube :

– Nous ne pouvons pas prendre le risque de laisser vivre cet enfant, qui doit nous attirer tant de malheurs. Il faut le tuer dès aujourd'hui.

Hécube refusa d'abord puis finit par se rendre aux arguments de son mari.

– Mais, dit-elle, je ne supporterai pas de le voir mourir. Faisons-le déposer à quelque distance de la ville, sur le mont Ida, où il sera, hélas ! bientôt dévoré par les bêtes féroces.

Si Priam, comme vous, avait connu l'histoire d'Œdipe, il se serait sans doute méfié de ce plan. Mais il ne la connaissait apparemment pas. C'est pourquoi, le lendemain à l'aube, Priam chargeait l'un de ses gardes de cette triste mission, cependant qu'Hécube, en souvenir de l'enfant qu'elle pensait ne plus jamais revoir, plantait dans la cour du palais un olivier.

– En le voyant grandir, dit-elle à Priam, je penserai à cet enfant né en même temps que lui et que le Destin nous arrache.

Mais le Destin avait d'autres projets : le même jour, vers midi, un berger qui gardait son troupeau sur le mont Ida entendit les vagissements de Pâris et découvrit l'enfant au pied d'un arbre. Ému par sa beauté, il lui fit boire du lait de ses brebis et le ramena chez lui le soir même. Sa femme, qui n'avait pas d'enfant, décida de l'adopter et de l'élever comme s'il eût été son propre fils.

C'est ainsi que Pâris, ignorant sa véritable origine et se croyant le fils d'un humble ménage de paysans, fut élevé dans un village, à quelques dizaines de kilomètres de Troie. Il devint un enfant d'une extraordinaire beauté et d'une remarquable adresse. Pour passer le temps, pendant les longues heures où il gardait le troupeau de son père, il s'entraînait au tir à l'arc. Au début, il prenait pour cible une citrouille, qu'il plaçait à cinquante mètres ; puis, lorsqu'il fut capable de percer la citrouille à chaque coup, il la remplaça par une pomme ; comme c'était trop facile pour lui, il finit par se servir de cerises en mettant un point d'honneur à transpercer de sa flèche non pas la chair, mais le noyau du fruit. Ses exploits d'archer mis à part, il menait une vie simple et tranquille en compagnie d'une nymphe, nommée Œnone, qui s'était éprise de lui et qui était renommée dans toute la région pour son art de guérir les blessures.

18. Le jugement de Pâris

DIX-NEUF ANS S'ÉTAIENT ÉCOULÉS depuis que Pâris avait été abandonné par ses parents sur le mont Ida. Rien d'important ne se passait sur la terre et, sur l'Olympe, les dieux s'ennuyaient. Pour les distraire, Jupiter eut l'idée d'organiser un grand banquet à l'occasion du mariage d'une déesse de deuxième catégorie, Thétis, avec un mortel nommé Pelée, souverain d'un peuple qu'on appelait les Myrmidons.

Jupiter invita tous les dieux et toutes les déesses à la noce, à l'exception d'une seule, nommée Discorde, qui était connue pour sa mauvaise langue et son mauvais caractère et qui, chaque fois qu'elle participait à une réception, provoquait entre les invités des disputes et des brouilles. Malheureusement, Discorde eut vent du projet de Jupiter et décida de se venger de l'affront qui lui était fait.

Le jour du banquet, alors que les invités étaient déjà à

table, Discorde apparaît tout à coup, s'approche de la table et, sans prononcer une seule parole, y dépose une pomme d'or* sur laquelle elle avait écrit ces quatre mots : À la plus belle. Toutes les déesses présentes comprennent aussitôt qu'il s'agit d'un concours de beauté entre elles, et que la pomme d'or doit être attribuée à la gagnante. Dans un grand tumulte, chaque déesse, persuadée d'être la plus belle, réclame l'orange à grands cris. Pour les calmer, Jupiter propose de les départager par un vote à bulletins secrets, auquel participeront tous les dieux : chaque dieu inscrira sur un morceau de papier le nom de la déesse qu'il juge la plus belle et déposera son bulletin dans un casque : on comptera ensuite les bulletins, et la gagnante sera celle qui aura obtenu le plus de suffrages.

Le vote terminé, on procède au dépouillement. Le résultat est fort embarrassant : trois déesses, Junon, Minerve et Vénus, arrivent en effet en tête, avec le même nombre de voix, douze voix chacune ; un petit nombre de suffrages s'étaient portés en outre sur des déesses de moindre importance ; et quelques dieux facétieux avaient jugé bon, par dérision, de voter l'un pour la chouette de Minerve, qu'il trouvait plus belle que toutes les déesses, un autre pour Mars, qu'il trouvait efféminé, et le troisième pour Vulcain qui, vous le savez, était célèbre par sa laideur. Comment, dans ces conditions, départager les trois premières ex aequo, Junon, Minerve et Vénus ?

Minerve eut une idée :

– Descendons toutes les trois sur la terre, en un lieu choisi au hasard, et demandons au premier homme que nous rencontrerons d'être l'arbitre du concours en désignant celle d'entre nous qu'il jugera la plus belle.

Junon et Vénus ayant accepté cette proposition, une carte de la terre, c'est-à-dire de la Grèce, fut étalée sur la table ; fer-

---

* Les oranges étaient à cette époque un fruit très rare, que les Grecs classaient à tort dans la famille des pommes.

mant les yeux, Jupiter piqua une épingle, au hasard, sur la carte : elle désigna le mont Ida. Pendant que les trois déesses se préparaient avec un soin que vous pouvez imaginer, le messager attitré de Jupiter, Mercure, fut chargé de les précéder sur terre et d'organiser le concours.

Le premier homme qu'il rencontra, sur le mont Ida, n'était autre que Pâris, qui gardait paisiblement son troupeau en jouant de la flûte. Mercure lui expliqua l'affaire en se gardant bien de lui révéler l'identité réelle des concurrentes :

– Trois femmes vont se présenter devant toi. Après les avoir bien regardées, tu donneras cette pomme d'or à celle que tu jugeras la plus belle. Tu auras dix pièces d'or pour récompense.

Pâris, ravi de l'aubaine, accepte avec empressement.

La première déesse à se présenter devant lui est Minerve, sobrement habillée d'une tunique blanche et coiffée de son casque resplendissant.

– Si tu me donnes la pomme d'or, dit-elle à Pâris, je te ferai cadeau de ce casque magique ; il te donnera, pendant toute ta vie, la puissance et la gloire.

Impressionné par cette proposition, sensible à la pureté des traits de Minerve et à l'intelligence de son regard, Pâris s'apprête déjà à lui donner la pomme, lorsque apparaît Junon, assise sur son char traîné par quatre paons. Elle est vêtue d'une robe somptueuse ; son cou et ses poignets sont couverts de bijoux précieux. Elle porte à la main une bourse faite de fils d'argent tressés. Descendant de son char, elle fait quelques pas devant Pâris, la tête haute, la démarche assurée, pareille aux mannequins qui présentent les modèles de haute couture.

– Si tu me donnes la pomme d'or, dit-elle à Pâris, je te ferai cadeau de cette bourse magique qui produit des pièces d'or au fur et à mesure qu'on les dépense ; elle t'apportera, pendant toute ta vie, la richesse.

Entre la gloire et la richesse, entre Minerve et Junon, Pâris hésite ; il envisage même de couper la pomme en deux.

C'est alors qu'arrive Vénus, en retard comme à son habitude. Ce ne sont pourtant pas les préparatifs de sa toilette qui ont dû la retarder beaucoup, car elle est nue comme au jour de sa naissance, ou plutôt ne porte en tout et pour tout, comme ce jour-là, que sa ceinture magique. Contrairement aux deux autres déesses, dont le visage est impassible et l'expression altière, Vénus est toute souriante.

– Si tu me donnes la pomme d'or, dit-elle à Pâris, je te ferai cadeau de cette ceinture magique qui confère à celui qui la porte un pouvoir irrésistible de séduction ; elle te procurera, pendant toute ta vie, les plaisirs de l'amour.

Pâris n'avait pas besoin d'une ceinture magique pour plaire aux femmes. Sa jeunesse et sa beauté lui suffisaient pour l'instant. Et il se doutait que plus tard, s'il devait être un jour vieux et laid, la gloire promise par Minerve ou la richesse garantie par Junon le rendrait au moins aussi séduisant aux yeux des femmes que la ceinture de Vénus. Ce n'est donc pas le cadeau offert par Vénus qui le décida, mais tout simplement la beauté, le parfum et le sourire de la déesse. Sans hésiter, il lui tend la pomme d'or. Triomphante, Vénus lui remet sa ceinture et court annoncer sa victoire aux dieux de l'Olympe.

Junon et Minerve, en revanche, sont ulcérées et méditent déjà leur vengeance. Elles demandent à Mercure, qui les avait accompagnées, de mener une rapide enquête au sujet du berger qui vient de les humilier.

Mercure découvre bientôt l'origine réelle de Pâris et en informe les deux déesses :

– Ce berger, leur dit-il, n'est pas un vrai berger ; c'est le fils de Priam et d'Hécube ; il a été abandonné par eux, il y a dix-neuf ans, sur le mont Ida, parce qu'un oracle avait prédit que, s'il vivait jusqu'à l'âge de vingt ans, il attirerait sur son peuple, sur sa famille et sur lui-même d'effroyables malheurs.

Minerve conçoit aussitôt un projet diabolique, dont elle fait part à Junon :

— Révélons à Pâris le secret de sa naissance et engageons-le à retourner chez ses vrais parents, à Troie. Ainsi pourra se réaliser la prophétie de l'oracle, et nous serons vengées.

— Ce n'est pas une mauvaise idée, répond Junon. Mais, si Pâris se présente devant ses parents en disant qui il est, ne crains-tu pas que ceux-ci, sachant que dix-neuf années seulement ont passé depuis sa naissance, ne décident une seconde fois de le tuer, et cette fois pour de bon, avant qu'il n'ait atteint l'âge fatal de vingt ans ?

— Tu as raison, reconnaît Minerve. Aussi faut-il faire croire aux parents de Pâris que ce sont vingt années et non dix-neuf, qui se sont écoulées, et que par conséquent tout danger est désormais écarté. Mais ne te fais pas de souci, je me charge de les tromper.

Il faut vous dire qu'en ce temps-là les gens ne tenaient pas un compte très précis des années. Il n'existait pas de calendrier permettant de savoir exactement en quel mois et en quelle année on était. Pour mesurer approximativement le passage du temps, on se servait de certains phénomènes naturels, tels que les changements de lune, le retour des saisons ou encore la croissance des arbres. En particulier tout le monde savait, à l'époque, qu'un olivier, à partir du moment où il était planté, mettait exactement vingt ans à produire ses premiers fruits. Or vous vous souvenez peut-être que, le jour même de la naissance de Pâris, Hécube avait planté, en souvenir de lui, un olivier. Et vous vous souvenez peut-être aussi que c'est Minerve qui avait créé les oliviers, pour en faire don aux Athéniens. C'est vous dire que ces arbres n'avaient pas de secrets pour elle, et qu'ils ne pouvaient rien lui refuser. Pour faire croire aux parents de Pâris qu'un délai de vingt ans s'était écoulé depuis la naissance de Pâris, il suffisait donc à Minerve d'ordonner à l'olivier d'Hécube de produire des olives avec un an d'avance. C'est ce qu'elle fit.

— Tiens ! dit Hécube à Priam sur un ton mélancolique en

voyant les branches de l'olivier se couvrir de fruits, voici vingt ans que Pâris est mort. Et la prophétie de l'oracle ne s'est pas réalisée. Nous pouvons désormais dormir tranquilles. Mais, hélas ! nous ne reverrons jamais plus notre enfant.

Au même moment, sur le mont Ida, Minerve et Junon prenaient Pâris à part :

– Nous avons de grandes nouvelles à t'annoncer, lui disaient-elles :

– 1° Nous ne sommes pas de simples mortelles, comme tu te l'imaginais, mais des déesses : elle, c'est Junon, et moi, je suis Minerve.

– Enchanté de vous connaître, répond poliment Pâris.

– 2° Tu n'es pas un simple berger, comme tu le crois, mais un prince de sang royal, le propre fils de Priam et d'Hécube, souverains de Troie ; ils t'ont abandonné il y a vingt ans sur le mont Ida, où tu as été recueilli par le berger que tu prends pour ton vrai père.

– Enchanté de le savoir, répond Pâris.

– 3° En conséquence, nous te conseillons vivement de laisser ici, séance tenante, ton troupeau, ta flûte et ta nymphe, et d'aller à Troie te faire reconnaître par tes parents. Au lieu de mener ici l'humble et monotone existence d'un berger, tu trouveras là-bas le luxe et les plaisirs qui conviennent à ta noble origine.

Si Pâris avait su ce qui l'attendait, peut-être eût-il repoussé ce conseil et se fût-il contenté de la vie paisible qu'il avait connue jusque-là. Mais il était jeune, imprévoyant et frivole. Il n'hésita donc pas un instant.

Se faisant accompagner par son faux père, le berger, il se rend au palais de ses parents, demande à voir le roi et la reine, leur révèle qui il est, comment il a été sauvé et élevé par le berger. Celui-ci confirme ses déclarations. Sa ressemblance avec ses parents achève de convaincre ceux-ci de la véracité du récit. Persuadés, grâce à la ruse de Minerve, que Pâris a dépassé l'âge critique de vingt ans, Priam et Hécube accueillent leur fils avec joie et l'installent dans un des plus beaux appartements du palais.

Quant à la nymphe Œnone, avec qui Pâris vivait sur le mont Ida et à qui il avait juré un amour éternel, il n'a pas eu le courage de lui dire la vérité.

– Je dois m'absenter quelques jours pour une affaire urgente, lui a-t-il seulement déclaré en partant.

Puis il l'a complètement oubliée. En vain la pauvre nymphe a-t-elle tenté d'appliquer sur elle-même ses talents de guérisseuse : ses élixirs et ses onguents sont impuissants à soigner les blessures d'amour, et la plaie de son cœur ne s'est jamais refermée.

19. L'enlèvement d'Hélène

Un an a passé depuis le retour de Pâris à Troie. Au cours de cette année, il a pris rapidement les habitudes des princes, et plus particulièrement leurs mauvaises habitudes : il se lève tard, mène une vie oisive, ne s'intéresse qu'aux belles femmes, aux beaux chevaux et aux beaux habits. Adoré et gâté par ses parents, qui ne se pardonnent pas d'avoir voulu le faire tuer à sa naissance, il a aussi conquis l'affection de son peuple, grâce à sa singulière beauté. Personne ne se doute que, sous son apparence brillante et aimable, il dissimule de graves défauts : il est paresseux, menteur et poltron. Mais l'on ne s'en apercevra que plus tard.

Tout le monde croit que Pâris a vingt et un ans. En réalité, il n'en a que vingt, c'est-à-dire l'âge même auquel, selon la prophétie, il doit attirer sur son peuple une série de catastrophes. Le jour de son anniversaire, son père Priam le convoque dans son cabinet :

19. L'ENLÈVEMENT D'HÉLÈNE

– J'ai une importante mission à te confier, lui dit-il. Tu te rappelles peut-être, car je te l'ai souvent raconté, que ma sœur Hésione, ta tante, a été jadis enlevée par Hercule et envoyée en Grèce, où elle est devenue la servante d'un roi, ou peut-être sa femme (ce qui, à cette époque, revenait à peu près au même). Je crois savoir qu'elle y est toujours. Je voudrais donc que tu partes à sa recherche, en Grèce, et que tu la ramènes ici, conformément à la promesse que je lui ai faite le jour de son départ.

Enchanté de l'occasion qui s'offre à lui de voir du pays, Pâris fait rapidement ses valises et s'embarque sur un navire qui le dépose quelques jours plus tard sur les rivages de la Grèce.

À cette époque, la Grèce était divisée en une cinquantaine de petits États ayant chacun à sa tête un roi. Le royaume où Pâris avait débarqué était celui de Sparte. Il était gouverné par le roi Ménélas. Celui-ci, âgé d'une trentaine d'années, avait à l'époque, et a d'ailleurs conservé depuis, la réputation d'être un peu sot. Mais cette réputation était injuste. En réalité, Ménélas n'était pas dépourvu de qualités : il était brave, généreux, hospitalier et d'une parfaite droiture. Son seul défaut – mais est-ce vraiment un défaut ? – était une certaine naïveté. Comme il était lui-même incapable de mentir ou de dissimuler, il ne soupçonnait jamais le mensonge et la dissimulation chez les autres. Il ne voyait le mal nulle part, faisait confiance à tout le monde et par conséquent se laissait facilement tromper. En dehors de cela, il avait deux particularités dignes d'être mentionnées : d'une part, il était passionné de chasse et consacrait à ce sport le plus clair de son temps ; d'autre part, il avait pour épouse Hélène, la fille de Léda et de Jupiter, celle qu'on appelait « la belle Hélène » et qui passait pour la plus belle femme de Grèce et même du monde.

La mère d'Hélène, Léda, étant morte le jour même de la naissance de sa fille, c'est le mari de Léda, Tyndare, qui avait élevé Hélène dont il se croyait le père. Hélène, enfant, était déjà jolie et avait attiré sur elle, vous vous en souvenez, l'attention de Thésée. En grandissant, elle était devenue d'une extraordinaire beauté. Brune aux yeux bleus, ce qui était fort rare en Grèce, elle n'avait rien à envier à Vénus la blonde, ni pour le visage, ni pour la silhouette. En outre, elle était gaie, aimable, spirituelle, et son père était riche. Vous imaginez bien qu'avec cet ensemble de qualités elle ne manquait pas de prétendants. Lorsque son père annonça qu'il allait la marier, cinquante rois ou princes, venus de toute la Grèce à raison d'un par royaume, se mirent sur les rangs.

Cette affluence, tout en flattant l'amour-propre de Tyndare, lui causa aussi quelque inquiétude. Prévoyant, à juste titre, que le choix d'Hélène ferait un heureux et quarante-neuf mécontents, il craignait que ceux-ci ne cherchassent un jour à se venger de leur échec sur Hélène et sur son mari. C'est pourquoi il réunit les cinquante prétendants et leur tint ce discours :

– Mes amis, c'est Hélène elle-même qui choisira librement son mari parmi les invités d'une grande fête que j'organise ce soir. Je ne chercherai pas, pour ma part, à l'influencer. Cependant, je n'inviterai à cette fête que ceux d'entre vous qui auront préalablement prononcé le serment suivant : « Quel que soit le mari choisi par Hélène, je jure solennellement que je serai toujours son ami, que je défendrai ses droits et son honneur et que je lui apporterai, s'il me le demande, le concours de mon bras et de mes armes. »

Comme chacun des cinquante princes était secrètement convaincu que c'était lui qui serait choisi, aucun d'entre eux ne fit de difficultés pour prononcer le serment.

Pourquoi le choix d'Hélène se porta-t-il sur Ménélas, qui n'était pourtant ni le plus beau, ni le plus riche, ni le plus brave, ni le plus intelligent d'entre eux ? C'est sans doute parce qu'il lui paraissait le plus affectueux : à la longue, cette qualité est la plus importante pour un mari.

19. L'ENLÈVEMENT D'HÉLÈNE

Lorsque Pâris débarqua à Sparte, il y avait déjà quelques années qu'Hélène et Ménélas étaient mariés. Les deux époux s'entendaient bien. Ils avaient une petite fille nommée Hermione. Ménélas était pleinement heureux et Hélène n'était pas malheureuse. Cependant, tout en ayant de l'affection pour son mari, elle se plaignait parfois de ce qu'il la délaissât trop souvent pour aller à la chasse.

Pendant les absences fréquentes de Ménélas, Hélène s'ennuyait un peu dans son grand palais, dans la seule compagnie de sa fille Hermione, de ses serviteurs et de ses colombes, volatiles dont, comme Vénus, elle raffolait.

S'étant renseigné auprès de quelques habitants du pays sur les particularités du royaume où il se trouvait, Pâris se fit conduire au palais royal, décidé à produire une bonne impression sur le roi, et surtout sur la reine. Dans cette intention, il avait revêtu la ceinture magique que lui avait offerte Vénus. Il fut introduit tout d'abord auprès de Ménélas.

– Je suis Pâris, fils du roi de Troie, et je suis venu en Grèce pour chercher ma tante Hésione, qui s'y trouve depuis bientôt trente ans. Peut-être pourras-tu faciliter ma mission ?

Ménélas lui fit bon accueil :

– Je ferai tout mon possible pour t'aider. Mais, pour commencer, reste donc quelques jours ici. Je mettrai un appartement du palais à ta disposition et, dès demain, nous chasserons ensemble.

Pâris hésitait à accepter cette invitation, de crainte de perdre du temps, lorsque Hélène fit son entrée dans le bureau de Ménélas.

Dès le premier regard qu'elle jeta sur Pâris et sur sa ceinture, elle fut saisie d'un trouble étrange devant la beauté du jeune prince. Celui-ci, de son côté, ressentait devant elle la même impression que celle qu'il avait éprouvée, un an plus tôt sur le mont Ida, en voyant apparaître Vénus. Ils restèrent muets un instant, incapables, dans leur émotion, de prononcer une parole. Cependant, Ménélas, sans se douter de rien, renouvelait avec insistance son invitation.

– Je l'accepte avec plaisir, finit par bredouiller Pâris, qui ne pensait déjà plus ni à la chasse, ni à Hésione, ni aux lois sacrées de l'hospitalité, mais qui envisageait avec plaisir la perspective de faire plus ample connaissance avec Hélène.

Au cours des journées qui suivirent, Pâris accompagna tous les matins Ménélas à la chasse. Grâce à ses talents d'archer, Pâris y faisait merveille, et Ménélas, enchanté de son compagnon, insistait chaque jour pour qu'il prolongeât son séjour. Le soir, ils revenaient au palais et dînaient avec Hélène. Aussitôt la dernière bouchée avalée, Ménélas, épuisé par sa journée de chasse, priait son hôte de l'excuser et allait goûter dans sa chambre un sommeil paisible, profond et réparateur – mais imprudent. Pâris restait seul, au coin du feu, avec la belle Hélène. Pendant de longues heures, il déployait ses talents de séducteur :

– Quel dommage qu'une femme comme toi, si belle et si intelligente, perde ainsi les plus belles années de sa jeunesse, aux côtés d'un mari qui la délaisse et ne l'apprécie pas à sa juste valeur ! Ce qu'il te faudrait, ce sont des voyages, des fêtes, des conversations brillantes, et surtout un homme qui t'aime avec passion et qui te fasse la cour jour et nuit.

Hélène, troublée par le vin que lui versait Pâris, par ses paroles flatteuses, et plus encore par sa beauté, protestait de plus en plus faiblement de sa fidélité à son mari. Un soir, Pâris se fit plus pressant et Hélène, succombant à la tentation, tomba dans ses bras.

Le lendemain matin, comme Ménélas venait chercher Pâris pour l'emmener à la chasse, celui-ci, feignant une indisposition, s'excusa de ne pouvoir l'accompagner :

– Pour une fois, je te laisserai aller seul et resterai au palais à me reposer.

Sans méfiance, Ménélas partit. Aussitôt, Pâris monte chez Hélène, la réveille et lui dit :

19. L'ENLÈVEMENT D'HÉLÈNE

– Je repars aujourd'hui même pour Troie. Si tu veux, je t'emmène. Tu trouveras là-bas, en ma compagnie, la vie joyeuse et brillante que tu mérites.

– Mais Ménélas ? interroge Hélène, encore hésitante.

– Ménélas ne t'aime pas vraiment, répond Pâris, il sera bien content d'être débarrassé de toi et de pouvoir se livrer sans remords à son passe-temps favori.

– Et ma fille Hermione ? reprend Hélène.

– Ne t'inquiète pas pour elle, Ménélas est meilleur père que mari, et il s'occupera très bien d'elle.

Hélène finit par se laisser convaincre. Précipitamment, elle prépare ses bagages. En plus de ses toilettes et de ses objets personnels, elle dérobe même, à la demande de Pâris, le contenu du coffre-fort de Ménélas, dont elle connaît le mécanisme : trois malles suffisent à peine à entasser l'or, les bijoux et les objets d'art de Ménélas. Hélène oublie seulement, dans sa précipitation, d'emmener sa colombe favorite. À deux heures de l'après-midi, profitant de l'heure de la sieste pendant laquelle les serviteurs et les gardes du palais sont endormis, Pâris attelle son char, y fait monter Hélène et ses bagages, fonce vers le port, embarque à bord de son bateau et s'éloigne vers Troie, toutes voiles dehors.

À la tombée de la nuit, Ménélas rentre au palais, content de sa journée. Il monte joyeusement dans la chambre d'Hélène, où il ne trouve que la colombe et un billet sarcastique écrit par Pâris et portant ces mots : *Qui va à la chasse perd sa place.*

20. Les préparatifs de la Guerre

MÉNÉLAS RESTA QUELQUES JOURS sans réaction, comme accablé par son étonnement et sa douleur. Puis, reprenant ses esprits, il se rendit chez son frère aîné, Agamemnon, pour lui demander aide et conseil.

Agamemnon régnait sur le royaume d'Argos, le plus grand et le plus puissant des cinquante États de la Grèce. Pour cette raison, il était craint et respecté par les autres rois. Sa puissance et sa richesse l'avaient rendu excessivement orgueilleux et autoritaire, mais n'avaient pas altéré les sentiments d'affection qu'il portait à sa famille, et en particulier à son frère. C'est pourquoi il ne fut pas insensible au récit que lui fit Ménélas de son infortune.

Indigné par l'infidélité d'Hélène et par la duplicité de Pâris, Agamemnon promit à Ménélas de tenter une démarche auprès de Priam, roi de Troie, en vue d'obtenir la restitution de l'épouse fugitive et du trésor volé. Un ambassadeur fut donc envoyé à Troie, mais sans succès. Priam, qui ne voulait pas faire de peine à son fils chéri, se montra intraitable :

– Vous nous avez jadis pris Hésione ; nous vous prenons aujourd'hui Hélène ; c'est un prêté pour un rendu.

Et, avec courtoisie mais fermeté, il fit reconduire l'ambassadeur au port.

Devant l'échec de cette tentative, Agamemnon résolut de demander conseil à son voisin, le roi Nestor, réputé pour son expérience et sa sagesse. Nestor était le plus vieux des rois grecs ; il avait maintenant quatre-vingts ans. Bien qu'il fût, en vieillissant, devenu de plus en plus bavard et un peu gâteux, c'était un homme de bon conseil. Informé par Agamemnon et Ménélas des circonstances de l'enlèvement d'Hélène, il se lança dans un interminable discours, se référa aux précédents historiques, pesa le pour, pesa le contre, s'embrouilla tant qu'il oublia l'objet de la visite d'Agamemnon et que celui-ci dut, à plusieurs reprises, le lui rappeler.

Enfin, retrouvant ses esprits, Nestor finit par déclarer que l'affront fait à la Grèce tout entière, en la personne de Ménélas, devait être lavé, et qu'une expédition punitive, réunissant toutes les armées de Grèce, devait être lancée contre Troie :

– Va trouver les principaux rois de la Grèce, dit-il à Agamemnon ; demande-leur de participer à cette expédition en leur rappelant le serment qu'ils ont fait, au moment des fiançailles d'Hélène, de défendre l'honneur du mari qu'elle choisirait et de lui apporter, en cas de besoin, le concours de leurs bras et de leurs armes. Promets-leur, pour les convaincre, que, le jour où Troie sera prise, ils participeront largement au butin.

Le premier roi auquel Agamemnon et Ménélas rendirent visite fut Diomède*, surnommé le sanglier de Calydon, par-

---

* Ce Diomède n'était pas le même que celui qu'Hercule avait fait dévorer par ses propres chevaux.

ce qu'il régnait sur le royaume de Calydon et qu'il ressemblait, physiquement et moralement, à un sanglier célèbre qui avait, quelques années auparavant, ravagé le pays. Petit, trapu, le poil noir et dur, il était brave, hargneux, infatigable et insensible aux coups et aux blessures. Toujours disposé à l'aventure et à la bagarre, il accepta avec enthousiasme de participer à l'expédition.

La deuxième visite d'Agamemnon fut pour Ajax, fils du roi grec Télamon qui avait épousé Hésione, la sœur de Priam. Ajax était le plus grand et le plus fort des princes grecs. Pour le distinguer d'un autre roi grec du même nom, on l'appelait « le grand Ajax ».

Il mesurait en effet plus de deux mètres et pesait près de cent kilos ; il mangeait comme un ogre, buvait comme un trou, pouvait soulever un cheval sur ses épaules et plier une épée sur son genou. Il possédait un bouclier formé de sept peaux de bœuf superposées et si lourd que deux hommes normaux avaient de la peine à le porter. Pendant son enfance, il avait reçu d'Hercule lui-même, grand ami de son père Télamon, des leçons particulières de gymnastique. Son cerveau était malheureusement moins développé que ses biceps, et son intelligence était tout juste moyenne. Il lui fallut donc assez longtemps pour comprendre ce que lui voulait Agamemnon. Mais, lorsqu'il eut enfin saisi qu'il s'agissait d'aller faire la guerre, avec l'espoir d'en rapporter de l'or, du vin, des femmes et des esclaves, il donna facilement son accord.

Pour Agamemnon, le plus dur restait cependant à faire : il lui fallait convaincre encore les deux rois les plus fameux de Grèce et les plus indispensables au succès de l'expédition. Ces deux rois s'appelaient Ulysse et Achille.

Ulysse ne régnait que sur une petite île appelée Ithaque, mais il était célèbre dans la Grèce tout entière. Ce qui le rendait si fameux, ce n'était pas sa force physique : tout en étant souple et vigoureux, il était loin d'être un colosse. Ce n'était pas non plus sa bravoure : tout en étant courageux, il n'aimait pas prendre de risques inutiles. Ce n'était pas enfin sa beauté. Bien qu'il eût des traits énergiques et un corps bien proportionné, ce n'était pas un Apollon ; il souffrait même, secrètement, de sa taille un peu petite et d'un début de calvitie. Ce qui distinguait Ulysse et le rendait célèbre, c'était son intelligence : chacun reconnaissait qu'il était le plus fin, le plus habile, le plus prévoyant, le plus rusé et le plus éloquent de tous les Grecs. Cette supériorité intellectuelle, il la devait sans doute à ses dons naturels, mais aussi au fait qu'il n'avait cessé, depuis son enfance, de les cultiver et de les développer. C'est ainsi, par exemple, que pour entretenir sa mémoire Ulysse avait appris par cœur le nom des cinquante États de la Grèce, de leurs souverains et de tous les enfants de ceux-ci ; il s'amusait, de temps à autre, à les réciter tantôt par ordre alphabétique des États, tantôt par ordre alphabétique des rois, tantôt par ordre alphabétique de l'aîné des enfants de chaque roi. De même, pour développer son habileté manuelle, il passait de longues heures dans son atelier à faire des travaux de menuiserie, de ferronnerie et d'armurerie. Enfin, pour corriger un léger défaut de prononciation, il se livrait tous les jours à de difficiles exercices d'élocution consistant, par exemple, à répéter dix fois le plus vite possible des phrases telles que : « Ces cent saucissons chauds et ces six choux-ci sont séchés sous châssis. »

Au moment où Agamemnon commençait sa campagne de recrutement, Ulysse menait, dans son île, une vie paisible et heureuse. Il était marié depuis un an à une femme belle, douce et fidèle, appelée Pénélope, et venait d'avoir son premier enfant, un adorable petit garçon prénommé Télémaque. Ses parents, bien qu'âgés, vivaient encore et s'entendaient bien avec leur fils et leur bru. C'est dire qu'Ulysse n'était pas d'humeur à quitter son pays, son palais et sa famille pour participer à une expédition lointaine et dangereuse. D'ailleurs, étant donné qu'il n'existait à cette époque ni journaux, ni radio, ni téléphone, Ulysse n'était pas encore au courant des projets d'Agamemnon et ne se faisait aucun souci.

Le meilleur ami d'Ulysse était Nestor, ce vieux roi plein de sagesse dont nous avons déjà souvent parlé : Nestor avait été son tuteur et lui avait beaucoup appris ; en témoignage de reconnaissance, Ulysse avait demandé à Nestor d'être le parrain de Télémaque. C'est pourquoi, lorsque Agamemnon annonça à Nestor qu'il se proposait d'aller voir Ulysse, après Diomède et Ajax, pour lui demander de participer à l'expédition contre Troie, Nestor essaya de l'en dissuader :

– Laisse donc ce pauvre Ulysse tranquille, lui dit-il. Il est marié depuis peu, il vient d'avoir un bébé ; ce n'est pas le moment de l'arracher à sa famille. En outre, son père Laërte a cédé le trône à Ulysse depuis quelques années et est bien trop vieux pour y remonter maintenant.

Ce dernier argument était un peu surprenant dans la bouche de Nestor, qui avait dix ans de plus que Laërte et s'estimait pourtant parfaitement capable de régner. De toute manière, Agamemnon n'était pas disposé à se laisser convaincre.

– J'ai absolument besoin d'Ulysse pour mon expédition ; de gré ou de force, il faudra bien qu'il vienne.

Nestor n'insista pas ; mais il décida d'envoyer une lettre à Ulysse, pour l'avertir de la prochaine démarche d'Agamemnon et pour lui donner le temps de chercher une parade. Seulement, comme il craignait que cette lettre ne fût interceptée par la police d'Agamemnon, il l'écrivit d'une manière telle que seul Ulysse, pensait-il, serait capable de la comprendre.

Cette lettre, écrite sur une tablette de cire et qu'Ulysse reçut le lendemain matin, était rédigée ainsi :

À l'appel que va t'adresser Agamemnon,
tu répondras, j'en suis sûr, avec enthousiasme.
Ne prête surtout pas une oreille complaisante
à la voix de la prudence et de l'égoïsme.

En te faisant passer pour malade ou pour fou,
des jaloux veulent te nuire et s'assurer que
tu ne participeras pas à cette guerre.
Tu sauras, j'en suis sûr, déjouer leurs complots.

P.-S. – *Pardonne la brièveté de cette lettre. Mais, connaissant la rapidité de ton esprit, j'aurais pu me contenter de n'en écrire que la moitié, et tu m'aurais encore compris.*

En lisant cette lettre bizarre, Ulysse comprit tout de suite qu'elle devait contenir quelque message secret.

« Que peut bien vouloir dire Nestor lorsqu'il parle de la moitié de cette lettre » ? se demanda-t-il. Il essaya de lire seulement les quatre premières lignes, puis seulement les quatre dernières ; mais cela ne donnait rien d'intéressant. Il eut alors l'idée de ne lire qu'une ligne sur deux. Et le texte devint clair :

À l'appel que va t'adresser Agamemnon,
Ne prête surtout pas une oreille complaisante
En te faisant passer pour malade ou pour fou,
tu ne participeras pas à cette guerre.

Ulysse, à qui Agamemnon avait fait annoncer sa visite pour l'après-midi même, comprit aussitôt de quoi il retournait et, comme le lui conseillait Nestor, il décida de simuler la folie pour ne pas avoir à suivre Agamemnon.

Lorsque celui-ci débarqua sur l'île d'Ithaque, la première personne qu'il vit fut Ulysse, tout nu, le regard fixe, l'expression égarée, en train de labourer avec sa charrue le sable de la plage et d'y semer du sel, tout en prononçant des mots sans suite :

– Ces cent saucissons chauds et ces six choux-ci sont séchés sous châssis ; le chouchou de Sacha fait des chichis sans sa chéchia ; Dinah dîna, dit-on, du dos dodu d'un dindon.

Agamemnon pensa d'abord que le pauvre Ulysse était devenu complètement fou, et s'apprêtait déjà à renoncer à sa démarche, lorsque l'idée lui vint qu'il s'agissait peut-être d'une de ces ruses dont l'esprit d'Ulysse était fertile.

« Voyons s'il est aussi fou qu'il en a l'air », pensa-t-il, et, s'adressant à Ulysse :

– Bonjour, ami, lui dit-il ; ne me reconnais-tu pas ? Je suis Agamemnon, et voici Ménélas, Diogène, Ajax et quelques autres amis ; nous sommes venus te parler d'une affaire importante.

Ulysse, imperturbable, continuait de tracer son sillon, comme s'il n'entendait et ne voyait rien. Agamemnon ne savait plus que faire. Mais l'un des rois qui l'accompagnaient, un certain Palamède, qui se croyait aussi intelligent qu'Ulysse et qui, depuis longtemps, cherchait une occasion de le prouver, a alors une idée brillante : courant au palais d'Ulysse, il arrache le petit Télémaque des bras de sa mère et, revenant à la plage, pose l'enfant par terre, juste devant la charrue que dirige Ulysse. Celui-ci, se voyant sur le point d'écraser son fils, s'arrête brusquement et, oubliant sa comédie, s'exclame :

– Que fais-tu, Palamède, tu es fou ou quoi ?

– Je ne suis pas fou, lui répond Palamède, et je vois maintenant que tu ne l'es pas plus que moi.

Pour une fois, le trompeur était trompé. Voyant sa ruse déjouée, Ulysse n'a plus d'arguments à opposer à la demande que venait lui faire Agamemnon ; il est forcé, à son tour, d'accepter de participer à la guerre contre Troie.

Cependant, Agamemnon demandait à Ménélas :

– Quel est le suïvant sur la liste ?

– C'est Achille, le roi des Myrmidons, lui répondit son frère.

À ce nom, le silence se fit parmi la petite troupe qui entourait les rois. Chacun était conscient de l'importance capitale de la présence d'Achille dans l'expédition, car tout le monde savait qu'il était, sans conteste, le meilleur guerrier de toute la Grèce.

Achille était un demi-dieu. Il avait en effet pour mère la déesse Thétis, celle-là même dont le mariage avec Pelée, sur l'Olympe, avait donné lieu à l'incident de la pomme d'or.

20. LES PRÉPARATIFS DE LA GUERRE

Quant à Pelée, son père, il descendait lui-même, par son grand-père paternel, de Jupiter. Achille avait donc en réalité dans ses veines 62,5 % de sang divin et, pour cette raison, on l'appelait « le divin Achille ». Il était en outre cousin germain du grand Ajax, car le père d'Achille, Pelée, était frère du père d'Ajax, Télamon.

Lorsque Achille était né, sa mère avait consulté un oracle pour connaître l'avenir de son fils. L'oracle lui avait répondu :

– La destinée de ton fils n'est pas encore tracée : sa vie sera soit glorieuse mais courte, soit longue mais obscure.

Comme l'aurait fait n'importe quelle mère à sa place, Thétis opta aussitôt pour la seconde solution et, pour protéger son fils contre les dangers de la guerre, qui lui paraissaient les plus redoutables, elle alla plonger Achille dans les eaux du fleuve Styx, qui avaient la propriété de rendre invulnérables aux blessures toutes les parties du corps qui y avaient été

immergées. Pour procéder à cette opération, elle saisit le bébé par le talon droit et le laissa tremper quelques instants, la tête en bas, dans les eaux magiques du fleuve. Ayant échappé de justesse à la noyade, puis à la pneumonie provoquée par ce bain glacé, Achille se trouva désormais protégé définitivement contre toute espèce de blessure, sauf toutefois à son talon droit qui n'avait pas été mouillé. Pour réparer ce petit oubli, Thétis habitua son fils, dès son plus jeune âge, à toujours porter au pied droit une talonnière de bronze.

Grâce à un régime alimentaire original, à base de côtelettes de loup, de rôti de lion, de cervelle de tigre et de moelle d'ours, Thétis réussit à faire d'Achille un formidable guerrier, célèbre par son courage, son adresse au maniement des armes et son extraordinaire vitesse à la course, qui lui avait valu le surnom d'« Achille aux pieds légers ». Pour couronner le tout, il était beau comme un dieu.

Malgré les multiples précautions qu'elle avait prises pour protéger son fils contre les hasards de la vie, Thétis était toujours inquiète pour lui. Aussi, lorsqu'elle apprit par hasard, en prenant un verre de nectar avec Minerve au bar de l'Olympe, qu'Agamemnon s'apprêtait à recruter Achille pour son expédition, elle se précipita chez son fils et le supplia de ne pas accepter :

– Cette guerre sera longue et meurtrière, lui dit-elle, et j'ai le pressentiment qu'elle te serait fatale.

Pour faire plaisir à sa mère, Achille se laissa persuader de quitter son royaume et d'aller se réfugier chez l'un de ses voisins, le roi Lycomède, celui-là même qui, naguère, avait poussé Thésée du haut d'une falaise. Lycomède fit bon accueil à Achille. S'étant informé de l'objet de sa visite, il lui conseilla, pour échapper à la conscription, de se déguiser en femme et d'aller se cacher dans un pensionnat de jeunes filles où personne, lui dit-il, ne pourrait le reconnaître parmi les deux cents pensionnaires qui s'y trouvaient.

20. LES PRÉPARATIFS DE LA GUERRE

Lorsque Agamemnon, accompagné de Ménélas, Diomède, Ajax et Ulysse, se présenta au palais d'Achille, le héros n'y était plus. Grâce à certaines indiscrétions de ses serviteurs, Agamemnon crut comprendre qu'Achille s'était réfugié chez Lycomède et s'y rendit aussitôt.

Lycomède montra à cette occasion le fond de sa nature. Lorsqu'il avait assassiné Thésée, on avait pensé que ses motifs étaient purement politiques. En réalité, Lycomède était essentiellement un envieux ; il trahissait ses amis pour le plaisir. Sans hésiter, il révéla à Agamemnon la cachette d'Achille. Mais Agamemnon n'en fut pas plus avancé ; car comment reconnaître Achille parmi deux cents jeunes filles effarouchées qui se ressemblaient toutes sous leurs voiles et leurs longues tuniques ? Avec sa brutalité coutumière et son langage grossier, Diomède proposa :

– Qu'on les mette à poil, et on verra bien laquelle est Achille !

Mais, au nom de la pudeur, la mère supérieure du pensionnat s'opposa à cette suggestion.

C'est Ulysse qui trouva le moyen d'identifier Achille : déguisé en marchand, il se présente à la mère supérieure et lui demande la permission d'offrir à ses pensionnaires les articles qu'il transporte. On fait venir ces demoiselles ; sur une longue table, Ulysse étale des douzaines de foulards, de dentelles, de broches, de bagues, de bracelets et de flacons de parfum. Au milieu de ces articles de mode féminine, il a placé, comme par mégarde, une superbe épée et deux poignards ciselés. Toutes les jeunes filles se précipitent sur les colifichets et se disputent pour en avoir leur part ; toutes, sauf une qui ne s'intéresse qu'à l'épée et aux poignards, les soupèse et en apprécie le tranchant. Ulysse n'a plus qu'à lui arracher son voile en disant à Agamemnon :

– Voici ton homme.

Achille, confondu, ne peut se dérober à la demande

d'Agamemnon. Sa mère, Thétis, voyant que rien n'empêchera désormais Achille de participer à la guerre, se fait un devoir de lui offrir les armes les plus somptueuses et les plus redoutables.

Elle fait forger par Vulcain lui-même, dieu de l'industrie, un casque, une cuirasse et un bouclier d'airain d'un éclat si flamboyant que, lorsque le soleil se reflète sur eux, l'œil peut à peine en supporter la vue ; une lance de frêne, si lourde que peu de guerriers sont capables de la manier ; enfin, une longue épée de bronze à double tranchant et à la poignée ornée de cent pierres précieuses.

Ainsi équipé, Achille se sent invincible.

Dès lors que Diomède, Ajax, Ulysse et Achille avaient donné leur accord, le recrutement des autres rois de Grèce ne fut plus, pour Agamemnon, qu'une simple formalité. Quinze jours plus tard, ils étaient tous rassemblés, avec leurs troupes, dans le port d'Aulis, prêts à s'embarquer pour la plus fameuse expédition de l'Antiquité : la guerre de Troie.

21. Le sacrifice d'Iphigénie et l'arrivée à Troie

L'ARMÉE GRECQUE qui s'apprêtait à partir d'Aulis pour Troie comptait près de 100 000 hommes, répartis en une cinquantaine de régiments représentant les différents royaumes. Une flotte de 1 186 navires à voile devait les transporter.

À cette époque, l'armement des soldats se composait de lances et d'épées pour le combat au corps à corps, de javelots, d'arcs et de flèches pour le combat à distance. Chaque combattant était protégé par un casque, une cuirasse qui lui couvrait le torse, des jambières de cuir et un bouclier ; ces boucliers étaient faits de peaux de bœuf superposées et cousues ensemble, renforcées parfois par une ou deux plaques de bronze. Les simples soldats combattaient à pied, cependant que les chefs disposaient de chars légers traînés par deux chevaux. Ils montaient à deux dans ces chars, l'un servant de conducteur, l'autre, debout à ses côtés, utilisant selon les circonstances la lance, l'épée, l'arc ou les javelots.

21. LE SACRIFICE D'IPHIGÉNIE ET L'ARRIVÉE À TROIE

Agamemnon, qui avait pris le titre de « roi des rois », exerçait en théorie le commandement suprême. Mais, pour les décisions importantes, il consultait toujours l'assemblée des rois et écoutait avec une attention particulière Nestor, pour son expérience, Ulysse, pour son intelligence, Achille et Diomède, pour leur audace, le grand Ajax, pour ne pas lui faire de peine, et enfin un personnage bizarre, appelé Calchas, qui passait pour un devin.

Agamemnon dut bientôt recourir à ses services. En effet, un mois après que l'armée grecque se fut embarquée sur ses navires, elle était toujours dans le port : pas un souffle de vent ne ridait les eaux bleues de la mer Égée, et, faute de vent, les voiliers restaient immobiles. Consulté sur l'origine de ce calme plat, Calchas déclara que c'était Éole, le dieu des vents, qui les empêchait de souffler, à la demande de Diane, la déesse de la chasse. Celle-ci, selon Calchas, avait été vivement irritée de ce qu'Agamemnon, au cours d'une partie de chasse, eût tué d'une flèche un cerf sacré et eût déclaré, après son exploit, que « Diane elle-même n'aurait pas fait mieux ».

Pour le punir de ce double sacrilège, elle avait obtenu d'Éole qu'il empêchât le départ de la flotte grecque.

— Comment puis-je apaiser la colère de Diane ? demanda Agamemnon à Calchas.

— Le seul moyen, répondit le devin, est de sacrifier à Diane ta propre fille Iphigénie, âgée de seize ans.

Agamemnon refusa d'abord tout net. Mais les autres rois grecs, lassés d'attendre en vain que se levât la brise, lui firent comprendre que, s'il ne suivait pas le conseil de Calchas, ils retourneraient chez eux et le laisseraient se débrouiller tout seul. Agamemnon feignit alors de s'incliner :

— Je veux bien, dit-il, envoyer un messager chercher ma fille, mais sa mère, Clytemnestre, se méfiera et ne la laissera jamais partir.

Clytemnestre, l'épouse d'Agamemnon, était la sœur de la

belle Hélène, ou plutôt sa demi-sœur : elles avaient en effet la même mère, Léda, mais, alors qu'Hélène avait été conçue par Jupiter, Clytemnestre était la vraie fille du roi Tyndare, mari de Léda. Les deux sœurs ne se ressemblaient guère, au physique comme au moral : Clytemnestre était aussi revêche et acariâtre qu'Hélène était avenante et séduisante. Agamemnon, bien qu'il fût autoritaire et cassant avec tout le monde, était terrorisé par sa femme.

Pour une fois, cependant, il était enchanté de pouvoir arguer du mauvais caractère de Clytemnestre pour justifier son refus de faire venir sa fille. Malheureusement pour lui, Ulysse trouva vite une parade à cet argument :

– Écris à Clytemnestre que tu as décidé de donner Iphigénie en mariage à Achille et que la noce doit être célébrée avant notre départ ; elle sera ravie de donner à sa fille le plus beau parti de toute la Grèce.

– Mais que dira Achille s'il apprend que je me suis ainsi servi de son nom ? objecta Agamemnon.

– Achille n'a pas besoin de le savoir, répondit Ulysse.

Agamemnon dut s'exécuter. Il envoya un messager à Clytemnestre, lui demandant de venir sans délai à Aulis avec Iphigénie, pour marier celle-ci à Achille.

Une heure plus tard, cependant, alors que les rois s'étaient dispersés, Agamemnon, qui ne pouvait se résigner à sacrifier sa fille, faisait venir le plus fidèle de ses serviteurs et lui disait :

– Prends ton cheval, galope sans t'arrêter jusqu'à mon palais, demande à voir la reine Clytemnestre et dis-lui de ma part qu'elle ne tienne aucun compte du message que je viens de lui envoyer mais qu'au contraire, sous aucun prétexte, elle ne vienne à Aulis avec Iphigénie.

Le serviteur part à bride abattue. Mais il n'était pas encore sorti du camp qu'il rencontre Ménélas.

– Où cours-tu si vite ? lui demande celui-ci.

– Je n'ai pas le droit de te le dire, répond le serviteur, embarrassé.

21. LE SACRIFICE D'IPHIGÉNIE ET L'ARRIVÉE À TROIE

Ménélas insiste, cajole, menace, et le serviteur finit par vendre la mèche. Ménélas court alors à la tente d'Agamemnon ; il accuse son frère de duplicité et de trahison. Agamemnon fait peine à voir ; les larmes aux yeux, il cherche à se justifier :

– Ménélas, dit-il, tu sais combien je t'aime et ce que j'ai déjà fait pour t'aider. Mais comment peux-tu me demander d'envoyer ma propre fille à la mort ? Serais-tu prêt, toi, à sacrifier ta fille Hermione ?

Ménélas, ému, se laisse fléchir ; il ne se sent pas le droit de sacrifier la vie d'une innocente à son désir égoïste de retrouver Hélène et de se venger de Pâris.

– Tu as raison, dit-il à son frère, je préfère renoncer à toute l'expédition plutôt que de commettre un tel crime.

C'est ainsi que la guerre de Troie faillit se terminer avant même d'avoir commencé. Mais les dieux en avaient décidé autrement.

La première personne que rencontrent Agamemnon et Ménélas, en sortant de leur tente, est Ulysse. Ils lui font part de leur intention d'annuler l'expédition. Ulysse s'indigne :

– Quoi, vous nous avez fait quitter nos familles et nos royaumes, lever nos armées et affréter nos vaisseaux, et vous voulez maintenant nous congédier comme de vulgaires domestiques ? Si vous persistez dans cette intention, j'ameuterai l'armée entière contre vous.

Agamemnon comprend qu'il est inutile de discuter.

– Tu as une langue de miel, dit-il simplement à Ulysse, mais ton cœur est de pierre.

Le lendemain, Clytemnestre et Iphigénie arrivent au camp sans méfiance.

– Va te promener un moment, dit Agamemnon à sa fille ; il faut que je parle à ta mère.

Resté seul avec Clytemnestre, Agamemnon ne sait par où commencer.

– Comment se fait-il que je n'aie vu nulle part les préparatifs du mariage, s'étonne Clytemnestre, et où donc se trouve l'autel où il doit être célébré ?

– Ce n'est pas un autel qui a été dressé, répond Agamemnon, mais un bûcher.

Et il lui dit tout. Clytemnestre s'indigne ; elle menace Agamemnon d'une vengeance implacable si jamais il met son projet à exécution. Pendant ce temps, des soldats se sont emparés d'Iphigénie et l'ont menée au bûcher, où elle doit être égorgée avant d'être brûlée.

Mais Achille a enfin appris qu'on s'est servi de son nom pour attirer Iphigénie dans un guet-apens. Furieux, il court vers le lieu de l'exécution, se place devant Iphigénie, dégaine son épée et se déclare prêt à combattre l'armée grecque tout entière pour sauver la jeune fille. Telle est la terreur qu'inspire Achille que nul, parmi les cent mille Grecs qui l'entourent, n'ose faire le premier pas. Seul l'un d'entre eux, un nommé Thersyte, un ignoble personnage boiteux, voûté, au crâne dégarni et aux yeux chassieux, qui avait la réputation d'être à la fois le plus laid, le plus bavard, le plus grossier et le plus lâche de toute l'armée grecque, croit devoir se faire remarquer en insultant Achille :

– Tu faisais moins le bravache quand, déguisé en femme, tu te cachais parmi les jeunes filles du pensionnat, lui lance-t-il.

Achille le foudroie du regard, et Thersyte se tait.

Une fois de plus, le sort de l'expédition est en suspens. Alors, dans le silence absolu qui s'est abattu sur le camp, la douce voix d'Iphigénie s'élève :

– Achille, dit-elle, tu es le plus noble, le plus vaillant et le plus généreux des Grecs ; c'est avec joie que je serais devenue ta femme. Mais, si l'honneur et la gloire de la Grèce exigent ma mort, je suis prête à me sacrifier.

Et, d'un pas ferme, elle monte sur le bûcher où le sacrificateur l'attend.

Cependant, au moment où celui-ci levait sur elle son couteau, un miracle, paraît-il, se produisit : émue par le courage de la jeune fille, Diane, qui avait observé toute la scène, fit disparaître Iphigénie dans un nuage et la remplaça par une biche, qui fut égorgée à sa place.

Aussitôt, les vents se levèrent et la flotte grecque put appareiller. Quelques jours plus tard, elle était en vue des côtes de Troie.

L'abandon de Philoctète

Un dernier incident allait cependant retarder encore de quelques jours le débarquement de l'armée grecque. Jugeant qu'il était prudent de faire provision d'eau et de vivres, Agamemnon décida en effet de faire escale sur l'île de Lemnos, qui fait face aux rivages de Troie.

Or à peine les Grecs avaient-ils mis le pied sur cette île qu'un prince, nommé Philoctète, fut mordu au pied par une vipère.

Comme vous le savez, ce prince avait été, dans sa jeunesse, l'ami intime d'Hercule ; au moment de mourir, Hercule lui avait légué son arc et ses flèches. L'arc d'Hercule, dont Philoctète était seul à savoir se servir, était d'une puissance et d'une précision exceptionnelles ; on comptait beaucoup sur lui, dans l'armée grecque, pour infliger des pertes aux Troyens.

Dans les premiers moments qui suivirent l'accident survenu à Philoctète, les rois grecs qui l'entouraient firent preuve d'un bel esprit de camaraderie, s'empressèrent de le soigner et lui prodiguèrent leurs encouragements :

– Ne te fais pas de soucis, nous allons te tirer d'affaire ; dans deux jours, il n'y paraîtra plus.

Deux jours plus tard, non seulement il y paraissait encore mais la blessure s'était infectée, la gangrène s'y était mise, un pus nauséabond en coulait et Philoctète, dévoré de fièvre, poussait des cris déchirants. Chez ses compagnons, de plus en plus indisposés par son odeur et par ses cris, la compassion initiale ne tarda pas à se transformer en impatience, puis en irritation, enfin en dégoût. Une nouvelle fois, Ulysse donna la preuve de sa dureté de cœur en suggérant à Agamemnon de profiter de la nuit pour réembarquer furtivement avec toute l'armée en abandonnant Philoctète à son triste sort. Ménélas tenta bien d'intercéder en sa faveur en faisant valoir que Philoctète risquait de mourir de faim, mais Ulysse lui répondit qu'avec son arc et ses flèches l'héritier d'Hercule pourrait facilement se procurer du gibier. C'est donc sans Philoctète que l'armée grecque se réembarqua et que, quelques heures plus tard, elle aborda aux rivages de Troie.

Protésilas

Depuis le début du voyage, chacun dans l'armée se demandait avec une vive curiosité et une certaine angoisse quel serait le premier Grec à débarquer des navires. Le devin Calchas avait en effet prédit que le premier qui poserait le pied sur le rivage serait aussi le premier à mourir. Lorsque les navires s'échouèrent sur le sable, il n'y eut aucune bousculade pour en descendre : chacun paraissait s'affairer lentement à chercher un casque égaré, à resserrer une courroie de sa cuirasse ou à rajuster ses jambières. Enfin, un homme sauta à terre. Il s'appelait Protésilas et s'était marié la veille seulement du départ de l'armée pour Troie. À peine avait-il touché le sol qu'une flèche, tirée par une sentinelle troyenne, lui transperçait la gorge. Quelques instants plus tard, il était mort.

Les Grecs furent vivement impressionnés par l'abnégation de Protésilas qui, en pleine connaissance de cause, avait fait le sacrifice de sa vie et quitté pour toujours sa jeune épouse. Après avoir débarqué à leur tour et tiré leurs navires sur le sable, en les calant à l'aide de grosses pierres, ils firent à Protésilas de grandioses funérailles. Ils allaient bientôt comprendre les raisons secrètes de son héroïsme.

21. LE SACRIFICE D'IPHIGÉNIE ET L'ARRIVÉE À TROIE

En arrivant aux enfers, l'âme de Protésilas est accueillie par Pluton lui-même, qui était déjà au courant des circonstances de sa mort.

– En témoignage de mon admiration, et à titre tout à fait exceptionnel, lui déclare Pluton, j'ai décidé de te rendre la vie. Tu peux retourner chez ta femme.

Protésilas remercie poliment Pluton et prend congé de lui.

Le lendemain, à la même heure, il revenait frapper à la porte des enfers.

– Que veux-tu ? lui demande Pluton, un peu surpris.

– Après une deuxième journée avec ma femme, lui répond Protésilas, ma résolution, cette fois, est définitive : je préfère les enfers.

Achille et Cycnos

À peine Protésilas avait-il été tué que les Grecs, libérés de leur complexe, débarquaient en masse sur le rivage. Parmi eux, le plus impatient d'en découdre était le divin Achille ; il rêvait de se couvrir de gloire, dès le premier jour de la guerre, aux dépens d'un chef troyen de haut rang. Négligeant le menu fretin qui s'offrait à ses coups, il se met donc à la recherche du commandant du détachement troyen qui était de garde, ce jour-là, sur la plage. Il ne tarde pas à le trouver.

C'était un prince nommé Cycnos, fils naturel de Neptune, allié des Troyens mais non troyen lui-même. En tombant sur lui, Achille n'avait pas de chance, car Cycnos était sans doute, de tous les guerriers de l'armée troyenne, le plus difficile à vaincre. Lorsqu'il était né, son père Neptune lui avait fait subir le même traitement que Thétis à Achille : il avait trempé Cycnos dans les eaux du Styx et avait ainsi rendu sa peau impossible à transpercer. Et même, contrairement à Thétis, Neptune avait fait en sorte qu'aucune partie du corps de Cycnos, même pas un talon, ne fût privée de ce blindage naturel.

21. LE SACRIFICE D'IPHIGÉNIE ET L'ARRIVÉE À TROIE

Dès qu'il aperçoit Cycnos, que son panache et ses armes somptueuses désignent clairement comme un guerrier de haut rang, Achille l'interpelle et le défie :

– Je suis, lui dit-il, le divin Achille ; viens m'affronter, si tu en as le courage.

À la surprise d'Achille, son adversaire ne paraît nullement impressionné et s'avance vers lui, disposé au combat. De son bras puissant, Achille lance son premier javelot, qui va frapper la poitrine de Cycnos mais ne lui fait apparemment aucun mal.

« Tiens, songe Achille, mon javelot devait avoir perdu sa pointe, ou celle-ci était peut-être émoussée. »

Il prend un deuxième javelot, en vérifie soigneusement la pointe de bronze, et le projette vers Cycnos avec plus de force encore que le premier. Le javelot traverse le bouclier de Cycnos et sa cuirasse, mais n'égratigne même pas sa peau. Cette fois, Achille s'inquiète : « Aurais-je perdu la main ? » se demande-t-il. Pour le savoir, il lance son troisième javelot non pas sur Cycnos, mais sur un malheureux guerrier troyen qui assistait tranquillement au combat. Non seulement le javelot d'Achille transperce le Troyen de part en part, mais il continue ensuite sa course et va frapper dans le dos un deuxième soldat troyen, qui s'écroule aussi.

Rassuré sur sa forme physique, Achille va ramasser ce troisième javelot et le lance sur Cycnos qui, depuis le début du combat, se contentait de regarder son adversaire en ricanant et qui, cette fois, ne prend même pas la peine de se protéger de son bouclier. Le javelot d'Achille atteint l'épaule de Cycnos et rebondit sur elle comme sur un mur de pierre. Achille croit cependant voir une tache de sang sur l'épaule de Cycnos et commence à s'en réjouir ; mais il s'aperçoit bientôt qu'il s'agit seulement du sang laissé sur la pointe du javelot par les deux soldats troyens qu'il vient de tuer.

Cette fois, Achille comprend que ses armes habituelles ne

lui serviront à rien contre cet adversaire singulier. Il se rue alors sur Cycnos, lui frappe la tête à coups de poing pour l'étourdir, le jette à plat ventre sur le sol, s'assied sur son dos et l'étrangle avec la jugulaire de son propre casque.

Nestor, qui assistait au combat, remarque sentencieusement :

– La mort de Cycnos prouve qu'aucun homme n'est tout à fait invulnérable.

Achille, triomphant, se relève sans prêter attention à cette observation prophétique.

Hector

Au moment où l'armée grecque avait débarqué, un épais brouillard matinal couvrait encore la plage. Lorsqu'il se dissipa, une masse énorme apparut peu à peu aux regards des Grecs : c'était les formidables remparts de Troie, construits jadis par Apollon et Neptune. Agamemnon comprit aussitôt que ses troupes ne pourraient jamais les prendre d'assaut.

– La seule solution, conclut-il, est d'assiéger la ville jusqu'à ce que ses habitants, affamés, soient contraints de se rendre.

Il ignorait que les greniers de Troie contenaient assez de vivres pour soutenir un siège de vingt ans et qu'en outre, abritée derrière ses murailles, l'armée troyenne était aussi puissante que l'armée grecque.

Elle était commandée par Hector, fils aîné de Priam. Vous vous souvenez peut-être qu'Hector était, à sa naissance, un robuste bébé, et qu'un oracle avait prédit qu'il serait la gloire de son pays et ne serait jamais vaincu, tant que le fleuve Xanthe, qui coulait dans la plaine de Troie, ne sortirait pas de son lit. Trente années avaient passé depuis lors, et Hector était devenu un colosse. Doté d'une stature impressionnante, il avait acquis une force exceptionnelle grâce à un système d'entraînement inventé, quelque temps auparavant, par un Grec nommé Milon de Crotone. Bien que celui-ci n'ait rien à voir avec la guerre de Troie, je ne peux résister à la tentation de vous raconter son histoire, avant d'en revenir à Hector.

Parenthèse sur Milon de Crotone

Milon de Crotone, âgé d'une vingtaine années, s'était mis en tête d'obtenir un triomphe aux Jeux olympiques. Pour développer sa vigueur naturelle déjà grande, il eut un jour l'idée de parcourir au pas de course une assez longue distance en portant sur ses épaules un jeune veau. L'exercice lui ayant paru salutaire, il décida de le répéter les jours suivants avec le même animal. Au début, la tâche était facile, le veau ne pesant qu'une dizaine de kilos. Chaque jour, cependant, son poids augmentait un peu, bien que la différence avec la veille fût imperceptible. C'est ainsi que progressivement, et sans même s'en apercevoir, Milon portait un fardeau de plus en plus lourd. Trois ans plus tard, c'est un taureau de quatre cents kilos qu'il portait sans effort. Milon se présenta alors aux Olympiades et fit le tour de la piste avec le taureau sur ses épaules, aux applaudissements de la foule. Après quoi il tua l'animal d'un coup de poing et le mangea en trois jours.

Pendant plusieurs années, il resta le meilleur athlète de Grèce. Mais, jour après jour, il vieillissait insensiblement, comme le taureau avait grossi, c'est-à-dire sans qu'il s'en aperçût.

À l'âge de cinquante ans, il se croyait toujours aussi fort. Un jour, se promenant dans une forêt, il vit des bûcherons occupés à fendre un chêne. Malgré les coins qu'ils y avaient introduits, le tronc se refusait à éclater.

– Je vais vous aider, dit Milon.

Il glisse ses mains dans la fente, dans l'intention d'écarter l'une de l'autre les deux parties du tronc, et ordonne qu'on retire les coins. Le tronc se referme alors sur ses doigts et les emprisonne. Tous les efforts pour le dégager sont vains. La nuit venue, les bûcherons l'abandonnent. Épuisé, Milon meurt, dévoré par les loups.

21. LE SACRIFICE D'IPHIGÉNIE ET L'ARRIVÉE À TROIE

Instruit par cette expérience, Hector avait adopté un système d'entraînement analogue à celui de Milon, tout en se promettant de ne pas commettre ensuite la même erreur. À chaque printemps, il allait s'entraîner au lancer du poids dans un champ de citrouilles. Au début, les citrouilles qu'il ramassait étaient de la grosseur d'une pomme et il les lançait aisément à cinquante mètres. Peu à peu, elles grossissaient jusqu'à atteindre dix kilos. Mais, grâce à son entraînement régulier, Hector s'apercevait à peine de la différence.

À trente ans, il était devenu le guerrier le plus fort de Troie. Au surplus, il était courageux, généreux et plein de bon sens. Il était donc adoré des Troyens. Depuis qu'il commandait leur armée, le Xanthe n'était jamais sorti de son lit, et Hector était resté invaincu.

Ce n'est pourtant pas sans inquiétude qu'il vit débarquer sur le rivage l'armée grecque, au milieu de laquelle il pouvait voir briller, au soleil levant, le casque, la cuirasse et le bouclier d'Achille, ce guerrier redoutable entre tous. Hector n'était pas le seul à contempler cette armée. Du haut de l'Olympe, les dieux, eux aussi, étaient attentifs. Depuis un mois, deux camps opposés s'étaient formés parmi eux.

Le premier, favorable à la cause des Grecs, était dirigé par Junon, qui gardait rancune à Pâris depuis l'affaire de la pomme d'or, et par Minerve, qui avait la même raison d'en vouloir aux Troyens et qui, en outre, avait une prédilection pour les Grecs en général, depuis le concours de la fondation d'Athènes, et pour Ulysse en particulier, dont elle appréciait l'intelligence.

Le deuxième clan, que ses adversaires appelaient le « Lobby troyen », était animé par Vénus, qui n'avait pas oublié le jugement de Pâris. Elle avait réussi à gagner à sa cause ses deux anciens amants, Apollon et Mars.

Quant à Jupiter, soumis aux pressions contradictoires de sa

femme et de ses enfants, il s'efforçait, non sans mal, de conserver une stricte neutralité.

Le soir qui suivit le débarquement des Grecs à Troie, lorsque Jupiter entra pour dîner dans la grande salle à manger de l'Olympe, un effroyable tumulte l'accueillit : des assiettes volaient par-dessus la table, et les dieux, non contents d'échanger des insultes, se battaient comme des chiffonniers.

« Ça y est, pensa Jupiter, on en a encore parlé. »

Tapant du poing sur la table, il rétablit le silence et déclara aux dieux que la guerre de Troie était une affaire purement humaine à laquelle il leur interdisait formellement de se mêler.

22. La drôle de guerre

Pendant les neuf premières années du siège de Troie, aucun événement militaire décisif ne se produisit. À l'abri de leurs remparts, les Troyens narguaient les Grecs. De temps à autre, Hector faisait une sortie à la tête de ses troupes. Des combats se déroulaient dans la plaine, causant des morts dans les deux camps. On proclamait alors une trêve de quelques jours, pour pouvoir ramasser les cadavres et les brûler sur des bûchers, en leur rendant les honneurs funèbres. Car les Grecs et les Troyens croyaient encore que l'âme des guerriers défunts ne pouvait rejoindre les enfers que si leur corps avait été brûlé au cours d'une cérémonie religieuse.

À l'occasion de ces trêves, des concours sportifs étaient organisés, dans lesquels se mesuraient pacifiquement les champions des deux camps, en attendant de s'entre-tuer à nouveau quelques jours plus tard.

22. LA DRÔLE DE GUERRE

Les concours sportifs

Le premier concours était une course de vitesse. Dans cette épreuve, Achille était tellement supérieur à tous les autres concurrents, grecs ou troyens, qu'on dut modifier les règlements pour tenter d'égaliser les chances : tout d'abord, on imposa à Achille de courir revêtu de sa cuirasse et de son casque, cependant que les autres concurrents étaient presque nus. Mais, même avec ce handicap, Achille les dominait encore trop largement. On finit donc par autoriser tous les coureurs, sauf Achille, à faire la course à cheval. Il arriva alors parfois, mais rarement, que l'un des cavaliers devançât Achille sur la ligne d'arrivée. Dans ces cas, l'ignoble Thersyte, qui nourrissait à l'égard d'Achille une jalousie tenace, couvrait celui-ci de sarcasmes et d'insultes. Achille, qui, comme tous les Grecs, considérait Thersyte comme un grossier personnage et un affreux roquet, ne répondait que par le mépris.

Le second concours, de force pure, comportait d'une part une épreuve de lancer du poids, d'autre part une épreuve d'haltères. Hector et Ajax, les deux colosses troyen et grec, en étaient toujours les finalistes, Hector gagnant généralement au lancer du poids et Ajax aux haltères.

La troisième épreuve principale était le tir à l'arc sur des cibles fixes ou sur des pigeons. En l'absence de Philoctète, abandonné sur son île, c'était généralement Pâris qui l'emportait, mais il était serré de près par deux autres archers émérites : l'un, troyen comme Pâris, s'appelait Pandarus et l'autre, un roi grec, frère d'Ajax, s'appelait Teucer. L'un de ces concours de tir à l'arc fut particulièrement spectaculaire. La cible était une colombe, attachée par une cordelette au sommet d'un mât de douze mètres autour duquel elle voltigeait sans pouvoir s'enfuir. Le premier concurrent était le Troyen Pandarus. Il vise longuement et laisse partir sa flèche, qui manque la cible et vient se ficher, toute vibrante, dans la pointe du mât. Le second concurrent, le Grec Teucer, fait mieux que Pandarus : sa flèche

frôle la colombe et coupe la cordelette à laquelle elle était attachée. L'oiseau en profite pour s'enfuir à tire-d'aile, et la foule
éclate déjà en applaudissements lorsque Pâris, le troisième
concurrent, bande son arc précipitamment et tue la colombe
en plein vol. Les plus fins tireurs du Far West, armés de leur
colt ou de leur Winchester, n'ont jamais fait mieux depuis.

L'invention des échecs

Pour tromper leur ennui, les Grecs et les Troyens pratiquaient
aussi divers jeux de société. L'un d'entre eux, celui des échecs, fut
même inventé, dit-on, pendant le siège de Troie, par Palamède,
cet astucieux roi grec dont le principal but, dans l'existence, était
de montrer qu'il était aussi intelligent qu'Ulysse.

Ayant fixé les principes généraux de ce nouveau jeu, il lance
un défi à Ulysse. Celui-ci ne tarde pas à prendre l'avantage.
Alors, pour se sauver d'une défaite imminente, Palamède se
met à inventer, à chaque coup, de nouvelles règles qui l'avan-
tagent et qui finissent par lui donner la victoire. C'est ce jour-
là qu'Ulysse, qui n'avait déjà pas pardonné à Palamède de
l'avoir forcé à participer à la guerre, jura qu'il se vengerait...

Cependant, les rois grecs, éloignés de leurs foyers et privés
de leurs épouses, trouvaient les soirées bien longues. Pour les
distraire, et aussi parce qu'il adorait parler, Nestor eut l'idée
de leur raconter chaque soir une histoire, à la fin du dîner
qu'ils prenaient ensemble.

Il s'agissait tantôt de légendes anciennes et fantastiques,
tantôt d'aventures réelles auxquelles Nestor avait lui-même
participé dans sa jeunesse. Le premier récit de Nestor fut la
légende de Persée et de la Méduse.

Le premier récit de Nestor : Persée et la Méduse

Il était une fois un roi d'Argos, nommé Acrisios, qui n'avait
qu'une fille appelée Danaé. Étant allé consulter un oracle
pour savoir s'il aurait un jour des descendants mâles, Acrisios

s'entendit répondre qu'il n'aurait pas de fils et que, s'il avait un petit-fils, celui-ci le tuerait. Pour ne prendre aucun risque, Acrisios enferma sa fille Danaé dans une haute tour d'airain, ouverte sur le ciel mais fermée sur le monde extérieur par une porte unique dont Acrisios gardait toujours la clé. Une fois par jour, il lui apportait ses repas et, le reste du temps, il la laissait seule à l'abri des regards de tous les êtres vivants, sauf des oiseaux.

Un jour, l'aigle de Jupiter, volant au-dessus de la tour, aperçut Danaé et fut frappé de sa beauté. Il alla rendre compte de sa découverte à Jupiter, qui se mit aussitôt en tête de faire la conquête de la belle captive. Comme il ne pouvait pas entrer dans la tour par la porte, il résolut d'y entrer par le ciel. Pour réaliser ce projet, il adopta l'apparence d'une pluie d'or, et c'est sous cette forme que, par une nuit d'été, il alla prodiguer ses caresses à Danaé. Quelques mois plus tard, Acrisios s'aperçut que sa fille était enceinte. Il la fit enfermer dans un tonneau, qui fut jeté à la mer. Porté par les courants, le tonneau s'échoua sur une île. Danaé en sortit et donna le jour à un fils qu'elle appela Persée. Le roi de cette île, Polydecte, séduit par la beauté de Danaé, ne tarda pas à lui faire la cour. Mais, désireuse de se consacrer entièrement à son fils, elle repoussa longtemps les avances du roi. Ce n'est que le jour où Persée eut seize ans qu'elle se sentit libérée de ses obligations maternelles et qu'elle accepta d'épouser Polydecte. Celui-ci organisa un grand repas de fiançailles, où furent invités de nombreux voisins. Chacun apporta un présent. Seul Persée, qui n'avait pas un sou, dut venir les mains vides. Il en fut si humilié qu'à la fin du repas, ayant bu plus que de raison, il offrit au roi d'aller chercher pour lui, n'importe où dans le monde, le cadeau le plus rare que Polydecte pourrait désirer. Polydecte vit dans cette proposition l'occasion de se débarrasser facilement d'un beau-fils importun. Il chargea Persée d'une mission dont, pensait-il, le jeune homme ne reviendrait pas vivant :

– Va me chercher, lui dit-il, la tête de la Méduse.

La Méduse était l'une des trois sœurs appelées les Gorgones. C'étaient des monstres affreux, au corps recouvert d'écailles de crocodile et à la tête hérissée de serpents. Leur visage était si hideux que quiconque le regardait était instantanément transformé en pierre. Des trois Gorgones, deux étaient immortelles ; la troisième, la Méduse, ne l'était théoriquement pas, mais ses écailles et surtout son pouvoir pétrifiant la rendaient, elle aussi, pratiquement invulnérable.

Dégrisé, Persée se rendit compte qu'il s'était avancé d'une manière bien imprudente : non seulement il ignorait où se trouvait la Méduse, mais surtout il n'avait pas la moindre idée de la manière dont il pourrait s'en approcher impunément pour la tuer. Heureusement pour Persée, son père Jupiter, le voyant dans l'embarras, résolut de l'aider. Il convoqua Mercure, son fils et messager attitré, et le pria d'aller trouver Persée sous un déguisement quelconque, pour lui donner quelques conseils.

Alors que Persée, le front plissé et l'âme abattue, errait dans la campagne sans but précis, il voit apparaître devant lui Mercure, qui a pris l'apparence d'un jeune berger.

– Tu m'as l'air soucieux, lui dit celui-ci ; puis-je faire quelque chose pour toi ?

– J'en doute, répond Persée ; je suis à la recherche des Gorgones, et personne ne semble savoir où elles demeurent.

– Je l'ignore aussi, répond le pseudo-berger, mais je sais qui pourrait te renseigner : il y a, très loin d'ici, vers le nord, une contrée où tout est gris. Dans ce pays vivent trois sœurs qu'on appelle les Grées. Elles n'ont qu'un œil pour elles trois, et s'en servent à tour de rôle. Ce sont les seules personnes au monde qui puissent se flatter d'être aussi hideuses que les Gorgones. Elles organisent d'ailleurs chaque année un concours de laideur qui se tient alternativement chez les unes et chez les autres. Elles pourraient donc te dire où habitent leurs rivales.

Mais elles n'accepteront de parler que si tu les y forces, en t'emparant de leur œil unique. Si tu le désires, je peux te conduire chez les Grées.

Après un long voyage, émaillé de multiples incidents, Mercure et Persée arrivent chez les Grées.

– À toi de jouer, dit alors Mercure à Persée, et il disparaît subitement.

Dans un paysage gris, sous un ciel gris, les trois sœurs, vêtues de gris, étaient accroupies et parlaient à voix basse ; même leurs paroles semblaient grises. À intervalles réguliers, l'une d'elles retirait de son front l'unique œil gris qui s'y trouvait et le passait à sa voisine. Caché derrière un arbre, Persée observe quelque temps leur manège. Tout à coup, au moment où l'une d'elles venait de retirer son œil et le tendait à sa sœur, Persée bondit et lui arrache l'œil de la main.

– Je ne vous le rendrai, déclare-t-il, que si vous me dites où je peux trouver les Gorgones.

Les Grées sont bien forcées de lui fournir le renseignement qu'il exige. Mais, avant de leur rendre leur œil, il leur demande encore :

– Comment pourrai-je distinguer la Méduse de ses deux sœurs ?

– Rien de plus simple, lui répond une Grée. Les serpents qui forment la chevelure de la Méduse sont des vipères, alors que ceux de ses sœurs sont des couleuvres ; comme tu le sais sans doute, les vipères ont une tête triangulaire et les couleuvres une tête ovale.

– Mais, reprend Persée, comment pourrai-je me livrer à un examen approfondi de leur chevelure, si un seul regard jeté sur les Gorgones suffit à pétrifier un homme ?

– Cela, c'est ton affaire, répondent les Grées.

Persée se met en route, dans un état de profonde perplexité. Une nouvelle fois, c'est Jupiter qui vient à son aide. Il convoque sa fille Minerve et lui demande d'imaginer un plan pour Persée. Minerve réfléchit un instant et trouve une idée. Pour la réaliser, il lui faut certains accessoires, qu'elle se procure auprès de divers dieux de l'Olympe. Quelques instants plus tard, elle apparaît devant Persée, alors qu'il approche du repaire des Gorgones. Elle n'a pas pris la peine de se déguiser :

– Je suis Minerve, lui dit-elle, et je suis venue te donner les moyens de triompher de la Méduse. Voici les petites ailes de Mercure, qu'il a bien voulu me prêter ; elles te permettront de voler. Voici le casque de Pluton, qui te rendra invisible. Voici l'épée de Mars, qui est capable de percer les écailles les plus épaisses. Voici un sac à main de Junon ; il a la particularité de prendre de lui-même les dimensions des objets qu'on veut y mettre. Et voici enfin mon propre bouclier de bronze poli comme un miroir grâce auquel tu pourras observer les Gorgones sans avoir à les regarder en face.

Persée chausse les ailes de Mercure, coiffe le casque de Pluton, s'envole et prend de l'altitude ; il se déplace à reculons vers les Gorgones, et exécute une délicate manœuvre d'approche en s'aidant du bouclier-miroir dans lequel se reflètent clairement les silhouettes des trois sœurs. Invisible pour elles, il prend tout son temps pour repérer la Méduse, à l'aide du miroir de Minerve. Il lui plonge l'épée de Mars dans le dos et lui coupe la tête, qu'il introduit dans le sac de Junon. Il reprend alors son vol, toujours invisible, en direction de l'île où il a laissé sa mère et Polydecte.

En chemin, Persée eut l'occasion, à plusieurs reprises, de vérifier les pouvoirs surnaturels de la tête de la Méduse. Une première fois, elle lui servit à pétrifier un serpent gigantesque qui s'apprêtait à dévorer une jeune fille, nommée Andromède, attachée à un rocher. Il délivra Andromède et en fit sa femme. Une autre fois, à la fin d'un banquet qui avait mal tourné, il se vit attaqué par plus de cent convives, bien décidés à le mettre en pièces ; il n'eut que le temps de sortir la Méduse de son sac, et la salle du banquet se trouva aussitôt transformée en une galerie de statues. Enfin, arrivé à son île, il invita perfidement Polydecte à ouvrir le sac de Junon pour y prendre son cadeau. Ce fut le dernier geste de Polydecte.

Sa tâche accomplie, Persée put rendre à Minerve tous les accessoires qu'elle lui avait prêtés. Il lui fit en outre cadeau, en guise de remerciement, de la tête de la Méduse, dont il n'était d'ailleurs pas mécontent de se débarrasser car il craignait d'en être un jour lui-même, par mégarde, la victime. Minerve, reconnaissante, porta désormais toujours ce redoutable trophée sur son bouclier.

Persée et Andromède vécurent longtemps et eurent de nombreux enfants. L'un d'entre eux devait être le père d'Alcmène et par conséquent le grand-père d'Hercule.

La légende de Persée, que Nestor raconta d'une manière très détaillée, occupa les dîners des rois grecs pendant plus d'un mois. Il faut croire qu'elle ne lassa pas leur attention puisque, lorsqu'elle fut achevée, ils en réclamèrent une autre à Nestor. Ce fut celle de Bellérophon et de Pégase.

Second récit de Nestor : Bellérophon et Pégase

Lorsque Persée avait coupé la tête de la Méduse, quelques gouttes de sang de la Gorgone étaient tombées sur le sol. De ces gouttes naquit bientôt un cheval ailé, qui fut appelé Pégase. Neptune, qui avait la passion des chevaux, obtint des deux Gorgones survivantes la permission de le prendre, et le mit au vert dans un de ses domaines. C'est là que, quelques années plus tard, Bellérophon le trouva.

La vie de Bellérophon n'est pas sans analogies, tout au moins dans ses débuts, avec celle d'Hercule.

Comme le héros thébain, il était né des amours illégitimes d'une mortelle et d'un dieu ; mais son père à lui était Neptune. Comme Hercule, il avait dans sa jeunesse commis un crime involontaire et fut condamné, pour l'expier, à se mettre au service d'un roi, nommé Prœtos, et à exécuter les missions que celui-ci lui confierait. Mais, contrairement à Hercule, Bellérophon ne brillait ni par la force ni par le courage ; il ne pouvait compter, pour s'acquitter de ses tâches, que sur la protection divine de son père.

La première et la plus difficile des missions que lui imposa Prœtos fut d'aller combattre la Chimère. C'était un monstre bizarre, lion par-devant, serpent par-derrière et chèvre entre les deux. Seul son tronçon central était vulnérable, et encore à condition de le frapper de haut en bas, dans le morceau que les bouchers appellent la longe. Peu désireux d'affronter la Chimère à la loyale, Bellérophon alla demander de l'aide à Neptune. Celui-ci fit cadeau à son fils du cheval ailé Pégase, ainsi que d'un mors en or permettant de le diriger :

– Grâce à Pégase, lui dit-il, tu pourras attaquer la Chimère par la voie des airs.

22. LA DRÔLE DE GUERRE

C'est ce que fit Bellérophon. Traçant des cercles au-dessus du monstre, il put, sans le moindre risque pour lui-même, le cribler de ses flèches, jusqu'à ce que l'une d'elles atteignît la partie sensible. Sa victoire sur la Chimère fut le prototype de toutes celles qu'il remporta par la suite, pour le compte du roi Prœtos, sur des adversaires nombreux et divers. C'est ainsi, par exemple, qu'il mit en déroute, à lui seul, la tribu entière des Amazones, sans même avoir besoin de tirer une flèche : la seule vue d'un cavalier volant au-dessus d'elles les avait frappées de panique, comme eût pu le faire, en ces temps reculés, l'apparition d'un avion ou d'un hélicoptère.

Grisé par ses succès faciles, Bellérophon ne mit bientôt plus de bornes à ses ambitions. Il conçut le projet, véritablement « chimérique », de monter jusqu'à l'Olympe, pour y caracoler devant l'assemblée des dieux.

Jupiter décida alors de mettre un terme à ses exploits. Au moment où Bellérophon allait atteindre l'Olympe, un taon, dépêché par Jupiter, piqua la croupe de Pégase. Le coursier divin fit une ruade, et Bellérophon, désarçonné, s'écrasa au sol, après une chute de deux mille mètres.

Après avoir triomphé de monstres et de géants, il était vaincu par une mouche.

– Pour une fois, fit observer Ajax à Nestor, ton histoire n'est pas bien longue.

– Non, répondit Nestor, vexé, mais elle est instructive.

23. Suite des récits de Nestor

Dans la série des « légendes fantastiques » racontées par Nestor, l'histoire de Bellérophon fut suivie, dans l'ordre, par celles de :
- Otos et Éphialtès ;
- Glaucos et Scylla ;
- Cadmos ;
- Aristée ;
- Callisto ;
- Ibicos et les Grues ;
- Orion ;
- et enfin Salmonée.

Ces légendes sont trop familières à mes lecteurs pour que je leur fasse l'injure de les leur raconter ici. Elles risqueraient d'ailleurs de produire à la longue, comme ce fut le cas chez les rois grecs, une impression de répétition et de monotonie.

23. SUITE DES RÉCITS DE NESTOR

Lorsque Nestor s'aperçut, en racontant la légende de Salmonée, que l'attention de ses auditeurs se relâchait quelque peu et que, à l'exception de Ménélas qui était insomniaque depuis la fuite d'Hélène, ils dormaient tous à poings fermés, il décida de changer de répertoire et d'entamer, dès le lendemain, la série des « aventures vécues », c'est-à-dire de celles auxquelles il avait participé lui-même dans sa jeunesse.

Le premier récit de cette nouvelle série fut « la conquête de la Toison d'or », appelé parfois aussi « Jason et les Argonautes ».

La conquête de la Toison d'or

Lorsque Jason naquit, son père Aeson était roi d'un petit État du Péloponnèse. Quelques mois après la naissance de Jason, Aeson fut dépouillé de son trône et exilé par son propre frère, nommé Pélias. Craignant pour la vie de son fils, la mère de Jason s'enfuit avec lui et se cacha dans un pays voisin. Pendant seize ans, personne ne contesta le pouvoir de Pélias. Celui-ci vivait pourtant dans une perpétuelle inquiétude, depuis qu'un oracle lui avait recommandé de se méfier d'un homme qui viendrait le voir, chaussé d'une seule sandale. C'est la raison pour laquelle, lorsque Pélias recevait un visiteur, au lieu de le regarder dans les yeux, comme l'exigeait la courtoisie, il le regardait aux pieds.

Lorsque Jason eut seize ans, sa mère lui apprit qu'il était l'héritier légitime d'un trône et lui conseilla d'aller le réclamer à l'usurpateur. Jason partit à pied pour la capitale de Pélias et, en chemin, l'une de ses sandales se rompit. Il la laissa au bord de la route et termina son voyage en boitillant.

À peine était-il arrivé au palais de Pélias que celui-ci, remarquant un étranger chaussé d'une seule sandale, le faisait arrêter par ses gardes et comparaître devant lui.

– Qui es-tu et que cherches-tu ici ? lui demanda-t-il.

– Je suis ton neveu Jason et je suis venu te réclamer le trône que tu as usurpé à mon père.

184

Pélias aurait pu mettre Jason en prison, ou même le faire exécuter. Mais il crut pouvoir se débarrasser de lui d'une manière plus habile et plus élégante.

– À mon âge, dit-il à Jason, je suis tout disposé à abandonner le pouvoir et à te le confier. Mais il faut d'abord que tu me prouves que tu en es digne. Pour cela, il te suffira d'aller conquérir la Toison d'or.

La Toison d'or était la fourrure d'un bélier fabuleux, qui avait quitté jadis le royaume de Jason pour aller mourir dans un pays lointain, situé sur les bords de la mer Noire. Le roi de ce pays détenait cette précieuse relique et, malgré des demandes pressantes d'Aeson, puis de Pélias, avait toujours refusé de la rendre. En imposant à Jason un voyage aussi long et une mission aussi hasardeuse, Pélias était bien convaincu de ne jamais le revoir. Avec l'inconscience de la jeunesse, Jason accepta le marché.

Pour accomplir ce voyage, il avait besoin d'un navire et d'un équipage. Il fit construire le navire par un architecte renommé et entreprit de recruter l'équipage en faisant apposer, dans les principales villes de Grèce, une affichette annonçant le prochain départ de l'expédition. Alléchés par la perspective de participer à un exploit historique, certains des plus grands héros de l'époque se portèrent volontaires.

Hercule fut le premier à se présenter, suivi de peu par Thésée et Pirithoüs, puis par Castor et Pollux, les frères jumeaux d'Hélène ; Orphée, qui était à l'époque le plus fameux musicien de la Grèce, demanda aussi à participer au voyage.

Parvenu à ce point de son récit, Nestor se tourna vers Achille :

– Ton père Pelée, qui n'était pas encore marié, fut lui aussi de l'expédition.

Puis il se tourna vers Ajax :

– Ton père Télamon en était lui aussi, ainsi que moi-même, ajouta-t-il modestement.

23. SUITE DES RÉCITS DE NESTOR

Le navire fut appelé *Argo*, du nom de son constructeur, et les membres de l'équipage se baptisèrent eux-mêmes les Argonautes.

Au cours du voyage jusqu'aux rives de la mer Noire, qui dura plusieurs mois et fut fertile en incidents, l'équipage perdit trois de ses principaux membres.

Hercule, qui avait été le premier à s'enrôler, fut le premier à faire défection : son écuyer s'étant égaré au cours d'une partie de chasse dans une île où ils faisaient escale, Hercule partit comme un fou à sa recherche et ne réapparut plus. Après l'avoir attendu quelques jours, les Argonautes durent appareiller sans lui.

À l'escale suivante, ce furent Castor et Pollux qui disparurent, et pour un motif plus grave.

Vous vous souvenez sans doute que, bien qu'ils fussent les fils jumeaux de Léda, ils n'avaient pas le même père : Castor était fils de Tyndare, l'époux légitime de Léda, et Pollux avait été conçu par Jupiter, déguisé en cygne. Il en résultait que Castor était mortel et Pollux immortel. Cela ne les empêchait pas d'éprouver l'un pour l'autre une affection fraternelle exemplaire.

Au cours d'un combat mené par les Argonautes contre une peuplade sauvage, Castor fut tué. Désespéré de la perte de son frère, Pollux abandonna l'expédition pour aller voir son père, Jupiter, et lui demander de rendre la vie à Castor. Jupiter ne put accéder à cette requête. Pollux proposa alors et obtint de partager sa propre immortalité avec son frère : à tour de rôle, chacun passerait six mois aux enfers et six mois sur l'Olympe ; mais ils ne seraient plus jamais ensemble.

Ce n'est que beaucoup plus tard qu'ils furent enfin réunis au ciel, dans une même constellation, celle des Gémeaux.

Orphée, le musicien, joua un rôle important au cours du voyage : lorsque les Argonautes étaient las de ramer, ses chants bien rythmés leur redonnaient du courage et des

forces ; lorsqu'une dispute s'élevait entre eux et qu'ils mena-
çaient d'en venir aux mains, les accents apaisants de sa lyre rame-
naient l'harmonie ; surtout, ce furent les talents musicaux
d'Orphée qui sauvèrent les Argonautes du péril mortel des
Sirènes.

Les Sirènes étaient trois divinités marines, au corps de
requin et au buste de femme, dont l'alimentation se composait exclusivement de chair humaine. Leur voix était si
envoûtante et leurs chants si mélodieux qu'en les entendant
chanter les marins devenaient fous et se jetaient à la mer ;
ils étaient aussitôt dévorés par les Sirènes et leurs os blan-
chissaient sur une plage. Avec les Argonautes, cependant, les
choses se passèrent d'une manière fort différente. Dès que
se firent entendre dans le lointain les premiers accents du
chant des Sirènes, Orphée, prenant sa lyre, se mit lui aussi
à chanter. Et, pour une fois, ce furent les Sirènes qui eurent
le dessous. Charmées par le chant d'Orphée, elles se mirent
à tourner autour du navire, comme de vulgaires dauphins,
en effectuant des sauts gracieux au rythme de la musique et
en attrapant au vol les poissons que leur jetaient les
Argonautes. Après quelques heures de ce spectacle, Orphée
cessa de jouer et les Sirènes, piteusement, reprirent le chemin de leur île.

Après avoir surmonté bien d'autres épreuves, les
Argonautes arrivèrent enfin en Colchide, où régnait Aétès.
Celui-ci reçut courtoisement Jason et lui demanda quel était
l'objet de sa visite.

– Je suis venu chercher la Toison d'or, lui répondit Jason.

Aétès n'avait pas la moindre intention de s'en dessaisir,
mais il souhaitait éviter si possible une épreuve de force.

– Je suis prêt, dit-il à Jason, à te donner la Toison d'or, mais
à condition que tu accomplisses préalablement un exploit
difficile : tu devras atteler à une charrue deux taureaux sauvages aux sabots de bronze et au souffle de feu, tracer un

sillon, y semer les dents d'un dragon et te débarrasser des Géants qui naîtront instantanément de cette semence magique.

Jason, qui n'avait pas l'âme d'un héros, était profondément découragé lorsqu'il retourna à bord de l'*Argo*, où l'attendaient ses compagnons. Ce fut Thésée, cette fois, qui vint à son aide. Il s'était trouvé lui-même dans une situation analogue lorsqu'il avait dû affronter, en Crète, le Minotaure. Il put ainsi faire profiter Jason de sa propre expérience :

— La seule façon de t'en tirer, lui dit-il, est de séduire la fille du roi Aétès et de te faire aider par elle.

Aétès avait en effet une fille jeune et belle, nommée Médée, qui possédait des pouvoirs magiques. Au cours du dîner qu'offrit Aétès en l'honneur des Argonautes, Jason, placé à côté de Médée, suivit les conseils de Thésée : il déploya tous ses charmes et fit la conquête de la jeune fille. À la fin du repas, prenant congé d'elle, il lui dit tristement :

— Je ne te reverrai plus, car je périrai certainement dans les épreuves que je dois affronter demain.

Quelques heures plus tard, avant que le jour ne se levât, Médée quittait furtivement son palais et allait rejoindre Jason à bord de son navire :

— Par amour pour toi, lui dit-elle, j'ai décidé de trahir mon père. Je t'apporte un onguent et une pierre magique. Si tu t'enduis le corps de l'onguent, les taureaux ne te feront aucun mal et se soumettront docilement à tes ordres ; tu jetteras ensuite la pierre au milieu des Géants qui sortiront du sol ; ils tourneront alors leurs armes les uns contre les autres et s'extermineront mutuellement. En échange de ce service, promets-moi seulement de m'emmener avec toi et de m'épouser.

Jason promit tout ce qu'elle voulut, bien décidé, au fond de lui-même, à se débarrasser d'elle aussi vite que Thésée s'était débarrassé d'Ariane.

Le lendemain, Jason suivit à la lettre les instructions de

Médée, et tout se passa comme elle l'avait prédit, sous cette seule réserve qu'Aétès, vexé de la victoire surprenante de Jason, revint sur sa promesse et refusa de livrer la Toison d'or.

Une seconde fois, Médée vint au secours de Jason. Au cours de la nuit suivante, accompagnée de son jeune frère, elle se rendit dans le bois où la Toison d'or était suspendue à un hêtre, sous la garde d'un redoutable dragon ; pendant qu'à l'aide d'une formule magique elle charmait le dragon, son frère décrochait la Toison.

Ensemble, ils la rapportèrent à Jason et s'embarquèrent à bord de l'*Argo*, qui appareilla aussitôt. Lorsque, quelques heures plus tard, Aétès constata simultanément la disparition de la Toison d'or, de sa fille et de son fils, il n'eut pas de peine à comprendre ce qui s'était passé. À la tête d'une troupe nombreuse, il embarqua à bord d'un voilier rapide et se lança à la poursuite des fugitifs.

Se voyant sur le point d'être rattrapée par son père, Médée, dont l'amour pour Jason touchait à la démence, commet alors la première d'une longue série d'atrocités qui devaient la rendre tristement célèbre. Elle coupe son jeune frère en petits morceaux, qu'elle jette par-dessus bord. Pour recueillir et rassembler les restes de son fils, Aétès est contraint à de délicates manœuvres nautiques, qui lui font perdre un temps précieux. Lorsque enfin il retrouve la dernière pièce du macabre puzzle, l'*Argo* a disparu à l'horizon.

Grâce aux pouvoirs magiques de Médée, le retour de l'*Argo* fut plus rapide et plus facile que ne l'avait été l'aller. Arrivés à destination, c'est-à-dire au royaume de Pélias, les Argonautes se séparèrent, non sans s'être promis solennellement de se réunir une fois par an pour évoquer leurs souvenirs communs – ce qu'ils ne devaient naturellement jamais faire. Jason, pour sa part, se rendit chez son oncle Pélias, lui remit la Toison d'or et réclama le trône.

Comme on pouvait s'y attendre, Pélias se fit tirer l'oreille et chercha à gagner du temps. Médée, prête à tout pour défendre les intérêts de Jason, prend alors l'affaire en main.

Elle va trouver un soir les deux filles de Pélias et leur dit :

– Votre père est vieux et malade ; vous ne tarderez pas à le perdre. Je puis cependant, si vous le souhaitez, lui rendre jeunesse et vigueur par une opération magique. Je vais vous en faire, à l'instant même, la démonstration.

Médée remplit d'eau un grand chaudron, y verse du sel et diverses plantes et porte le tout à ébullition ; elle égorge un très vieux bélier, qui pouvait à peine se tenir debout, et en jette les morceaux dans le chaudron bouillonnant ; elle récite alors une formule magique et, à leur stupéfaction, les filles de Pélias voient sortir du chaudron un jeune agneau qui part en gambadant.

– Je peux faire la même chose pour votre père, commente Médée, à condition que, profitant de son sommeil, vous l'égorgiez et le découpiez comme je l'ai fait pour le bélier.

Crédules, les jeunes filles exécutent aussitôt les instructions de Médée et lui apportent les morceaux de Pélias. Médée les jette dans le chaudron... et prétend alors avoir complètement oublié la formule magique qui lui a servi pour le bélier.

– Mais peu importe, ajoute-t-elle cyniquement, vous allez pouvoir vous régaler d'un excellent pot-au-feu.

Grâce exclusivement à l'aide de Médée, Jason, qui n'était lui-même qu'un bellâtre falot et égoïste, avait donc reconquis son trône et acquis une réputation de héros. Bien qu'il fût loin d'éprouver pour Médée des sentiments aussi ardents que ceux qu'elle avait pour lui, il ne lui manifesta pas instantanément son ingratitude. Il accepta même de l'épouser et elle lui donna deux enfants. Mais quelques années après, au cours d'un voyage qu'il fit à Corinthe, il séduisit la fille du roi et, jugeant qu'elle serait pour lui un excellent parti, annonça à Médée, dès son retour, qu'il la répudiait. Il était prêt, disait-il, à lui servir une pension alimentaire honorable.

– Tu me prends pour Ariane, lui dit-elle simplement, mais je ne suis pas faite du même bois qu'elle.

Elle commença par faire cadeau à la nouvelle fiancée de Jason d'une robe empoisonnée, dans laquelle la jeune fille périt comme Hercule. Puis elle mit à mort les deux enfants qu'elle avait eus de Jason. Elle quitta alors Jason, le laissant à son chagrin, et poursuivit pendant plusieurs années, dans divers États de la Grèce, une brillante carrière de magicienne et d'empoisonneuse.

Lorsque Nestor eut terminé ce récit, ses auditeurs voulurent savoir quel avait été le destin ultérieur des principaux membres de l'équipe des Argonautes.

– Certains d'entre eux n'ont-ils pas participé à la chasse au sanglier de Calydon, du temps de mon grand-père ? demanda Diomède.

– Sans doute, répondit Nestor un peu sèchement, mais cette histoire ne présente aucun intérêt.

En fait, l'histoire du sanglier de Calydon n'était pas plus ennuyeuse que beaucoup de celles qu'avait racontées Nestor, mais il se trouve que lui-même y avait joué un rôle peu reluisant : effrayé par le sanglier monstrueux, il s'était servi de sa lance comme d'une perche pour se propulser sur une branche d'arbre à quatre mètres de haut, d'où il avait observé passivement les péripéties sanglantes de la chasse. Il accepta en revanche bien volontiers de raconter à ses auditeurs les aventures d'Hercule et de Thésée, que mes lecteurs connaissent déjà, ainsi que celles d'Orphée, qu'ils ne connaissent pas encore.

Orphée aux enfers

Après son retour de Colchide, Orphée mena pendant quelque temps la vie dorée d'un grand virtuose, se produisant avec un immense succès dans toutes les cours de Grèce et même sur l'Olympe, où il se fit d'utiles relations. Il tomba un jour amoureux d'une de ses admiratrices, une jeune fille nommée Eurydice, et s'apprêtait à l'épouser lorsqu'elle mourut brusquement d'une morsure de serpent. Le chagrin d'Orphée fut tel qu'il ne put trouver aucune consolation, même dans la musique. Il résolut alors de descendre aux enfers pour réclamer la restitution de sa fiancée.

Pour un simple mortel comme Orphée, pénétrer vivant aux enfers était une entreprise d'une extrême difficulté. Il fallait d'abord descendre par un gouffre profond dans les entrailles de la terre. On arrivait alors à une large rivière, l'Achéron, affluent du Styx ; on ne pouvait le traverser que dans une barque conduite par un vieillard farouche et barbu, qu'on appelait le nocher Charon. Celui-ci ne prenait en principe à son bord que les défunts, et encore à la double condition qu'ils eussent reçu les honneurs funèbres et qu'ils portassent dans la bouche une pièce d'argent pour payer le prix de leur traversée. Parvenu sur l'autre rive, on entrait aux enfers par une large porte gardée par Cerbère, le chien aux trois têtes. Les défunts passaient alors devant trois juges, appelés Minos, Eaque et Rhadamante, qui avaient été nommés à ce poste par Pluton après avoir régné chacun, d'une manière jugée exemplaire, sur un État important de la Grèce. Ces trois juges faisaient un tri entre les bons et les mauvais défunts : les premiers étaient autorisés à mener une existence fade et immatérielle, mais supportable, dans les Champs Élysées, cependant que les seconds étaient condamnés à subir des supplices éternels dans le Tartare. Entre les Champs Élysées et le Tartare se trouvait le palais de Pluton et de Proserpine, les souverains du royaume des morts.

Bien qu'il ne remplît aucune des conditions requises pour entrer aux enfers, Orphée réussit à passer tous les barrages, grâce à ses talents musicaux :

Le nocher Charon se fit payer la traversée par une sonate.

Cerbère, charmé par la voix d'Orphée, lui lécha les pieds.

Les trois juges, s'appuyant sur deux précédents illustres, ceux d'Hercule et de Thésée, délivrèrent un sauf-conduit à Orphée, qui se présenta enfin à Pluton et à Proserpine. Ceux-ci se souvenaient parfaitement du récital qu'avait donné Orphée sur l'Olympe et lui firent le meilleur accueil.

– Par le Styx, lui dit Pluton, je m'engage à t'accorder toute faveur que tu me demanderas.

– Rendez-moi Eurydice, lui répondit Orphée.

Pluton ne put refuser. Il demanda seulement à Orphée de lui faire l'honneur de passer quelques heures sous son toit et de lui donner un concert privé le soir même.

– En attendant, ajouta-t-il, Proserpine te fera faire la visite du Tartare ; tu verras, c'est très pittoresque.

La visite du Tartare

Ne disposant que de peu de temps, Proserpine proposa à Orphée de se limiter aux trois principales attractions du Tartare : le rocher de Sisyphe, le tonneau des Danaïdes et le supplice de Tantale.

– Sisyphe, commença-t-elle en récitant le texte officiel des guides des enfers, était un commerçant astucieux, de l'espèce que l'on appelle les « accapareurs ». Il avait fait fortune en achetant, une année, la totalité de la récolte de blé de son pays et en la revendant ensuite à prix d'or. Il crut pouvoir appliquer la même méthode dans un autre domaine : par des moyens mystérieux, il réussit à se rendre maître de deux fils de la Nuit, Hypnos et Thanatos, le Sommeil et la Mort. Les hommes se trouvèrent dès lors dans l'impossibilité de dormir, ce qui les gênait beaucoup, et de mourir, ce qui les gênait moins mais ne faisait pas l'affaire de Pluton.

» C'est sur l'intervention de Pluton que Sisyphe fut foudroyé par Jupiter et condamné au Tartare à perpétuité. Comme tu le vois, expliqua Proserpine à Orphée en lui montrant du doigt Sisyphe, son châtiment consiste à rouler péniblement un lourd rocher jusqu'en haut d'une colline. Au moment où le rocher va atteindre le sommet, il échappe des mains de Sisyphe et redescend jusqu'en bas de la côte.

» Ces troupes nombreuses de jeunes filles que tu aperçois un peu plus loin sont les Danaïdes. Elles étaient cinquante sœurs, filles du roi Danaos, et avaient épousé le même jour, contre leur gré, les cinquante fils du roi d'Égypte. La veille de leur mariage, elles s'étaient réunies secrètement et avaient juré de se débarrasser de leurs maris au cours de leur nuit de noce. Quarante-neuf d'entre elles poignardèrent leur époux comme convenu. La cinquantième, qui était la plus laide, ne put le faire, car son époux, dès le premier soir, avait découché. Les quarante-neuf criminelles, que tu vois ici occupées à puiser de l'eau à une fontaine, sont condamnées à remplir éternelle- ment un tonneau percé.

» Quant à Tantale, c'est vraiment le clou de notre spectacle. C'était un gastronome réputé, dont la table et la cave étaient les meilleures de toute la Grèce. Même les dieux de l'Olympe ne dédaignaient pas de se faire inviter par lui. Non content d'être considéré comme le plus fin gourmet de son époque, il se plaisait à humilier ses convives en leur démontrant leur propre incompétence : il leur faisait prendre par exemple de la lotte pour du homard ou encore, après les avoir fait s'exta- sier sur un rôti de bœuf en croûte, il leur révélait à la fin du repas qu'il s'agissait en réalité de viande de cheval. Il poussa un jour la plaisanterie trop loin. Ayant à sa table Jupiter, Apollon et Cérès, il leur servit en rôti son propre fils Pélops, après l'avoir lui-même égorgé et découpé en morceaux. Il voulait prouver au monde qu'il pouvait tromper les dieux eux-mêmes. Cérès, mourant de faim, fut servie la première et avala un morceau de Pélops sans s'apercevoir de rien. Mais Jupiter, à qui l'on ne peut rien cacher, découvrit bientôt l'atroce mystification. Son premier soin fut d'essayer de rendre la vie au malheureux Pélops, victime de l'orgueil insensé de son père. Laborieusement, Jupiter et Apollon assemblèrent et recollèrent les morceaux du corps du jeune homme. Il en manquait un seul, l'épaule droite, que Cérès avait mangée. Pour la remplacer, Apollon demanda à son fils, le célèbre Esculape, de fabriquer et de greffer sur Pélops une épaule d'ivoire, réalisant ainsi la première prothèse chirurgicale de l'histoire.

» Quant à Tantale, il fut condamné au supplice que tu peux observer : dévoré de faim et de soif, il se tient debout dans l'eau d'un lac limpide, qui lui arrive à la poitrine ; juste au-dessus de lui, de superbes arbres fruitiers de toutes espèces laissent pendre leurs branches chargées de fruits mûrs. Chaque fois que Tantale tend le bras pour cueillir un fruit, les branches s'écartent de lui ; et chaque fois qu'il se penche pour boire de l'eau, le niveau du lac s'abaisse suffisamment pour qu'il ne puisse l'atteindre.

Cette rapide visite terminée, Proserpine revint au palais avec Orphée, qui donna de bonne grâce le concert qu'il avait promis. Pluton consentit alors à le laisser remonter sur terre en compagnie d'Eurydice, mais il y mit une condition :

– Tu marcheras devant, dit-il à Orphée, et, jusqu'au moment où vous serez sortis des enfers, tu ne te retourneras pas une seule fois pour regarder Eurydice.

Orphée acquiesça et, suivi d'Eurydice, se mit en route. Cerbère les laissa sortir sans même aboyer. Charon leur fit passer l'Achéron sans réclamer d'obole. Malgré son désir ardent de revoir le visage de sa bien-aimée, Orphée n'avait pas tourné la tête. Il ne lui restait plus qu'à gravir l'escalier qui remontait vers la surface. Lorsqu'il mit le pied sur la dernière marche, Orphée se retourna enfin. Mais Eurydice, elle, se trouvait alors sur l'avant-dernière marche, qui faisait encore partie du territoire des enfers et restait sous la juridiction de Pluton. Dès qu'Orphée eut jeté un regard sur elle, il vit son image s'estomper et se dissoudre. Il chercha à la saisir dans ses bras, mais n'étreignit que le vide. Désespéré, il redescendit l'escalier et voulut retourner chez Pluton. Mais, cette fois, Charon avait reçu des consignes strictes et se montra inflexible. Orphée remonta sur la terre et décida de se rendre chez...

Les rois grecs ne surent jamais chez qui Orphée avait décidé de se rendre. Car, au moment où Nestor allait le leur apprendre, le médecin-chef de l'armée grecque entra précipitamment dans la baraque où ils étaient assemblés et demanda à parler à Agamemnon pour une affaire urgente.

— Que se passe-t-il ? lui demanda Agamemnon.

— Une épidémie de peste vient de se déclarer dans notre camp, lui répondit le médecin.

24. La colère d'Achille

LA NEUVIÈME ANNÉE du siège de Troie venait de s'achever lorsque l'épidémie de peste se déclara chez les Grecs. Conformément à la coutume, Agamemnon, comme il l'avait déjà fait à Aulis, consulta Calchas, le devin attitré de l'armée. Devant l'assemblée des rois grecs, Calchas déclara que l'épidémie était envoyée par Apollon, pour punir Agamemnon d'avoir enlevé par la force une jeune fille nommée Chriseis, fille d'un prêtre du dieu du soleil.

Calchas ajouta que la peste ne s'arrêterait que lorsque Chriseis aurait été rendue à son père. Agamemnon commençait à en avoir assez d'être toujours désigné comme le coupable et d'avoir toujours à payer les pots cassés. Aussi refusa-t-il d'abord de rendre Chriseis. Puis, devant l'insistance des autres rois, il finit par y consentir, mais en déclarant qu'il se dédommagerait en prenant, parmi les prisonnières des autres rois grecs, une jeune fille de son goût pour remplacer Chriseis. Achille n'apprécia pas du tout cette attitude. Il faut dire qu'il supportait difficilement l'autorité d'Agamemnon, à qui il se jugeait supérieur à la fois par la naissance, puisqu'il était le fils d'une déesse, et par la valeur guerrière. Aussi déclara-t-il avec emportement qu'il en avait assez des caprices d'Agamemnon et que, si cela continuait, il rentrerait chez lui. Piqué au vif, Agamemnon lui répondit :

– Va-t'en si tu veux, nous nous passerons bien de toi. Mais, auparavant, sache que c'est justement une de tes prisonnières, la jolie Briseis, que je choisis pour remplacer Chriseis.

Or Briseis était non seulement la prisonnière d'Achille, mais aussi son amante. Devant la prétention d'Agamemnon de s'en emparer, Achille perd tout contrôle, dégaine son épée et, décidé à en découdre, s'élance sur Agamemnon. Ulysse cherche à le calmer par la parole, mais se fait rabrouer. Ajax cherche à le retenir de ses bras puissants, mais Achille, dont les forces sont décuplées par la colère, le projette, cul par-dessus tête, à dix pas. Et c'en était fait, assurément, d'Agamemnon si Minerve, qui observait la scène et ne voulait pas voir ses chers Grecs se déchirer entre eux, n'eût jeté devant les yeux d'Achille, à la dernière seconde, un brouillard qui l'empêche de voir son adversaire et lui donne le temps de se calmer un peu. Achille n'en reste pas moins ulcéré et, quittant l'assemblée des rois, va se retirer sous sa tente, ou plutôt dans sa baraque ; car, contrairement à ce qu'on dit parfois, certains rois grecs, et notamment Achille, vivaient dans des baraques de bois qu'ils avaient eu, en neuf ans, largement le temps de construire.

Pendant les heures qui suivent, Nestor et Ulysse, déployant toute leur éloquence, cherchent à persuader Agamemnon de renoncer à son projet :

– Achille est le meilleur de nos guerriers. Sans lui, nous ne pourrons jamais gagner cette guerre. Prends l'une de nos prisonnières, ou même plusieurs si tu le désires, mais laisse Briseis à Achille.

Agamemnon, orgueilleux et buté, ne se laisse pas fléchir. Comme il s'y est engagé, il rend Chriseis à son père, mais envoie en même temps deux messagers au camp d'Achille, pour s'emparer de Briseis. Achille se dispose à la défendre par la force, et n'aurait aucun mal à expédier dans l'autre monde les deux messagers épouvantés. Mais Nestor et Ulysse interviennent une fois de plus en faisant valoir à Achille qu'Agamemnon est le chef suprême de l'armée et que chacun lui doit obéissance. À contrecœur, Achille se laisse convaincre et se sépare, en pleurant, de sa chère Briseis qui s'accroche en vain à lui.

– Je m'incline devant cet abus de pouvoir, s'écrie alors Achille, mais dorénavant cette guerre n'est plus la mienne. J'étais venu ici, en laissant derrière moi mon palais, mon père et mon peuple, par amitié pour Ménélas dont on avait volé la femme. Mais, puisqu'on me vole à mon tour ma compagne et que le voleur est Agamemnon lui-même, qu'on ne compte plus sur moi. Quoi qu'il arrive, je resterai désormais dans ma baraque et mes troupes resteront dans leur camp. Même si l'armée grecque tout entière, avec ses chefs, était massacrée sous mes yeux par le vaillant Hector et ses soldats, je ne remuerais pas le petit doigt pour les sauver.

Et, s'asseyant devant sa baraque, il se met, d'un air détaché, à jouer de la lyre.

Ulysse et Nestor accueillent cette déclaration par un silence consterné. Mais il n'en est pas de même de l'immonde Thersyte qui, poussé par la curiosité, s'était joint à eux sans que personne ne le lui eût demandé. Avec sa grossièreté coutumière, il croit bon de faire, à haute voix, une plaisanterie de mauvais goût sur l'usage que pourrait faire désormais Achille de son petit doigt, auquel celui-ci vient de faire allusion. La colère humaine est un explosif imprévisible ; pour des raisons mystérieuses, elle peut un jour être allumée par un détonateur qui, jusque-là, avait toujours fait long feu. Dix fois, que dis-je, cent fois Achille avait, au cours des années précédentes, écouté sans broncher les insolences de Thersyte. Mais, ce jour-là, il n'était pas d'humeur à les supporter. Saisi d'une rage soudaine, il bondit sur Thersyte, le prend à la gorge et se met à le secouer comme un prunier. L'infâme Thersyte, terrorisé, a beau se rétracter piteusement et demander grâce, la colère d'Achille, une fois mise sur orbite, poursuit désormais sa trajectoire en s'alimentant de son propre combustible. Dans un paroxysme de fureur, Achille frappe Thersyte d'un terrible coup de poing et le tue.

– Tant va la cruche à l'eau qu'à la fin elle se casse, constate sentencieusement Nestor.

Et, pour compléter cette brève oraison funèbre, Ulysse ajoute, faisant allusion à l'arrogance et à la poltronnerie de Thersyte :

– Chien qui aboie beaucoup mord peu.

Quant à Achille, sa colère tombée, il va se rasseoir d'un air sombre et reprend sa lyre.

25. Les combats singuliers

La NOUVELLE DE LA DISPUTE entre les rois grecs et de la défection d'Achille ne tarde pas à parvenir aux oreilles d'Hector. Soulagé d'apprendre que le plus redoutable de ses ennemis est hors de combat, il rassemble aussitôt ses troupes et sort des remparts à leur tête, décidé à en finir avec les envahisseurs grecs.

Ceux-ci, en hâte, se mettent aussi en ordre de bataille. Les deux armées se font face et n'attendent qu'un signal pour se ruer l'une sur l'autre. Mais, au moment où Hector va donner à ses troupes l'ordre de l'assaut, Ulysse sort des rangs grecs et crie à Hector :

– Attends un instant, ô noble prince. Si la bataille s'engage, j'ignore qui sera vainqueur, mais ce que je sais, c'est que des milliers de Grecs et de Troyens périront. Pour éviter ce carnage, je te propose de régler l'affaire par un combat singulier opposant un guerrier grec à un guerrier troyen.

25. LES COMBATS SINGULIERS

– Ton idée me paraît bonne, répond Hector. Et puisque cette guerre a pour origine un différend personnel entre Ménélas et Pâris, c'est à eux qu'il appartient de le trancher par un combat loyal. Qu'ils s'affrontent donc dans un champ clos, en présence de nos armées. Si Ménélas est vainqueur, je m'engage à lui rendre sa femme et son trésor. Mais, si c'est Pâris qui l'emporte, alors l'armée grecque devra quitter nos rivages et renoncer à jamais à son entreprise.

Ulysse consulte Ménélas, qui accepte cette proposition. En revanche, Pâris, qui a entendu les paroles de son frère, est beaucoup moins enthousiaste et songe à se dérober. Discrètement, il s'éloigne d'Hector et cherche à se perdre dans les rangs de l'armée troyenne. Malheureusement pour lui, il est facilement repérable grâce à la somptueuse peau de léopard qu'il porte sur sa cuirasse. Hector le découvre bientôt et lui fait honte de sa lâcheté :

– Quoi, lui dit-il, après nous avoir entraînés dans une guerre ruineuse et meurtrière, tu n'as même pas le courage d'affronter loyalement l'homme que tu as trompé ?

Pâris baisse la tête, demande pardon à son frère et accepte de se battre.

Cependant que Priam, roi de Troie, et Agamemnon, chef suprême des Grecs, confirment solennellement l'accord qui vient d'être proposé, Hector et Ulysse fixent les règles du combat singulier qui va opposer Ménélas à Pâris. Ils tracent, sur le sable, un rectangle de trente mètres sur vingt et conviennent que si l'un des deux adversaires sort de ce rectangle, il sera déclaré vaincu. Chacun des deux aura droit à un javelot, une épée et un poignard. À tour de rôle, ils lanceront leur javelot, dans un ordre qui sera déterminé par un tirage au sort. Si cet échange de javelots n'est pas concluant, le combat se poursuivra à l'épée et au poignard, jusqu'à la mort ou à la fuite de l'un des adversaires.

Dans un silence absolu et sous les yeux de deux cent mille

guerriers, les deux hommes, revêtus de leurs casques à longue crinière et de leurs courtes cuirasses, prennent place aux deux extrémités du rectangle, le javelot dans la main droite, le bouclier au bras gauche, l'épée et le poignard à la ceinture. Ménélas est pâle de fureur et Pâris est pâle de terreur. On a mis dans un casque deux tablettes portant le nom l'une de Ménélas, l'autre de Pâris, et l'on procède au tirage au sort. C'est Pâris qui est désigné pour lancer en premier son javelot. Il est habituellement très habile à cet exercice, mais son bras tremble tant que son javelot, sans force, est arrêté facilement par le bouclier de Ménélas. Celui-ci lance à son tour son javelot avec une force décuplée par le désir de vengeance, mais Pâris l'évite de justesse en se baissant. Ménélas se rue alors sur son adversaire, l'épée au poing. Il en porte un coup violent sur le casque de Pâris, mais c'est l'épée qui se brise. Épouvanté, Pâris cherche à s'enfuir. Ménélas le saisit par la crinière de son casque et s'apprête à l'égorger. C'en serait fait de Pâris si sa divine protectrice, Vénus, passant outre à l'interdiction de Jupiter, n'intervenait au dernier moment pour le sauver : invisible, elle coupe la jugulaire du casque de Pâris, qui reste dans la main de Ménélas, et elle entoure Pâris d'un nuage qui le dérobe un instant aux yeux de son adversaire et lui permet de fuir vers les remparts de Troie, à une vitesse telle qu'Achille aux pieds légers, lui-même, ne pourrait le rattraper.

En le voyant abandonner ainsi le combat, cent mille Grecs poussent un « Ah ! » de triomphe et cent mille Troyens un « Oh ! » de déception, suivi toutefois d'un soupir de soulagement à la pensée que la guerre va se terminer, conformément à l'accord passé entre Priam et Agamemnon. De fait, Priam, qui a suivi le combat du haut des remparts, s'apprête déjà à exécuter ses engagements en renvoyant à Ménélas sa femme et son trésor, cependant qu'Hector, respectueux aussi de sa parole, s'apprête à jeter son épée à terre, pour signifier la fin des combats. Mais, une fois de plus, les dieux en décident autrement.

25. LES COMBATS SINGULIERS

Minerve, dont la rancune à l'égard des Troyens est tenace, n'entend pas les laisser s'en tirer à si bon compte. Et, puisque, malgré l'interdiction de Jupiter, Vénus vient d'intervenir dans le conflit, elle estime avoir le droit d'en faire autant. Elle prend l'apparence d'Hector et, ainsi déguisée, va trouver Pandarus, le fameux archer troyen, qui venait d'assister à la défaite de Pâris.

– Pandarus, lui dit-elle, il faut laver dans le sang l'affront qui vient d'être fait à notre peuple et punir Ménélas de nous avoir humiliés. Toi qui tires si bien, expédie-le dans l'autre monde, où il aura tout le loisir de se vanter de son exploit.

Pandarus n'a garde de désobéir à la voix de celui qu'il prend pour son chef. Il demande à deux soldats troyens de le dissimuler derrière leurs boucliers et, mettant un genou à terre, il tire une flèche ajustée sur Ménélas qui avait déjà ôté sa cuirasse.

La flèche vient se planter dans le flanc de Ménélas, qui s'écroule, perdant son sang en abondance. Une clameur d'indignation s'élève dans les rangs grecs.

– Nous sommes trahis, s'écrie Agamemnon, reprenons le combat !

Pandarus voit alors disparaître subitement le faux Hector et se rend compte, mais trop tard, qu'il a été trompé.

Le premier Grec à reprendre le combat est Diomède. En l'absence d'Achille, c'est lui le plus vaillant des chefs grecs. Suivi de ses troupes, il attaque avec fureur l'armée troyenne, à l'endroit où se trouve Pandarus qui vient de blesser Ménélas. Pandarus lui décoche une flèche, si bien ajustée qu'elle coupe l'une des courroies retenant la cuirasse de Diomède et blesse assez profondément celui-ci au creux de l'épaule. Mais il en faudrait plus pour arrêter le « sanglier de Calydon » ; Diomède poursuit sa charge sans se soucier de la douleur, lance sur Pandarus l'un de ses javelots et le tue tout net. L'affolement s'empare des Troyens, qui reculent en désordre. Mars, dieu de la guerre, qui par amour pour Vénus avait pris le parti des Troyens, décide de leur venir en aide. Il descend sur le champ de bataille, déguisé en soldat troyen, et se porte au-devant de Diomède. Celui-ci, déchaîné, lui porte un terrible coup d'épée au bras. Mars, qui est aussi douillet que poltron, pousse un cri déchirant, si puissant qu'il domine l'immense clameur de la bataille, et s'enfuit honteusement. Il remonte sur l'Olympe aussi vite qu'il en était descendu et, pleurant comme un enfant, va se faire soigner et consoler par sa mère, Junon, cependant que Jupiter ricane en lui disant :

– Cela t'apprendra à désobéir à mes ordres.

L'intervention de Mars a pourtant donné le temps à Hector de se rendre à l'endroit où Diomède portait son attaque. Rassurés par la présence d'Hector, les Troyens se regroupent et font face aux Grecs. Le combat est acharné. Les pertes sont lourdes dans les deux camps. Alors Hector s'adresse à Ulysse en ces termes :

– C'est par suite d'une méprise et, me semble-t-il, d'une tromperie divine que l'accord que nous avions passé a été rompu. Mais Pandarus, l'auteur de la trahison, a été puni. Je te propose donc d'organiser un nouveau combat singulier pour décider du sort de cette guerre. Cette fois, c'est moi-même, Hector, qui porterai les couleurs de Troie, et je suis prêt à affronter n'importe lequel des chefs grecs.

Le combat s'arrête, les rois grecs se consultent pour savoir qui sera opposé à Hector.

Ménélas se porte volontaire, mais ses compagnons lui font valoir qu'avec sa blessure au flanc il n'a aucune chance de résister à Hector. À vrai dire, en l'absence d'Achille, deux Grecs seulement sont de taille à affronter Hector : Diomède et Ajax. Or le premier des deux est handicapé par la blessure que lui a faite Pandarus ; les chefs grecs décident donc, à l'unanimité, que c'est Ajax qui défendra leur camp.

Une fois de plus, un rectangle est tracé sur le sable. Les

deux colosses y prennent leurs places, l'un en face de l'autre. Pour s'exciter au combat, ils se défient et s'invectivent, non sans grossièreté :

– Espèce de sac à vin ! lance Hector, faisant allusion à la propension immodérée d'Ajax pour les boissons alcoolisées.

– Nous allons voir si tu cours aussi vite que ton frère Pâris, réplique Ajax.

Après ces aimables préliminaires, le combat commence. Hector, le premier, lance son javelot, qui vient se briser sur l'énorme bouclier d'Ajax. Le javelot d'Ajax, en revanche, rompt le bouclier d'Hector et fend sa cuirasse, mais sans la transpercer. Hector, qui, vous vous en souvenez, était champion incontesté du lancer du poids, ramasse une lourde pierre et la projette si violemment sur le bouclier d'Ajax qu'elle le lui arrache des mains. Privés de leurs boucliers, les deux héros engagent alors un duel à l'épée, long et acharné. Ils sont d'une force égale, et les coups qu'ils se portent sont si violents qu'on les entend dans toute la plaine. Le duel avait débuté à six heures du soir : à neuf heures, alors que la nuit commence à tomber, il se poursuit toujours, sans résultat décisif. Nestor, le vieux roi grec, intervient alors :

– Vous êtes aussi vaillants et aussi forts l'un que l'autre, déclare-t-il aux deux guerriers, et je vois qu'aucun d'entre vous ne l'emportera aujourd'hui. Mettez donc un terme à ce noble combat.

Ajax et Hector, épuisés, acceptent cette proposition. Ils remettent l'épée au fourreau, se serrent sportivement la main et, de même que de nos jours les joueurs de rugby échangent leurs maillots après un match, ils échangent leurs cuirasses ensanglantées. Alors, la nuit étant tombée complètement, les deux armées se retirent dans leur camp.

26. Exploits nocturnes de Diomède et Ulysse

De retour à leur camp, les principaux chefs grecs se réunissent dans la baraque d'Agamemnon. Ils se demandent ce que vont faire les Troyens le lendemain : vont-ils attaquer, à quelle heure et où ?

– Le seul moyen de le savoir, dit Nestor, serait d'envoyer cette nuit même, en reconnaissance, deux d'entre nous dans le camp troyen, pour surprendre leurs conversations.

Chacun approuve cette idée, et Agamemnon propose de désigner, pour cette dangereuse mission, Diomède le baroudeur et Ulysse le rusé. Malgré leur fatigue, ceux-ci acceptent. Ils s'habillent de vêtements sombres, s'enduisent le visage et les mains de suie, et se gardent bien de porter un casque ou une cuirasse, qui risqueraient de briller aux rayons de la lune et d'attirer l'attention des sentinelles troyennes. Pour toute arme, ils emportent chacun un poignard. Ils se mettent en route, vers minuit, en direction des remparts de Troie. À mi-chemin, alors qu'ils traversent un petit bois, il leur semble entendre des pas, venant à leur rencontre. Ils s'embusquent et voient passer deux soldats troyens, vêtus à peu près comme eux, qui se dirigent vers le camp grec. Par-derrière, Ulysse et Diomède bondissent sur eux, les immobilisent en leur mettant leur poignard sous la gorge.

– Ne bougez pas et répondez à nos questions, leur ordonne Ulysse, ou nous vous tranchons la gorge. Qu'allez-vous faire vers le camp grec ?

– C'est Hector qui nous envoie, pour espionner les Grecs.

– Où est Hector ?

– Il délibère, avec les autres chefs troyens, dans le temple de Minerve.

– Et où se trouve le temple de Minerve ? demande Ulysse, qui n'est jamais allé à Troie.

– C'est très simple, si vous entrez dans Troie par la porte d'Apollon, vous prenez l'avenue d'Apollon en face, et le temple de Minerve est dans la deuxième rue sur votre gauche. Vous ne pouvez pas vous tromper.

– Quel est le mot de passe qui nous permettra de franchir les postes de garde ? demande encore Ulysse.

– Le mot de passe, ce soir, est : « La belle Hélène aime le gai Pâris. »

Satisfait de ces renseignements, Ulysse se dispose à ligoter les deux Troyens, à qui il avait promis la vie sauve s'ils parlaient. Mais le brutal Diomède, partisan des méthodes expéditives, ne lui en laisse pas le temps ; du tranchant de son poignard il égorge le premier et, du tranchant de sa main, il brise la nuque du second. Les deux rois grecs se remettent en route, parviennent à la porte d'Apollon, qu'ils franchissent sans encombre en criant le mot de passe et en se faisant passer pour les deux soldats troyens qu'ils viennent d'expédier dans l'autre monde.

26. EXPLOITS NOCTURNES DE DIOMÈDE ET ULYSSSE

Une fois dans la ville, cependant, les difficultés d'orientation commencent. Ulysse croit se souvenir qu'il faut prendre l'avenue d'Apollon, alors que Diomède affirme que les soldats troyens ont parlé de l'avenue de Neptune. De toute manière, le nom des avenues n'est pas marqué ou, si par hasard il l'est, c'est à une hauteur telle qu'on ne peut pas le lire. Une demi-heure après être entrés dans Troie, Ulysse et Diomède ont perdu tout espoir de jamais trouver le temple de Minerve ainsi que le chemin de la sortie. C'est alors qu'au détour d'une rue ils aperçoivent, à quelques pas devant eux, une passante, la première depuis leur arrivée. Ulysse presse le pas pour la rattraper et arrive à sa hauteur. Sachant par expérience que les gens à qui l'on demande son chemin s'avèrent presque toujours être des touristes étrangers qui ne connaissent pas la ville, il commence par lui demander poliment :

– Pardon, madame, est-ce que vous êtes d'ici ?

– Non, répond naturellement la passante en tournant la tête vers Ulysse ; et ils poussent alors ensemble une exclamation de surprise :

– Hélène ! s'écrie Ulysse.

– Ulysse ! s'écrie Hélène.

Dans l'esprit d'Ulysse, l'inquiétude succède immédiatement à la surprise : Hélène, qui l'a reconnu, ne va-t-elle pas dénoncer sa présence aux Troyens ? Mais il a tort de s'inquiéter. Hélène est une bonne fille ; en outre, elle a toujours eu un faible pour Ulysse. Elle l'embrasse affectueusement et lui demande ce qu'il fait, en pleine nuit, dans les rues de Troie. Pour une fois, Ulysse, pris au dépourvu, n'a pas le temps d'inventer un mensonge :

– J'espionne, répond-il simplement, en compagnie de Diomède que voici.

Hélène embrasse aussi Diomède et demande aux deux héros des nouvelles de Ménélas et des autres rois grecs.

– Ils vont tous bien, lui répond Ulysse, mais nous n'avons

guère le temps de bavarder. Pourrais-tu nous indiquer où se trouve le temple de Minerve ?

Hélène, tout « en n'étant pas d'ici », connaît bien cette ville qu'elle habite depuis près de dix ans ; elle conduit elle-même Ulysse et Diomède jusqu'à la porte du temple et prend congé d'eux en leur recommandant de ne pas commettre d'imprudences.

Au moment où, discrètement, Ulysse et Diomède pénètrent dans le temple, ils entendent Hector tirer les conclusions de la réunion qu'il vient d'avoir avec ses compagnons :

— Mes amis, dit Hector, nous avons tout lieu d'être optimistes. Privés d'Achille et de ses guerriers myrmidons, les Grecs ne peuvent nous vaincre. En outre, alors que nous pouvons tous les soirs nous replier derrière nos remparts et nous reposer en toute sécurité, le camp des Grecs n'est protégé par aucune défense. Nos ennemis ne peuvent donc dormir que d'un œil, dans la crainte d'une attaque nocturne, et ne tarderont pas à être épuisés. Ils seront alors à notre merci.

Sur ces mots, la réunion se disperse, les chefs troyens vont se coucher, et un silence profond tombe bientôt sur la ville endormie. Ulysse et Diomède sont restés seuls dans le temple. En face d'eux, éclairée par cinquante bougies, brille une superbe statue en bois poli de Minerve, appelée « le Palladion ». Les Troyens lui vouaient un culte particulier et croyaient qu'elle protégeait leur ville.

— Emportons la statue, dit Ulysse, et laissons un petit souvenir de notre passage.

Ils descendent la statue de son socle et, avec la cire d'une bougie, Ulysse écrit ces mots sur le socle de marbre : *Avec les salutations d'Ulysse.*

Mais, une fois sortis du temple, ils se rendent compte que la statue est lourde et qu'ils ne pourront pas à eux seuls la transporter jusqu'au camp grec.

— Allons voler les chevaux de Rhésus, suggère alors Ulysse.

Rhésus était un chef troyen, célèbre à cause des six chevaux blancs qu'il possédait, les plus beaux de toute l'armée troyenne. En se rendant au temple de Minerve, Ulysse et Diomède étaient passés devant le palais de Rhésus. Ils y retournent, pénètrent silencieusement dans les écuries où les six chevaux sont endormis. Pour les empêcher de hennir, Ulysse leur donne à chacun un picotin d'avoine, dans une musette qu'il attache à leur cou. Et, pour que le bruit de leurs pas n'éveille pas les gardes du palais, il enveloppe de paille les sabots de deux d'entre eux, qu'il attelle à un char.

Sortis du palais, Ulysse et Diomède montent dans le char, y dissimulent la statue de Minerve sous une couverture et ressortent sans difficulté de Troie, en répétant le mot de passe aux sentinelles. Puis ils retournent au galop à leur camp, où les autres rois grecs les attendaient anxieusement.

En les voyant revenir avec deux des fameux chevaux de Rhésus et avec le non moins fameux Palladion, Nestor s'écrie, admiratif :

– Vous êtes des dieux !

– De tristes dieux, répond Ulysse, morts de faim et de fatigue.

On leur prépare un bain tiède, parfumé de sels odorants ; on leur sert un gigot d'agneau rôti, arrosé de vin de Macédoine ; et les deux héros, se retirant dans leurs baraques, ne tardent pas à trouver, dans un sommeil profond, l'oubli et le repos.

Le lendemain, cependant, Ulysse se lève de bonne heure. Aux rois grecs assemblés, il rend compte des propos tenus par Hector.

– Nous devons, conclut-il, nous protéger contre une attaque surprise des Troyens en entourant notre camp d'un fossé profond et d'une palissade.

Sa suggestion, soutenue par Nestor, est adoptée par l'assemblée. Aussitôt, toute l'armée grecque se met au travail et, lorsque se termine la journée, le camp grec est protégé par un fossé de trois mètres de large et de deux mètres de profondeur, en deçà duquel s'élève une palissade de bois de plus de deux mètres de haut. Une dizaine de portes solides et de ponts de bois permettent de franchir la palissade et le fossé. Pendant toute la journée, les Troyens ont été si occupés à essayer de comprendre comment Ulysse et Diomède avaient pu voler le Palladion et les chevaux de Rhésus qu'ils n'ont pas songé à empêcher les Grecs de mener à bien leurs travaux.

27. L'armée grecque au bord du désastre

Lorsque Hector se rend compte que, profitant de sa négligence, les Grecs se sont protégés par un fossé et une palissade, il est saisi de découragement. Il va trouver son père Priam et lui suggère de proposer aux Grecs une transaction :

– Nous leur rendons le trésor de Ménélas, ils nous laissent Hélène et on n'en parle plus.

Priam approuve cette idée et envoie un ambassadeur à Agamemnon pour lui en faire part. Agamemnon convoque aussitôt une réunion des rois grecs et les consulte. Bien entendu, Ménélas s'oppose avec indignation à cet arrangement : il est venu pour reprendre sa femme, plus encore que son trésor. Mais certains chefs grecs sont prêts à se laisser tenter, et parmi eux Palamède, le rival et l'ennemi d'Ulysse. C'est l'occasion qu'attendait Ulysse pour se venger de Palamède. Il se lève et demande la parole.

Ulysse était un orateur consommé. Lorsqu'il s'apprêtait à prononcer un discours, il s'avançait à pas lents vers la tribune, la tête rentrée dans ses larges épaules, les sourcils froncés, l'air concentré. Sans se presser, il adoptait l'attitude corporelle recommandée par les professeurs d'expression orale, afin d'utiliser au mieux sa capacité pulmonaire et de déployer pleinement la puissance de ses cordes vocales : le poids de son corps reposait pour les deux tiers sur la jambe droite et pour un tiers sur la gauche, avancée de vingt centimètres ; le buste, légèrement penché en arrière, faisait avec la verticale un angle de quinze degrés ; les mains étaient jointes derrière le dos, à la hauteur de la troisième vertèbre lombaire ; le menton pointait légèrement en avant et les yeux parcouraient lentement l'auditoire. Lorsqu'un silence complet s'était établi, Ulysse commençait à parler d'une voix grave, qui prenait ensuite, selon les périodes oratoires, des accents passionnés ou ironiques ; les paroles ailées s'échappaient de ses lèvres, légères et serrées comme des flocons de neige, et venaient retomber sur son auditoire subjugué.

Le discours accusateur qu'Ulysse prononça contre Palamède figure dans toutes les anthologies de l'éloquence politique et n'a donc pas besoin d'être retranscrit ici. Il peut d'ailleurs être résumé en trois phrases : « Palamède est un traître. Il s'est laissé acheter par Priam. Et la preuve, c'est qu'il dissimule, sous son lit, un sac de pièces d'or que lui a remis Priam pour s'assurer de son soutien. » Palamède proteste de son innocence et propose à Agamemnon de venir fouiller sa tente. Il ignore que, quelques jours plus tôt, Ulysse lui-même, qui préparait déjà son coup, a caché un sac d'or à l'emplacement indiqué. Le sac est découvert, la culpabilité de Palamède apparaît certaine. Malgré ses protestations, il est condamné à mort et exécuté sur-le-champ. Quant à la proposition de Priam, elle est repoussée sèchement.

– Puisque les Grecs ne veulent pas entendre raison, il ne

nous reste plus qu'à les chasser par la force, déclare Hector.

Il rassemble ses troupes et sort des remparts à leur tête, avec une ardeur décuplée par l'humiliation que lui a infligée Ulysse quelques jours plus tôt en volant le Palladion. La charge des Troyens est si furieuse que les lignes grecques plient sous le choc. Aucun chef grec, pas même Diomède ou Ajax, ne parvient à arrêter l'élan d'Hector. Ajax appelle alors son frère Teucer, le fameux archer :

– Abrite-toi sous mon bouclier et tâche de tuer ou de blesser Hector, lui ordonne-t-il.

Teucer s'agenouille et bande son arc, cependant qu'Ajax tient son lourd bouclier au-dessus de la tête de son frère. Mais Hector a vu le danger. Il ramasse une grosse pierre et la projette sur le bouclier, qui tombe sur Teucer et le blesse grièvement. Ajax se replie, emportant sur ses épaules son frère évanoui. Le recul des Grecs se transforme alors en déroute ; leurs troupes refluent en désordre vers leur camp et se mettent à l'abri derrière le fossé et la palissade, qui les sauvent d'une défaite imminente. Heureusement pour eux, le jour tombe. Hector arrête ses troupes en leur disant :

– Demain, nous finirons la tâche et jetterons les Grecs à la mer. En attendant, allons restaurer nos forces par un repas copieux et une nuit de repos.

Chez les Grecs, l'inquiétude règne. Agamemnon lui-même a perdu courage. Une fois de plus, il réunit les chefs grecs.

– Mes amis, leur dit-il, je vois que nous ne gagnerons jamais cette guerre et que nous risquons même la défaite. Ne serait-il pas plus sage de mettre un terme à cette expédition qui nous retient depuis si longtemps loin de notre pays et de nos familles ? Si vous en êtes d'accord, je vous propose de nous rembarquer cette nuit même sur nos vaisseaux et de retourner chez nous.

Un silence étonné suit cette déclaration. Mais bientôt Diomède réagit violemment :

– Fais ce que tu voudras, dit-il, pour ma part, je reste et je continuerai la lutte jusqu'au bout.

Ménélas, Ajax et Ulysse approuvent cette attitude courageuse. Et Nestor prend à son tour la parole :

– Je vais te parler franchement, dit-il à Agamemnon. Si nous nous trouvons dans une situation périlleuse, c'est à toi qu'il faut t'en prendre. En provoquant la colère d'Achille et sa défection, c'est toi qui nous as privés de notre plus solide appui. Mais il est peut-être temps encore de réparer tes torts envers Achille et de le persuader de revenir combattre à nos côtés.

Agamemnon baisse la tête.

– C'est bon, dit-il, je suis prêt à restituer à Achille la jolie Briséis, et même, pour le dédommager, à lui offrir sept autres jeunes captives, des chevaux et une part du butin auquel j'aurai droit si nous nous emparons de Troie.

– C'est là une proposition généreuse, dit Nestor, et je pense qu'Achille devrait y être sensible. Envoyons-lui deux d'entre nous en ambassadeurs, pour la lui transmettre.

Ce sont Ulysse et Ajax qui sont désignés pour cette mission, car on sait qu'Achille a beaucoup d'amitié pour le premier et que le second est son cousin germain. Ils se dirigent vers les quartiers d'Achille, à l'autre bout du camp grec, et trouvent le héros assis devant sa baraque, en train de jouer de la lyre, en compagnie de Patrocle, son ami intime. Achille les accueille avec cordialité et les invite à partager le repas qu'il s'apprêtait à prendre. Pendant le dîner, on parle de choses et d'autres, puis, au dessert, Ulysse expose l'objet de sa visite, avec son éloquence habituelle. Il commence par flatter l'amour-propre d'Achille en lui disant que sans lui l'armée grecque est incapable de remporter la victoire. Puis il met en relief l'importance des réparations offertes par Agamemnon. Enfin, il fait appel à la piété filiale d'Achille en lui rappelant les recommandations que lui a faites son père, Pelée, lorsque Achille s'est embarqué pour Troie :

– Souviens-toi, Achille, des dernières paroles que t'a adressées ton père. Il t'a dit : « Sois courageux, mais maîtrise tes passions et domine ton humeur altière. »

Achille l'a écouté en silence. Il est flatté de voir que les Grecs ont tant besoin de lui, et savoure en secret l'humiliation qu'il a infligée à Agamemnon. Il n'est pas insensible non plus à la perspective de récupérer Briseis et de recevoir, en guise de dommages-intérêts, de belles esclaves, des chevaux et une part supplémentaire de butin. Mais sa rancune et son entêtement sont plus forts que tout. Après quelques instants de réflexion, il sourit dédaigneusement et répond à Ulysse :

– Tes paroles sont éloquentes, mais elles ne sauraient me fléchir. Cette guerre n'est plus la mienne. J'étais venu ici par amitié pour Ménélas, à qui les Troyens avaient volé sa femme. Mais ce ne sont pas les Troyens qui ont volé la mienne, c'est Agamemnon. Pourquoi risquerais-je ma vie pour combattre Hector qui ne m'a rien fait, et pour défendre Agamemnon qui m'a offensé ? Tu auras beau dire, ma résolution est prise : dès demain, je m'embarquerai pour la Grèce avec mes troupes. Retourne dire à Agamemnon qu'il peut garder Briseis, ses chevaux, ses esclaves et son or, et qu'Achille n'est pas à vendre.

Patrocle a beau plaider en faveur de la proposition d'Ulysse, Ajax a beau reprocher rudement à Achille son entêtement, rien n'y fait : le roi des Myrmidons reste inflexible.

Ulysse et Ajax prennent alors congé d'Achille et retournent chez Agamemnon. À leurs mines déconfites, les autres rois grecs devinent l'échec de leur mission. Une fois de plus, c'est Diomède qui ranime leur courage :

– Qu'Achille parte ou qu'Achille reste, c'est son affaire. Nous nous passerons de lui. Allons nous reposer pour le combat de demain.

Les Grecs suivent son conseil, mais ce n'est pas sans mal que, cette nuit-là, ils trouveront le sommeil.

27. L'ARMÉE GRECQUE AU BORD DU DÉSASTRE

Ils sont réveillés, à l'aube, par les trompettes des Troyens qui sonnent la charge. En hâte, l'armée grecque se porte à leur rencontre, dans la plaine qui sépare les remparts de Troie du camp grec.

Très vite, l'armée troyenne prend l'avantage. Hector, ayant Pâris à ses côtés, fait des ravages dans les rangs grecs. Il commence par blesser Agamemnon d'un coup de javelot au bras. Diomède, qui s'efforce de protéger Agamemnon, est atteint à son tour d'une flèche tirée par Pâris, qui se fiche dans son pied et le cloue au sol. Ulysse vole à son secours et parvient à arracher la flèche, mais, avant qu'il ait eu le temps de se relever, il reçoit le second javelot d'Hector dans la fesse. La douleur est si forte qu'Ulysse a un moment de faiblesse et appelle au secours. Ménélas, venu à son aide, est blessé à son tour au visage par une pierre que lui lance Hector.

L'affolement s'empare de l'armée grecque, qui recule en désordre, repasse le fossé, la palissade et continue sa course vers ses vaisseaux alignés sur le rivage. Hector et ses troupes traversent à leur tour la palissade, sans rencontrer de résistance, et se dirigent vers la flotte grecque avec l'intention de l'incendier.

De tous les grands chefs grecs, seul Ajax est encore valide. Bravement, il rassemble une partie de ses troupes et cherche à ralentir l'avance des Troyens et à sauver la flotte. Mais déjà un brandon enflammé, lancé par Hector, a mis le feu à l'un des navires. La situation des Grecs paraît désespérée.

De leur tente, Achille et Patrocle observent la mêlée. Patrocle ne peut supporter de rester passif devant la déroute de ses compatriotes. Il s'adresse à Achille en ces termes :

— Je comprends que tu ne veuilles pas te mêler de cette affaire. Mais je n'ai pas les mêmes raisons que toi d'en vouloir à Agamemnon et à nos compagnons. Permets-moi donc, je t'en supplie, d'aller à leur aide. Et puisque, tu le sais bien, ta seule vue suffirait à briser l'élan des Troyens, prête-moi tes armes afin que, me prenant pour toi, l'ennemi soit frappé d'épouvante.

À contrecœur, Achille y consent. Patrocle se revêt aussitôt du casque, de la cuirasse et du bouclier d'airain flamboyant que Vulcain lui-même avait forgés pour Achille ; il s'arme des javelots et de l'épée du héros. Il renonce, en revanche, à la lance d'Achille, trop lourde pour lui. Pendant ce temps, le char d'Achille a été hâtivement attelé à ses deux chevaux noirs, presque aussi beaux que ceux de Rhésus. Patrocle prend place sur le char, qui sera conduit par Automédon, le conducteur attitré d'Achille, seul capable de diriger ses chevaux fougueux. Achille, inquiet, fait à Patrocle d'ultimes recommandations :

– Contente-toi de te montrer de loin aux Troyens. Ton arrivée suffira, je pense, à les faire fuir hors du camp grec. Mais, surtout, prends bien garde de ne pas les suivre au-delà du fossé et de ne pas affronter Hector. Il est trop fort pour toi.

Patrocle promet de respecter ces consignes et s'élance au galop vers le champ de bataille.

28. Le retour d'Achille

À LA VUE DE PATROCLE que, de loin, ils prennent pour Achille, les Troyens sont saisis de crainte et les Grecs reprennent courage. Seul Ulysse, qui soigne sa blessure un peu à l'écart du combat, a reconnu Patrocle sous la cuirasse d'Achille. N'ayant pas, pour les vertus guerrières de Patrocle, une très grande estime, il murmure ironiquement :

– Voici l'âne revêtu de la peau du lion ; pourvu qu'il ne s'avise pas de rugir, lui qui ne sait que braire !

Craignant d'être pris à revers par le pseudo-Achille, les Troyens renoncent à incendier la flotte grecque et se replient rapidement au-delà du fossé et de la palissade. Patrocle les poursuit jusque-là. Grisé par son succès facile, il commence à se prendre pour Achille lui-même. Il lance ses javelots sur les Troyens en fuite et a la chance d'atteindre mortellement, dans le dos, l'un des chefs troyens, Sarpédon, qui venait de traverser le fossé. Oubliant les recommandations d'Achille, il ordonne à Automédon, le conducteur de son char, de traverser à son tour le fossé, pour aller chercher le corps de Sarpédon. Mais Hector, qui ne veut pas abandonner le cadavre de son ami, fait volte-face et reconnaît Patrocle.

Il s'avance à sa rencontre. Patrocle, qui n'a pas pris de lance, est en état d'infériorité. La lance d'Hector le frappe en plein ventre. Mortellement blessé, il bascule hors du char et tombe dans la poussière.

– Achille me vengera, murmure-t-il dans un dernier soupir.

Automédon, isolé, n'a pas d'autre ressource que de faire demi-tour et de rentrer au galop dans le camp grec.

Ménélas, qui a assisté au bref combat, a enfin reconnu Patrocle. Il appelle Ajax à son aide et traverse avec lui le fossé pour essayer de sauver la dépouille de Patrocle. Déjà, Hector s'est emparé de la cuirasse et du casque d'Achille et il s'apprête à attacher le cadavre de Patrocle à son char, pour l'emporter à Troie. Ménélas et Ajax tentent désespérément de l'en empêcher. Une mêlée furieuse et indécise s'engage autour du corps de Patrocle, que les uns tirent par les bras et les autres par les jambes. Achille, cependant, a vu revenir Automédon, seul dans son char. Il devine ce qui s'est passé, court à la palissade, voit la lutte qui se déroule autour du corps de son ami. Il brûle du désir de s'élancer au combat, mais comment pourrait-il le faire, sans cuirasse, sans casque et sans armes ? Il pousse alors trois cris de rage et de désespoir, si puissants et si terrifiants que le sang des Troyens se glace dans leurs veines et qu'ils s'enfuient vers leurs remparts, abandonnant à Ménélas et Ajax la dépouille mortelle de Patrocle.

Achille est alors pris d'une crise de nerfs. Il se roule par terre en sanglotant, et ses compagnons doivent le soutenir pour le ramener à sa baraque. Sa mère, la déesse Thétis, vient l'y rejoindre. Elle le supplie de renoncer définitivement à cette guerre et de retourner chez lui. Mais Achille est résolu à venger Patrocle et à tuer Hector, dût-il périr lui aussi.

– Tout ce que je te demande, dit-il à sa mère, c'est de m'apporter de nouvelles armes, pour remplacer celles que m'a prises Hector.

Thétis finit par accéder à sa demande et repart vers l'Olympe.

Pendant toute la nuit suivante, Achille veille sur la dépouille mortelle de Patrocle, pleurant de douleur et de rage. Le matin, Thétis est de retour, avec les armes nouvelles qu'elle a fait forger par Vulcain. Elles sont plus belles encore que les précédentes : la surface polie de l'airain est décorée d'incrustations en or, représentant, sur la cuirasse, une tête de lion rugissant et, sur le casque, un soleil flamboyant. Achille s'en revêt, prend ses armes, monte dans son char avec Automédon et se rend chez Agamemnon. Il y est acclamé par les rois et les troupes grecques qui s'y sont rassemblés. Agamemnon, pour sa part, le remercie d'être revenu au combat, lui renouvelle ses excuses et lui rend Briséis, qui se jette dans ses bras en pleurant de joie. Mais Achille n'a pas la tête aux effusions. Il est impatient de se venger et demande à Agamemnon de donner immédiatement le signal de l'attaque.

Ulysse s'y oppose :

– Il est presque midi, dit-il, et il serait imprudent de partir au combat le ventre creux. Prenons d'abord un repas léger.

Les autres rois grecs se rangent à son avis, malgré les protestations d'Achille, qui assure qu'il ne pourra rien avaler.

– Tu prendras bien une petite côtelette d'agneau, insiste Ulysse ; cela se mange sans faim.

Achille se laisse finalement convaincre et se restaure avec les autres. Mais, la dernière bouchée avalée, il fait ranger l'armée en ordre de bataille et, à sa tête, franchit le fossé.

Pendant ce temps, à l'abri des remparts, les chefs troyens étaient eux aussi réunis. Hector les exhorte au combat :

– Le moment suprême est arrivé, dit-il. Aujourd'hui, il nous faut vaincre ou mourir.

Priam cherche à le dissuader de sortir des remparts :

– Tu es notre seul soutien, lui dit-il, et tu ne dois pas t'exposer.

Cassandre, sœur d'Hector, qui a reçu des dieux le don de prévoir l'avenir, mais qui est condamnée à n'être jamais écoutée, supplie aussi Hector de ne pas affronter Achille :

– Si tu sors aujourd'hui de Troie, Hector, tu ne nous reverras jamais plus, lui annonce-t-elle.

Mais Hector reste sourd aux supplications des siens. Grisé par ses succès de la veille, fier de porter le casque et la cuirasse d'Achille, qu'il a arrachés au cadavre de Patrocle, il se croit invincible et brûle d'en découdre avec Achille. Il ordonne à ses troupes de se tenir prêtes à sortir des remparts aussitôt après le déjeuner.

En attendant, armé et casqué, il retourne à ses appartements pour prendre congé de sa femme Andromaque et de son fils Astyanax.

Andromaque, à son tour, cherche à le retenir.

– Tu es tout pour moi, lui dit-elle : un père, une mère, un frère, en même temps qu'un époux. Ne m'abandonne pas.

Avec douceur, Hector lui fait comprendre qu'il doit accomplir son devoir. Il embrasse sa femme et veut prendre son fils dans ses bras. Mais Astyanax, qui n'a que trois ans, semble effrayé, s'enfuit et se réfugie dans les jupes de sa mère.

– C'est peut-être ton nouveau casque qui lui fait peur, suggère Andromaque.

Hector retire son casque ; de fait, Astyanax reconnaît alors son père et court se jeter dans ses bras. Hector lui sourit et l'embrasse tendrement. Il se sent soudain pris d'angoisse à la pensée qu'il voit peut-être son fils pour la dernière fois. Afin de ne pas se laisser gagner par l'émotion, il abrège les adieux et va rejoindre ses soldats. Il sort avec eux des remparts au moment même où, derrière Achille, l'armée grecque quitte son camp.

La bataille s'engage au milieu de la plaine, sur les rives du fleuve Xanthe. Le combat est si acharné que les corps des guerriers morts, tombés en grand nombre dans le fleuve, finissent par en obstruer le cours et par le faire sortir de son lit. Or, vous vous en souvenez peut-être, un oracle avait prédit qu'Hector serait vaincu le jour où le Xanthe sortirait de son lit. Les Troyens, en tout cas, se souvenaient fort bien de cette prophétie. Aussi, lorsqu'ils constatent qu'elle est en train de se réaliser, ils sont brusquement saisis d'épouvante et s'enfuient comme des lapins vers les remparts protecteurs. Hector cherche en vain à arrêter ou à ralentir leur fuite : il est contraint de les suivre. Quelques instants plus tard, il se retrouve avec eux au pied des remparts, dont les portes s'ouvrent pour eux. Hector va-t-il rentrer avec ses soldats et s'enfermer dans la ville pour y soutenir un long siège ? Priam, Hécube, Cassandre et Andromaque, qui observent la scène du haut des murs, supplient Hector de se mettre à l'abri :

– Ne sois pas téméraire, lui crient-ils. Ne sais-tu pas qu'Achille est invincible, et aujourd'hui plus que jamais, avec son casque où resplendit un soleil d'or et sa cuirasse décorée d'un lion flamboyant ?

– Les armures ne me font pas peur, répond Hector ; leurs soleils ne brûlent pas et leurs lions ne mordent pas.

Alors, le dernier soldat troyen étant rentré, les massives portes de chêne sont fermées et verrouillées derrière lui ; Hector reste seul, au pied des remparts, décidé à montrer son courage.

Mais, lorsque, se retournant, il voit accourir vers lui le terrible Achille dans sa cuirasse étincelante, Hector, le vaillant Hector, est pris, pour la première fois de sa vie, de panique. Perdant tout contrôle de lui-même et toute dignité, il se met à fuir à toutes jambes. Et, comme il ne peut plus rentrer dans

la ville, il court en longeant les remparts, poursuivi par Achille qui l'injurie et le provoque. Trois fois, les deux héros font ainsi le tour complet des remparts et, à chaque tour, Achille aux pieds légers gagne un peu de terrain. Hector se rend compte alors qu'il sera rattrapé inéluctablement et qu'il vaut donc mieux engager le combat tout de suite, avant d'être tout à fait épuisé. Il s'arrête et se retourne.

Achille n'est déjà plus qu'à dix mètres de lui. De son bras puissant, Hector lance son premier javelot, qui vient se planter dans le ventre d'Achille. Tout autre guerrier serait mort sur-le-champ d'une telle blessure. Mais Achille, vous le savez, avait été rendu presque invulnérable par les eaux sacrées du Styx dans lesquelles sa mère l'avait plongé à sa naissance. Il poursuit donc sa charge, sans attacher plus d'importance au javelot d'Hector que s'il s'agissait d'une piqûre de moustique. Il tient au poing sa lourde lance de frêne, qu'il est seul à pouvoir manier. Il sait que la cuirasse d'Hector (qu'il connaît bien puisque c'était la sienne) comporte un point faible à la hauteur du plexus solaire. C'est ce point précis qu'il vise. Hector s'apprête à tirer son épée, mais il n'en a pas le temps : Achille est déjà sur lui et, d'un coup de lance terrible, transperce sa cuirasse et sa poitrine.

Hector sent qu'il est mortellement blessé et qu'il ne lui reste que quelques instants à vivre. Il implore la pitié d'Achille :

– Je t'en supplie, lui dit-il, rends mon corps à mes parents, afin que je reçoive une sépulture décente et que mon âme soit admise aux Champs Élysées.

Mais Achille est sans pitié :

– Tu n'auras pas de sépulture, lui crie-t-il ; ton corps sera dévoré par les chiens et les vautours.

Heureusement pour lui, Hector n'a pas entendu ces derniers mots : il était déjà mort.

Sous les yeux horrifiés de Priam et des siens qui, du haut des remparts, ont assisté impuissants au combat, Achille attache le corps d'Hector par les pieds à son char et lui fait faire au galop le tour des remparts, le front traînant par terre. Il le ramène ensuite dans le camp grec et le dépose devant sa baraque, sanglant, souillé de poussière et bientôt couvert de mouches. La nuit est tombée. Mais ni Achille ni Priam ne peuvent trouver le sommeil : le premier, dans sa baraque, pleure en pensant à son ami Patrocle ; le second, dans son palais, pleure en pensant à son fils Hector.

29. La trêve

PENDANT LA NUIT, Priam a pris sa décision ; il en fait part, le lendemain matin, aux membres de sa famille :

— Je ne puis laisser sans sépulture le corps de mon fils. J'irai moi-même trouver Achille et le supplierai de me le rendre.

Hécube, sa femme, cherche à le dissuader :

— Achille est un loup enragé, lui dit-elle. Il te tuera toi aussi, sans égards pour ton âge et pour ton rang.

Mais Priam ne démord pas de son projet. Il fait charger sur son char un coffre plein de cadeaux précieux pour Achille : des vases d'argent, des coupes d'or, des statuettes de marbre et des couverts à manche d'ivoire. Sachant qu'Achille est très gourmand, Hécube, dont les talents de cuisinière sont réputés, prépare en outre pour lui quelques friandises. Agitant un drapeau blanc en signe de paix, Priam sort de Troie, traverse sans encombre les lignes grecques et arrive à la baraque d'Achille, devant laquelle le corps d'Hector est toujours étendu. En voyant entrer chez lui le vieillard, Achille reste muet d'étonnement.

– Je viens, lui dit Priam, t'implorer de me rendre la dépouille de mon fils. Tu vois, je suis venu chargé de cadeaux, et je suis prêt en outre à te donner pour esclave ou pour épouse, comme tu voudras, l'une de mes filles. Maintenant que ta vengeance est assouvie, je t'en prie, montre-toi généreux.

Achille ne répond pas. Troublé, il hésite. Alors, éperdu, Priam s'agenouille à ses pieds, lui prend la main, cette main encore tachée du sang d'Hector, la baise et la mouille de ses larmes.

– Souviens-toi de ton vieux père Pelée, lui dit-il, qui a le même âge que moi et qui attend anxieusement ton retour. Songe à ce que serait son chagrin si tu devais mourir comme Hector et être privé de sépulture.

Les Grecs qui assistent à cette scène sont émus par le geste et les paroles de Priam ; ils ne peuvent retenir leurs larmes. Achille lui-même, à l'évocation du souvenir de son père, sent sa gorge se serrer et sa colère se dissiper.

– Noble roi, répond-il à Priam, je te rends ton fils. Emmène-le et fais-lui des obsèques honorables. Pour cela, je suis prêt à décréter une trêve des combats, pendant tout le temps que tu souhaiteras.

Priam remercie Achille et lui demande de fixer à douze jours la durée de la trêve. Achille fait laver et parfumer le corps d'Hector et le fait déposer dans le char de Priam, qui retourne aussitôt à Troie. La dépouille d'Hector y est accueillie avec une profonde émotion. Ses parents, sa femme, ses frères, ses amis et ses soldats ne peuvent retenir leurs larmes. Hélène elle-même est bouleversée de chagrin et de remords :

« C'est par ma faute, pense-t-elle, que cet homme, après beaucoup d'autres, a trouvé la mort. Et pourtant, de tous les

Troyens, il a été le seul à ne jamais me regarder de travers ni me faire de reproches. »

Pendant la trêve, conformément à la coutume, des jeux et des concours sont organisés : courses à pied et à cheval, lancer du poids, du disque et du javelot, tir à l'arc et même matches de boxe. Car il ne faut pas croire que le « noble art » ait été inventé par lord Chesterfield au XVIIIe siècle, comme le prétendent les Anglais. La boxe existait déjà dans l'Antiquité, comme l'attestent les reportages circonstanciés qu'on trouve chez Homère, Virgile et d'autres auteurs anciens. La seule différence notable entre la boxe de l'époque et celle d'aujourd'hui, c'est qu'au lieu de porter des gants de cuir les adversaires fixaient à leurs mains des lanières garnies de petits clous de bronze. Cet instrument, appelé « ceste », était si meurtrier que, pour inciter les protagonistes à une certaine modération, le règlement des combats prévoyait l'élimination de tout concurrent qui aurait tué son adversaire.

Le concours de boxe organisé à l'occasion des funérailles d'Hector, et doté, comme premier prix, d'un taureau de quatre ans, vit s'opposer en finale Ajax au plus jeune fils de Priam, un certain Polydore. Ajax était plus grand et plus lourd, Polydore plus adroit et plus mobile. Au début, tournant autour d'Ajax et gardant ses distances, Polydore parvient à toucher à plusieurs reprises son adversaire, qui encaisse cependant sans broncher. Ajax, à son tour, passe lourdement à l'attaque et décoche un puissant swing du droit. Polydore esquive le coup. Déséquilibré, Ajax tombe dans la poussière sous les risées de l'assistance. Vexé, il se relève aussitôt et reprend le combat. Mais ses coups puissants n'atteignent que le vide. Polydore les voit venir, se baisse ou se recule rapidement, et profite chaque fois des ouvertures que lui offre Ajax pour placer des crochets secs et précis. Voyant que son compatriote est en difficulté, Ulysse, placé au premier rang des spectateurs, intervient alors traîtreusement : il fait des signes pressants à Polydore, qui à ce moment lui fait face, comme pour lui signaler quelque chose derrière son dos ; Polydore tourne la tête un court instant, et Ajax en profite pour placer enfin, au menton de son adversaire, un direct dévastateur. Polydore s'écroule, hors de combat. On amène alors le taureau qui était promis au vainqueur et, pour montrer à quel danger a échappé Polydore, Ajax décoche à l'animal un terrible coup de poing qui lui brise le crâne.

Le match de boxe Ajax-Polydore ne fut cependant pas l'événement le plus important de la trêve. C'est au dixième jour de celle-ci que devait être célébré le mariage d'Achille avec Polyxène, fille de Priam, que celui-ci avait promise à Achille lorsqu'il était allé lui demander le corps d'Hector. Or il y avait au moins deux personnes qui voyaient ce mariage d'un mauvais œil. La première était Briseis, qui était toujours amoureuse d'Achille et ne voulait pas le perdre. La deuxième était Pâris, qui craignait, non sans raison, qu'une fois devenu le gendre de Priam, Achille ne cherchât à rétablir la paix entre les Grecs et les Troyens, moyennant la restitution d'Hélène à Ménélas. Et Pâris ne tenait pas du tout à faire les frais d'une telle réconciliation. Il résolut donc de tout faire pour empêcher le mariage et, partant du principe que, pour se marier, il faut être deux, il jugea que le meilleur moyen était d'assassiner Achille. Cependant, Pâris savait désormais que, grâce au bain que lui avait donné sa mère dans les eaux magiques du Styx, le corps d'Achille était invulnérable sur toute sa surface, sauf au talon droit, et que ce talon était protégé en permanence par une talonnière de bronze. Après avoir longuement réfléchi à ce problème, Pâris eut une idée. Il alla voir Briseis et lui tint ces propos :

– Ma chère enfant, tu es sur le point de perdre Achille. Pour reconquérir son amour, suis mes conseils : lorsque commencera le grand bal donné à l'occasion du mariage, va trouver Achille et demande-lui de t'accorder une danse. Tu danses si bien qu'assurément il retombera amoureux de toi.

Pâris savait que, pour danser, Achille serait bien forcé de retirer sa talonnière et qu'ainsi, pendant quelques instants, il serait vulnérable.

Briseis fit ce que lui demandait Pâris, Achille fit ce que lui demandait Briseis, et Pâris fit ce que personne ne lui demandait : visant Achille au talon, il lui décrocha une flèche empoisonnée qui le blessa mortellement. Juste avant d'expirer, entouré de ses amis, Achille eut le temps de murmurer :

– Je lègue mes chevaux et mes armes à...

Mais il n'eut pas la force de terminer sa phrase.

Indignés par ce meurtre, les Grecs crient à la trahison et, comme l'avait prévu Pâris, Agamemnon déclare que la trêve est rompue et que les combats reprendront le lendemain. Mais, pendant que les Troyens, consternés, retournent vers leurs remparts, une violente dispute s'élève parmi les rois grecs, pour savoir lequel d'entre eux héritera d'Achille. Pour les calmer, le sage Nestor propose son arbitrage :

– Les armes et les chevaux d'Achille doivent être attribués à celui qui a rendu le plus de services à la cause grecque. Que chacun d'entre vous vienne défendre ses propres mérites et, si vous voulez bien me faire confiance, c'est moi qui jugerai.

Sa proposition est agréée.

Le premier à plaider sa cause est Agamemnon.

– C'est moi le chef suprême de l'armée grecque, dit-il, c'est donc moi le plus méritant.

Nestor lui rappelle que, pour avoir provoqué la colère et la défection d'Achille, le chef suprême de l'armée grecque a bien failli la faire massacrer. Ménélas intervient ensuite et prétend avoir droit à l'héritage d'Achille en guise de dédommagement pour l'enlèvement d'Hélène. Mais Nestor lui fait observer que les autres rois grecs, qui ont quitté leur pays et leur famille depuis près de dix ans pour aider Ménélas à reprendre sa femme, méritent bien autant que lui un dédommagement. Diomède prend alors la parole :

— Je suis, après Achille, le plus vaillant des chefs grecs. Je l'ai prouvé par mes exploits pendant qu'Achille ne participait pas au combat, par mon obstination à continuer la lutte alors qu'Agamemnon, découragé, songeait à lever le siège, et par mon audacieuse mission nocturne à Troie, en compagnie d'Ulysse.

Il aurait mieux fait de ne pas mentionner ce dernier épisode ; en effet, les Grecs avaient été choqués par la déloyauté et la cruauté dont Diomède avait fait preuve, à cette occasion, en égorgeant les deux soldats troyens à qui il avait promis la vie sauve.

Ajax se lève à son tour et rappelle les services qu'il a rendus à la cause grecque :

— C'est moi, dit-il, qui ai eu l'honneur d'affronter Hector en combat singulier et de lui tenir tête. Et c'est moi encore qui, lorsque tous les autres chefs grecs étaient hors de combat, ai tenu tête tout seul à Hector pour protéger nos vaisseaux de l'incendie.

Un murmure d'approbation accueille ses paroles et Nestor semble disposé à donner satisfaction à Ajax. Mais Ulysse n'a pas encore fait valoir ses droits. Il a habilement attendu le dernier moment pour intervenir, sachant que c'est souvent le dernier qui parle qui a raison. Il s'exprime avec une feinte modestie.

— Pour ma part, dit-il, je ne me prends pas pour un héros et je ne réclame aucune récompense. Certes, c'est moi qui ai eu la chance de découvrir Achille et de le forcer à participer à notre expédition, alors qu'il se cachait dans un pensionnat de jeunes filles ; le sort a aussi permis que je rapporte, de mon expédition nocturne à Troie, le Palladion et les chevaux de Rhésus ; et les dieux m'ont inspiré l'idée de construire le fossé et la palissade qui ont à plusieurs reprises sauvé l'armée grecque du désastre. Mais, dans ces diverses circonstances, je n'ai fait que mon devoir, et je ne crois pas avoir plus de titres à l'héritage d'Achille que n'importe lequel des soldats grecs qui, tous les jours, risque sa vie et verse son sang pour la patrie.

Ce discours habile est reçu avec faveur par l'assistance, et Nestor, qui a toujours eu une sympathie particulière pour Ulysse, lui attribue l'héritage d'Achille. Agamemnon, Ménélas et Diomède se soumettent de bonne grâce à ce verdict. Mais Ajax, déçu, indigné, et qui a bu plus que de raison, est pris soudain d'une crise de folie furieuse. Dans son égarement, il gifle le vénérable Nestor, bouscule Agamemnon et Ménélas qui tentaient de s'interposer, dégaine son épée, massacre un troupeau de cochons qu'il prend pour les soldats d'Ulysse, s'empare d'un bélier qu'il prend pour Ulysse lui-même, l'attache à un mât et le fouette à mort. Lorsque enfin il retrouve ses esprits et s'aperçoit de son comportement grotesque, la colère fait place chez lui à la honte ; il se retire sans un mot dans sa baraque et se suicide d'un coup d'épée en plein cœur.

Son frère Teucer, qui s'était remis de sa propre blessure, demande aux Grecs d'organiser des funérailles solennelles pour Ajax. Agamemnon et la plupart des rois s'y opposent, alléguant que, par sa crise de folie et son suicide, Ajax s'est déshonoré et mérite que son corps soit jeté aux chiens. Mais, à la surprise générale, Ulysse intervient en faveur d'Ajax :

– C'était mon ennemi, dit-il, et il a voulu me tuer ; mais cela n'empêche pas qu'il fut un héros et qu'il a sauvé notre armée. Il a donc droit aux honneurs funèbres et à une sépulture décente.

Agamemnon se rend à cet argument et Teucer remercie Ulysse :

– Tu as la réputation d'être dur, lui dit-il, mais tu t'es montré aujourd'hui le plus noble de tous les rois.

30. Le cheval de Troie

APRÈS LA RUPTURE DE LA TRÊVE, la guerre a repris. Pour renforcer l'armée grecque affaiblie par la mort d'Achille et d'Ajax, Ulysse a fait venir de Grèce le fils d'Achille, un jeune prince nommé Pyrrhus. Dès l'arrivée de Pyrrhus, Ulysse, dans un mouvement de générosité, lui a remis les armes, la cuirasse et le casque d'Achille. Mais Pyrrhus, pour jeune et vaillant qu'il soit, est loin de valoir son père ; même revêtu de son armure, il ne saurait le remplacer.

Un jour, au cours d'une escarmouche, les Grecs font prisonnier un devin troyen nommé Héléno. Ulysse l'interroge sur l'état d'esprit des Troyens et sur l'issue de la guerre. Héléno lui répond d'un air de défi :

– Pour nous vaincre, il vous faudrait les armes d'Hercule.

Ulysse se souvient alors que près de dix ans plus tôt, au moment où l'armée grecque approchait des rivages de Troie et faisait une escale dans l'île de Lemnos, l'un des princes grecs, Philoctète, qui possédait justement l'arc et les flèches d'Hercule, avait été mordu par une vipère et abandonné par les Grecs à son sort.

– Il faut, déclare Ulysse, aller chercher Philoctète, s'il est encore vivant, et le faire venir devant Troie.

Mais qui va se charger de cette délicate mission ? Ulysse réfléchit.

– Seul Pyrrhus, qui n'était pas avec nous lorsque nous avons abandonné Philoctète, peut maintenant se présenter à lui sans provoquer sa colère. Pour ma part, j'accompagnerai Pyrrhus jusqu'à l'île de Lemnos et, tout en restant dans les coulisses, je lui dirai ce qu'il doit faire.

Ulysse, Pyrrhus et un détachement de soldats grecs s'embarquent donc pour Lemnos. Dès leur arrivée, Pyrrhus, qui a l'impétuosité de la jeunesse, se dispose à partir à la recherche de Philoctète en déclarant que, s'il le trouve, il le prendra par la peau du cou et le traînera jusqu'au navire.

– Moi aussi, lui dit Ulysse, quand j'étais jeune, j'étais toujours prêt à employer la violence. J'avais la langue paresseuse et le bras toujours prêt à agir. Mais l'expérience m'a appris que ce qui mène le monde, c'est la parole et non les actes, la ruse et non la force.

Et Ulysse explique à Pyrrhus ce qu'il doit faire s'il trouve Philoctète.

Celui-ci avait survécu, grâce à sa constitution robuste et à l'arc d'Hercule, qui lui avait permis de se procurer du gibier. Pyrrhus ne tarde pas à le découvrir, assis devant l'entrée d'une grotte. Récitant fidèlement la leçon d'Ulysse, Pyrrhus s'adresse à Philoctète en ces termes :

– Je suis Pyrrhus, fils d'Achille. Il y a quelques mois, à la mort de mon père, j'ai rejoint l'armée grecque devant les remparts de Troie. Mais les rois grecs, et en particulier cette crapule d'Ulysse, se sont comportés si mal avec moi que j'ai décidé de les quitter pour rentrer en Grèce. Ayant appris qu'ils t'avaient lâchement abandonné sur cette île, je me suis arrêté, sur le chemin du retour, pour te proposer de rentrer avec moi.

Philoctète accepte avec joie, va chercher dans sa grotte son arc et ses flèches et accompagne Pyrrhus en boitant un peu, car sa blessure au pied a laissé des séquelles.

À peine Philoctète est-il monté dans le bateau de Pyrrhus qu'Ulysse et ses soldats sortent d'une cachette voisine, ligotent Philoctète et, malgré ses protestations, l'emmènent aux rivages de Troie.

Là, faisant contre mauvaise fortune bon cœur, Philoctète finit par accepter de participer au combat contre les Troyens.

– Nous avons pour toi une mission importante, lui dit Ulysse. Tu sais que Pâris est un archer redoutable. Tous les matins, avant son petit déjeuner, il s'amuse, du haut des remparts de Troie, à faire un carton sur nos soldats et en tue un ou deux, comme des perdreaux. Il sait qu'il peut le faire impunément, car, ayant l'avantage de l'altitude, il est hors de portée de nos propres archers. Mais l'arc d'Hercule, que tu es seul à savoir manier, a une telle puissance que tes flèches pourraient sans doute l'atteindre.

De fait, le lendemain matin, au moment où comme d'habitude, sans méfiance et sans hâte, Pâris cherchait du regard sur qui il allait tirer, Philoctète, d'une distance de plus de deux cents mètres, lui décoche un trait qui l'atteint en pleine poitrine. Pâris s'écroule, perdant son sang en abondance. Il se souvient alors, pour la première fois depuis plus de dix ans, de la nymphe Œnone, son ancienne amante, qu'il a abandonnée sans explication le jour où il a donné la pomme d'or à Vénus. Œnone, il le sait, a l'art de guérir les blessures. Elle seule peut le sauver. Il se fait porter en toute hâte sur le mont Ida, dans un bosquet qu'elle affectionnait. Il l'y trouve.

– Au nom de notre amour passé, murmure-t-il, je t'en supplie, soigne-moi.

Mais Œnone ne lui a pas pardonné sa trahison ; depuis dix ans, elle rumine sa rancœur et sa jalousie, en espérant que l'heure de la vengeance sonnera. Elle a sonné.

– Mange donc une pomme d'or, laisse-t-elle tomber ironiquement, cela te fera peut-être du bien.

Et Pâris rend le dernier souffle.

Nul ne dit si Hélène fut ou non affectée par la mort de Pâris. Ce que l'on sait, c'est que, incapable de vivre longtemps sans homme, elle se remaria quelques semaines plus tard avec Déiphobe, le jeune frère de Pâris.

Cependant, la mort de Pâris ne suffisait pas à assurer aux Grecs la victoire. La guerre restait indécise et semblait devoir s'éterniser. Privés d'Hector, les Troyens évitaient désormais les combats en rase campagne et restaient enfermés dans leurs remparts, que les Grecs n'étaient pas en mesure de prendre d'assaut.

Grâce aux immenses greniers qu'avaient construits Apollon et Neptune en même temps que les remparts, les Troyens étaient capables de soutenir, s'il le fallait, un siège de vingt ans, et les Grecs le savaient.

C'est pourquoi, peu après la mort de Pâris, le découragement s'empare des Grecs une fois de plus, et Agamemnon, à nouveau, songe à lever le siège. C'est Ulysse, cette fois, qui s'y oppose. Il invite les rois grecs à déjeuner et leur fait part d'un plan que, depuis quelques semaines, il méditait secrètement.

– Mes amis, leur dit-il, l'expérience de ces dix dernières années montre à l'évidence que ce n'est pas par la force que nous pourrons franchir les remparts de Troie. C'est donc la ruse qu'il faut employer, en pénétrant dans la ville sans être vus.

– Tu as trouvé le moyen de te rendre invisible ? lui demande ironiquement Diomède.

– Oui, répond Ulysse, et, à l'aide d'un exemple simple, je vais t'expliquer comment. Tu vois cette grappe de raisin qui se trouve devant toi, dans ton assiette ?

– Je la vois, répond Diomède.

– Eh bien, dans un instant, cette grappe de raisin actuellement bien visible va entrer dans la baraque d'Agamemnon sans que personne puisse la voir.

Ulysse ordonne alors à Diomède de manger les raisins un par un et de se rendre dans la tente d'Agamemnon. Lorsqu'il en ressort, Ulysse développe son plan :

– De même que les raisins sont devenus invisibles en entrant dans le ventre de Diomède, de même des guerriers peuvent devenir invisibles en se cachant dans le ventre d'un animal plus gros que Diomède. Et, puisque la nature ne nous offre pas d'animal assez grand, nous en construirons un nous-mêmes.

Les rois grecs approuvent le projet d'Ulysse dans son principe, lui laissant le soin d'en préciser les détails. Charpentier de talent, Ulysse construit avec ses soldats, en quelques heures, un immense cheval de bois de plus de dix mètres de haut au garrot. L'intérieur du cheval est creux. Ulysse, Ménélas et trente soldats grecs y prennent place. Pendant ce temps, suivant les instructions d'Ulysse, Agamemnon et toute l'armée grecque, profitant de l'obscurité, se rembarquent sur leurs vaisseaux et quittent les rivages de Troie pour aller se cacher derrière une petite île, appelée Ténédos, à quelques milles de la côte.

Le lendemain matin, au lever du soleil, les Troyens constatent le départ de l'armée grecque. Ils aperçoivent dans la plaine le cheval monstrueux. Poussant des cris de joie, ils sortent en foule des remparts, examinent l'animal avec curiosité et méfiance, ne sachant qu'en penser ni qu'en faire. L'opinion la plus répandue est que les Grecs, en s'en allant, ont tenu à laisser un cadeau aux Troyens. Mais un prêtre réputé de Troie, nommé Laocoon, les met en garde :

– Pensez-vous que les dons des Grecs soient jamais exempts d'artifice ? Ne connaissez-vous pas Ulysse et ses ruses ? Ne croyez pas en ce cheval, Troyens ; pour ma part, je crains les Grecs, même lorsqu'ils me font des cadeaux !

Cela dit, il lance son javelot dans le flanc du cheval, à l'intérieur duquel se font entendre alors une rumeur bizarre et un cliquetis métallique. À ce moment, un Grec, qui était resté seul sur la plage, dissimulé derrière un rocher, sort de sa cachette et s'avance vers les Troyens. Il a les mains liées derrière le dos. C'est Ulysse qui, la veille, lui a dit ce qu'il devait faire. Aux Troyens qui l'entourent et l'interrogent, il déclare :

– Je m'appelle Sinon et j'étais un grand ami de Palamède, qu'Ulysse, vous le savez, a fait condamner à mort. Ulysse voulait aussi me tuer et m'avait fait ligoter et jeter en prison. Mais j'ai pu m'échapper au moment où l'armée grecque se réembarquait et j'ai pu rester sur vos rivages. Si vous le désirez, je puis vous dire pourquoi les Grecs sont partis en laissant ce cheval.

Les Troyens, dévorés de curiosité, le pressent de s'expliquer et Sinon poursuit :

– Voyant qu'ils ne pouvaient pas remporter la victoire, les Grecs ont consulté leur devin Calchas. Celui-ci leur a dit que Minerve était irritée contre eux à cause du vol du Palladion. Calchas a ajouté que, pour apaiser la déesse, il fallait que l'armée grecque retournât dans son pays pour y chercher la statue et la rapporter. Enfin, toujours selon Calchas, une autre statue, représentant un cheval, devait être offerte à Minerve et être placée dans la plaine jusqu'au retour des Grecs. Mais si, par malheur, ce cheval tombait entre les mains des Troyens et était transporté par eux dans leur ville, celle-ci deviendrait à tout jamais imprenable. C'est pourquoi, conclut Sinon, si j'ai un conseil à vous donner, c'est de profiter de l'absence des Grecs pour transporter le cheval à l'intérieur de vos remparts.

Laocoon, le prêtre troyen, s'oppose avec véhémence à cette suggestion. Mais les déesses protectrices des Grecs, Junon et Minerve, qui observent la scène du haut de l'Olympe, inter-

viennent alors : elles font sortir de la mer un serpent monstrueux, qui s'empare de Laocoon et l'étouffe de ses anneaux
puissants.

Impressionnés par ce prodige, les Troyens y voient le châtiment de l'incrédulité de Laocoon et la confirmation des
explications de Sinon. À l'aide de cordes solides, ils attellent
douze bœufs au cheval de bois et entreprennent de le faire
passer par la plus grande porte de la ville. Quatre fois, au
moment où l'attelage s'ébranle, le bruit des casques et des
boucliers qui s'entrechoquent se fait entendre à l'intérieur de
l'animal. À chaque fois, Cassandre annonce à grands cris que
le cheval va porter dans la ville la mort et l'incendie. Mais,
comme d'habitude, personne ne l'écoute. Enfin, à la tombée
du jour, le cheval est installé au centre de Troie, devant le
temple de Minerve. Une foule de Troyens se presse autour de
lui. À l'intérieur, Ulysse veille à ce que les soldats grecs ne
révèlent pas leur présence. L'un d'entre eux, enrhumé, s'apprête
à éternuer ; Ulysse parvient à l'en empêcher en lui pinçant le
nez. Un autre, s'assoupissant, laisse tomber son épée,
qu'Ulysse rattrape au dernier moment. Un troisième est saisi
d'une violente colique et demande à sortir d'urgence ; Ulysse
ne peut l'en dissuader qu'en lui tendant son propre casque
pour y satisfaire son besoin pressant.

Enfin, la foule se disperse. Une ombre, cependant, continue de rôder autour du cheval. C'est la belle Hélène, qui flaire
une ruse. Secrètement, elle la souhaite, car elle est fatiguée de
la guerre, de son nouveau mari Déiphobe, de l'exil. Elle
regrette Ménélas et son pays. S'approchant du cheval, elle
murmure :

– Ménélas, es-tu là ? C'est moi, Hélène, ta femme. Je t'aime
toujours et je voudrais bien retourner à la maison.

Bouleversé, Ménélas ne peut se contenir ; il répond à
Hélène et se fait reconnaître. Ulysse, à son tour, s'adresse
alors à elle :

— Ne nous trahis pas, lui dit-il. Retourne à ton palais et allume un feu sur la plus haute tour, pour indiquer à Agamemnon qu'il peut revenir avec la flotte grecque. Puis, pendant que Déiphobe et les gardes du palais seront endormis, décroche leurs armes des râteliers et cache-les quelque part.

Hélène s'empresse d'obéir aux ordres d'Ulysse.

Quelques heures plus tard, tous les Troyens sont endormis et la plupart ivres, pour avoir célébré d'une manière immodérée la fin de la guerre. Au pied des remparts, l'armée grecque tout entière, revenue de l'île de Ténédos, est massée en silence.

Sinon, le faux traître grec, s'approche alors du cheval et en ouvre la porte secrète. Ulysse et ses compagnons en descendent sans bruit et vont ouvrir à leurs amis les portes des remparts, laissées sans surveillance. Les Grecs entrent dans la ville, se répandent dans les rues, égorgent les soldats troyens, pillent et incendient les temples. Bientôt, la ville n'est plus qu'un immense brasier, où les hurlements de terreur sont couverts par le crépitement des flammes.

Les principaux chefs grecs sont montés au palais royal. Ses habitants et ses gardes cherchent en vain leurs armes qu'Hélène a cachées.

Parmi les assaillants, le plus sanguinaire est Pyrrhus, le fils d'Achille. Sans pitié, il tue Déiphobe au pied de son lit et Priam au pied de son trône ; il s'empare aussi du petit Astyanax, le fils d'Hector ; encouragé par Ulysse, il le précipite du haut d'une tour. Il fait prisonnière Andromaque, dont il fera sa compagne, et Hécube, dont il fera sa cuisinière. Agamemnon trouvant Cassandre à son goût, se l'approprie. Alors qu'il l'emmène, éplorée, avec lui, il lui demande par curiosité :

— Comment fais-tu pour prédire aussi sûrement l'avenir ?

— Je prévois toujours le pire, lui répond-elle, et de cette manière je suis sûre, hélas ! de ne pas me tromper.

30. LE CHEVAL DE TROIE

Ulysse et Diomède prennent aussi leur part du butin dans le palais livré au pillage. Ménélas, pour sa part, ne songe ni au pillage ni à la vengeance. Il ne songe qu'à Hélène. Il finit par la trouver, dans une pièce reculée du palais. Elle l'attend debout, le regarde avec une expression à la fois craintive et tendre.

Ils se font face quelques instants en silence. Ménélas lui dit enfin :

– Ta petite colombe blanche, que tu as laissée chez nous, s'ennuie de toi.

– Et moi, répond Hélène, je m'ennuie d'elle.

Ménélas la prend dans ses bras ; Hélène comprend qu'elle est pardonnée.

Le lendemain, Troie n'est plus qu'un amas de ruines fumantes. Les hommes ont presque tous été massacrés, les femmes et les enfants sont captifs. Les rois grecs chargent le butin sur leurs navires ; l'un après l'autre, ils hissent leurs voiles. Le plus impatient d'entre eux est Ulysse, pressé de retrouver son vieux père Laërte, sa femme Pénélope, son fils Télémaque. Il ne se doute pas, l'infortuné, qu'il lui faudra dix ans d'épreuves pour retourner chez lui.

QUATRIÈME PARTIE

Le retour des rois

Ulysse et les sirènes. Détail. Art romain. Mosaïque provenant de Dougga. Tunis, Musée du Bardo.

31. Les premiers retours : Nestor, Diomède et Teucer

Bᴵᴇɴ ǫᴜᴇ ʟᴇѕ ʀɪᴠᴀɢᴇѕ ᴅᴇ Tʀᴏɪᴇ ne fussent séparés de ceux de la Grèce que par la mer Égée, large d'environ quatre cents kilomètres, la traversée n'était pas, à cette époque, une petite affaire.

Les Grecs ne disposaient en effet ni de cartes marines ni d'instruments de navigation leur permettant de se repérer et de tenir leur cap. En outre, leurs navires n'étaient équipés que de voilures rudimentaires, capables seulement de les porter dans la direction du vent. C'est ce qui explique que le retour des rois et de leurs armées fut généralement long et difficile. Trois d'entre eux, cependant, eurent une traversée facile.

Le retour éclair de Nestor

Nestor, le vieux roi de Pylos, âgé alors de quatre-vingt-dix ans, fut le premier à partir, non sans avoir pris congé avec émotion de ses compagnons, et notamment d'Ulysse, qui lui était particulièrement cher. Nestor ne manqua pas, à cette occasion, d'énoncer quelques-unes des sentences philosophiques dont il avait le secret.

À Ménélas qui lui demandait s'il ne craignait pas les difficultés et les périls du voyage, il répondit par exemple :

– L'attente du malheur est plus dure à supporter que le malheur lui-même ; d'ailleurs, du mal que l'on redoute comme du bien qu'on espère, il ne survient jamais que la moitié.

Et comme Ulysse lui demandait ce qu'il comptait faire en rentrant chez lui :

– J'ai des projets jusqu'à l'âge de cent vingt ans, assura-t-il ; après, il sera temps d'aviser.

Nestor était réputé pour son expérience et sa sagesse ; mais, comme cela arrive souvent, ses défauts s'étaient accentués avec l'âge : jeune, il avait déjà tendance à être bavard ; vieux, il était devenu radoteur, et répétait inlassablement ses souvenirs à qui voulait bien l'écouter. C'est pourquoi, malgré l'affection et le respect qu'il inspirait, ses compagnons évitaient par tous les moyens de se trouver en tête à tête avec lui. Curieusement, c'est précisément ce travers de Nestor qui lui valut de rentrer chez lui rapidement et sans encombre. En effet, dès qu'ils se furent embarqués avec lui, sur un navire de taille assez réduite, ses soldats devinrent pour Nestor ce que l'on appelle une « audience captive » ; il n'y avait aucun moyen pour eux d'échapper à son radotage permanent. Au bout de trois jours, certains marins, excédés, se jetèrent à l'eau pour ne plus l'entendre ; mais les autres adoptèrent un parti plus raisonnable : ils prirent chacun un aviron et, avec des forces décuplées par leur exaspération, battirent le record de la traversée de la mer Égée en un peu plus de cinq jours.

Revenu chez lui bien avant tous les autres rois, Nestor eut alors le loisir de raconter les hauts faits de la guerre de Troie à tous ses visiteurs, et notamment aux parents, épouses et fils de ses camarades de guerre. Une fois encore, dans la suite de ce récit, nous aurons l'occasion de parler de lui.

Le chemin de l'exil pour Teucer et Diomède

Teucer, frère cadet du grand Ajax et fils de Télamon, le roi de Salamine, était essentiellement un malchanceux. Pendant toute sa jeunesse, il avait vécu dans l'ombre de son frère aîné qui était le préféré de Télamon. Pendant la guerre de Troie, bien qu'il fût le meilleur archer de l'armée grecque, il n'avait jamais tenu les premiers rôles. La seule fois où il avait eu l'occasion de briller, en s'attaquant à Hector, il avait reçu le bouclier de son frère sur le dos, au moment où il allait lancer sa flèche ; depuis, il souffrait d'arthrose cervicale et ne pouvait plus tirer à l'arc. Tous ces déboires ne l'avaient pas empêché de faire toujours preuve, à l'égard de son frère Ajax, d'une affection et d'un dévouement sans bornes. C'est en particulier grâce à lui qu'Ajax, après son suicide, avait reçu les honneurs funèbres.

À sa grande surprise, son voyage de retour se passa bien et, en arrivant en vue de Salamine, il se prit à penser qu'enfin, pour lui, la chance allait peut-être tourner. Son père Télamon, comme chaque jour, était sur la plage, attendant le retour éventuel de ses fils. Teucer saute de son navire et court vers son père.

Sans même l'embrasser, Télamon lui demande anxieusement :

– Où est ton frère ?

– Il est mort, hélas ! répond Teucer.

– Quoi, reprend Télamon, hors de lui, tu n'as même pas été capable de le protéger ?

Et, sans vouloir écouter les explications de Teucer, il le chasse pour toujours de son pays.

Pour des raisons différentes, Diomède allait bientôt connaître un destin semblable*.

Celui qu'on appelait le sanglier de Calydon s'était couvert

---

* L'épisode qui va suivre est attribué parfois (ou même toujours) à Idoménée, roi de Crète, plutôt qu'à Diomède, roi de Calydon.

de gloire au cours de la guerre de Troie, mais il s'était aussi attiré l'inimitié de deux grands dieux de l'Olympe : il avait eu l'audace de combattre Mars sur le champ de bataille et de le mettre en fuite ; et il avait irrité Jupiter en assassinant deux soldats troyens, malgré le serment qu'il leur avait fait de leur laisser la vie sauve. Lorsqu'il eut quitté Troie à la tête de sa flotte, Jupiter et Mars, pour une fois d'accord, allèrent trouver Neptune, le dieu de la mer, et lui demandèrent de déchaîner sur les navires de Diomède une violente tempête. Se voyant sur le point de couler, Diomède adressa une prière à Neptune :

— Si tu apaises la fureur des flots, je m'engage à t'offrir en sacrifice le premier être vivant que j'apercevrai sur les rivages de Calydon.

Diomède ne pensait pas courir un grand risque, car il savait que les plages de son pays étaient peuplées d'une multitude de chèvres sauvages et d'oiseaux aquatiques ; il était donc à peu près certain que ce serait l'un de ces animaux qu'il rencontrerait d'abord en débarquant. Neptune ayant accédé à sa prière, la mer se calma et Diomède put achever sa traversée sans histoire.

Malheureusement pour lui, lorsqu'il arriva en vue du rivage de Calydon, il faisait nuit et tous les animaux sauvages étaient endormis En revanche, comme il le faisait tous les soirs pour faciliter le retour attendu de son père, le propre fils de Diomède avait allumé sur la falaise un grand feu à côté duquel il se tenait debout. Aux lueurs des flammes, Diomède l'aperçut. Respectueux de son engagement, il dut sacrifier son propre fils à Neptune. Indignés par cet acte barbare, ses sujets se soulevèrent contre lui et le chassèrent de son royaume. Il s'exila en Italie, où il passa le reste de ses jours à maudire le Destin.

32. Retour de Ménélas et d'Hélène

AYANT RETROUVÉ HÉLÈNE lors de la prise de Troie, Ménélas lui avait généreusement pardonné son infidélité et avait décidé de reprendre la vie commune avec elle. Pour sceller leur réconciliation, il lui proposa de ne pas rentrer directement dans leur royaume de Sparte, mais de faire d'abord une petite croisière d'amoureux dans les îles de la mer Égée. Il se sépara donc de sa flotte qui prit la route directe puis, ne gardant qu'un navire et quelques marins, il partit de son côté par le chemin des écoliers.

Malheureusement, il n'avait aucun sens de l'orientation et, après quelques mois de navigation nonchalante au gré des vents, il était complètement perdu : il ne savait même plus si, par rapport à lui, la Grèce se trouvait au nord, à l'est ou à l'ouest. Apercevant une île, il décida d'y aborder pour renouveler ses provisions et, si possible, pour se renseigner auprès des habitants sur sa position. Tout d'abord, l'île lui parut déserte. Mais, s'étant avancé de quelques centaines de mètres, il eut la surprise de rencontrer une ravissante jeune fille qui se baignait dans l'eau fraîche d'une source. Lorsqu'elle se fut précipitamment couverte d'une tunique légère, ils firent connaissance.

– Je m'appelle Idothée, lui dit-elle, et je vis seule sur cette île avec mon père Protée. Mais celui-ci est d'un caractère si sauvage qu'il se cache lorsque des voyageurs débarquent dans l'île et qu'il refuse obstinément de les rencontrer.

Ménélas, de son côté, dit à Idothée qui il était et lui raconta brièvement ses aventures. Charmée par sa conversation, Idothée lui proposa de rester quelques jours sur l'île :

– L'île est très giboyeuse, lui dit-elle ; on y trouve en abondance des cerfs, des chevreuils, des lièvres et des perdreaux.

Or, vous vous en souvenez peut-être, Ménélas était passionné de chasse ; il accepta donc avec plaisir l'invitation.

Accompagné d'Idothée, il retourna à la plage, où il présenta sa nouvelle amie à Hélène.

Pendant les jours qui suivirent, Ménélas passa le plus clair de son temps à chasser dans les bois, en compagnie d'Idothée.

À chasser, mais aussi, la vérité m'oblige à le dire, à flirter un peu. Car, outre qu'Idothée était charmante, Ménélas n'était pas fâché de prendre une petite revanche sur Hélène. Celle-ci, jalouse, avait bien tenté de reprocher à son mari ses sorties prolongées et ses retours tardifs, mais Ménélas l'avait vertement remise à sa place :

– Comment oses-tu me reprocher d'arriver avec dix minutes de retard pour le déjeuner, alors que tu m'as fait attendre dix ans ?

Pendant ses longues promenades avec Idothée, Ménélas avait demandé plusieurs fois à la jeune fille de le renseigner sur la position de l'île par rapport à la Grèce, mais elle l'avait assuré qu'elle l'ignorait complètement.

– Seul mon père pourrait te renseigner, lui dit-elle, mais il ne voudra jamais.

Cependant, devant les demandes pressantes de Ménélas, elle finit par accepter de l'aider.

– Mon père Protée, lui dit-elle, est en réalité une divinité marine. Certes, ce n'est pas un dieu de première importance, mais il a le pouvoir de changer d'apparence à volonté, et il se sert de cette faculté pour se débarrasser des importuns en les effrayant. Si tu veux le voir et l'interroger, tu pourras le trouver tous les matins à l'aube, dans une petite crique où il va chaque jour compter son troupeau de phoques. Mais cache-toi bien, car, s'il te voit, il ne se montrera pas. Et, lorsque tu seras en face de lui, ne te laisse pas impressionner par ses métamorphoses.

Le lendemain, avant l'aube, Ménélas, accompagné de trois de ses marins, se rend à la crique. Ils y trouvent, étendus sur le sable, une cinquantaine de phoques. Ils en tuent quatre, les dépouillent de leur peau, s'en revêtent et se couchent au

milieu du troupeau. Ménélas n'aurait pu supporter l'âcre odeur des phoques si Idothée, par précaution, ne lui avait remis un petit flacon d'ambroisie ; il en respire le contenu de temps à autre, et découvre avec surprise que cet aliment divin, outre ses qualités diététiques, possède aussi des propriétés désodorisantes.

Bientôt, Protée arrive sans méfiance ; il se promène parmi ses phoques qu'il flatte et qu'il caresse. Lorsqu'il passe près d'eux, les quatre hommes se dressent et s'emparent du vieillard.

– Je ne te relâcherai, lui dit Ménélas, que si tu m'indiques le chemin de Sparte.

Protée refuse et, pour effrayer ses agresseurs, se transforme successivement en ours, en sanglier et en lion. Mais les quatre hommes le tiennent solidement et ne se laissent pas impressionner. Protée se transforme alors en eau, croyant pouvoir ainsi leur filer entre les doigts. Ménélas éponge aussitôt la flaque à l'aide de sa tunique, qu'il jette ensuite dans un trou de rocher et qu'il recouvre d'une grosse pierre.

– Te voici désormais prisonnier, dit-il à Protée ; parle !

Vaincu, Protée s'exécute et fournit à Ménélas les indications nécessaires à son retour.

Le même jour, Ménélas prenait congé d'Idothée, non sans quelque regret, et s'embarquait pour Sparte où il arrivait quelques mois plus tard, sans autres incidents. Il devait y vivre paisiblement pendant de longues années, en compagnie d'Hélène qui fut désormais pour lui la plus tendre, la plus fidèle et la plus enjouée des épouses.

33. Retour d'Agamemnon et premier crime d'Oreste

Agamemnon, le roi des rois, avait tout lieu d'être satisfait à la fin de la guerre de Troie : commandant en chef de l'armée grecque, il pouvait s'attribuer le mérite de la victoire ; cela lui avait permis de s'approprier une large part du butin trouvé dans la ville ainsi qu'un grand nombre de prisonnières. Parmi elles figurait la plus belle des filles du roi Priam, Cassandre, qui, vous vous en souvenez, avait reçu des dieux le don de prédire l'avenir, mais pas celui de se faire écouter. C'est donc avec Cassandre, ses troupes et son butin qu'Agamemnon s'embarqua, sur les cent navires de sa flotte, pour rentrer dans son royaume de Mycènes. Il était heureux à la pensée d'y retrouver bientôt sa femme, Clytemnestre, et les deux enfants qui leur restaient depuis la disparition d'Iphigénie : Électre, âgée de quinze ans, Oreste, âgé de dix.

Mais Agamemnon appartenait à une famille maudite, la

famille des Atrides. Le premier de la lignée avait été Tantale, condamné au supplice éternel pour avoir servi son fils Pélops à un repas donné en l'honneur de quelques dieux. La fille de Tantale, Niobé, après avoir vu périr ses quatorze enfants sous les flèches d'Apollon et de Diane, avait été changée en statue de pierre. Deux autres descendants de Tantale, Atrée, père d'Agamemnon et de Ménélas, et son jeune frère Thyeste, avaient brillamment maintenu la tradition familiale : Thyeste ayant séduit l'épouse d'Atrée, celui-ci fit manger à son frère, au cours d'un festin, le corps de ses propres enfants. Enfin, au début la guerre de Troie, Agamemnon lui-même avait dû, à Aulis, sacrifier sa fille Iphigénie à Diane, pour permettre à la flotte grecque d'appareiller. Mais il y avait longtemps qu'il ne pensait plus à ce malheureux incident lorsqu'en compagnie de Cassandre il s'embarqua à Troie pour rentrer à Mycènes.

Pendant les premiers jours de la traversée, Cassandre passa son temps à pleurer la destruction de son pays. Puis, peu à peu, sensible au prestige d'Agamemnon et aux attentions qu'il avait pour elle, elle commença à éprouver pour lui, sinon de l'amour, tout au moins une certaine affection. Elle lui fit donc part de ses pressentiments funestes :

– Ne retourne pas chez toi, lui dit-elle, c'est la mort qui t'y attend. Si, malgré mes avertissements, tu t'obstines à rentrer dans ton royaume, méfie-toi de ta femme Clytemnestre.

Agamemnon mit ces propos sur le compte du pessimisme légendaire de Cassandre et des sentiments de jalousie féminine que, dans sa vanité de séducteur, il lui attribuait. Ne prêtant donc pas l'oreille aux prédictions de Cassandre, il poursuivit son voyage. Avant d'en achever le récit, je dois m'interrompre quelques instants pour vous parler de Clytemnestre, qui va y jouer un rôle important et néfaste.

Clytemnestre, fille de l'infortunée Léda, était la sœur jumelle de la belle Hélène. Grande, distinguée, elle avait les cheveux très noirs, la peau très blanche et les lèvres très rouges ; mais elle était osseuse, avec une expression dure. De caractère, elle était acariâtre, autoritaire, agressive et jalouse. Souvent, les amis d'Agamemnon le plaignaient d'avoir une telle épouse. Il leur répondait alors avec philosophie :

– Que voulez-vous, aucune femme n'est parfaite ; et, tout compte fait, je préfère une femme désagréable mais fidèle, comme Clytemnestre, à une femme charmante mais frivole, comme Hélène.

Agamemnon avait raison de penser qu'aucune femme ne peut avoir toutes les qualités ; mais il avait tort d'ignorer que certaines d'entre elles peuvent avoir tous les défauts. La sienne appartenait malheureusement à cette catégorie, et ne tarda pas à le prouver.

Meurtre d'Agamemnon

Clytemnestre avait un motif valable pour en vouloir à son mari : elle ne lui avait jamais pardonné d'avoir fait venir leur fille Iphigénie à Aulis sous un faux prétexte et de l'avoir sacrifiée. À l'époque, d'ailleurs, elle avait menacé Agamemnon de le punir un jour. Mais elle avait aussi une seconde raison, moins honorable, de voir d'un mauvais œil le retour d'Agamemnon.

Peu de temps après le départ de son mari pour la guerre de Troie, elle avait pris un amant, en la personne du propre cousin germain d'Agamemnon, un certain Égisthe. Pour dissimuler sa liaison, elle avait nommé Égisthe Premier ministre et lui avait attribué un appartement dans le palais ; ainsi, elle pouvait le voir tant qu'elle le voulait sans éveiller les soupçons. C'est donc sans plaisir, vous vous en doutez, que Clytemnestre et Égisthe apprirent que la guerre de Troie était terminée et qu'Agamemnon était sur le chemin du retour. Ils résolurent de se débarrasser de lui à la première occasion.

Lorsque, après une traversée assez facile, Agamemnon arriva dans son royaume, Clytemnestre lui fit d'abord bonne figure et l'accueillit à la porte du palais avec une joie hypocrite. Mais l'irritation jalouse qu'elle ressentit en voyant qu'Agamemnon était accompagné de Cassandre ne fit que renforcer les noirs desseins de Clytemnestre.

Conformément à un plan qu'elle avait arrêté avec Égisthe, elle propose à Agamemnon et à Cassandre d'aller prendre un rafraîchissement. Par politesse, Cassandre accepte ; Agamemnon, pour sa part, déclare qu'il préfère prendre d'abord un bon bain chaud. Après avoir tendu à Cassandre une coupe de vin empoisonné et l'avoir laissée seule dans un petit salon, Clytemnestre accompagne son mari dans la salle de bains. Il n'était pas dans la baignoire depuis plus de trois minutes qu'un cri d'agonie, poussé par Cassandre, parvient à ses oreilles.

– Que se passe-t-il ? demande-t-il avec inquiétude ; je vais aller voir.

– Sèche-toi d'abord, lui conseille Clytemnestre, si tu ne veux pas attraper du mal.

Et elle l'aide à enfiler une sorte de peignoir de bain sans manches, semblable à une camisole, qui prive momentanément Agamemnon de l'usage de ses bras. Elle en profite pour se saisir d'une hache qu'elle avait préalablement dissimulée dans un placard à linge et frappe sauvagement son mari sans défense. Presque aussitôt, Égisthe, qui était caché dans une pièce voisine, entre dans la salle de bains et aide Clytemnestre à achever Agamemnon.

Attirés par ses cris, ses deux enfants, Électre et Oreste, courent à la salle de bains ; ils y découvrent leur père mort, leur mère et son amant exultants et couverts de sang. Épouvantée, Électre entraîne son frère. À juste titre, elle craint qu'Égisthe ne cherche à supprimer Oreste, pour se mettre à l'abri d'une éventuelle vengeance. Elle sort donc du palais et confie son frère à un serviteur fidèle en lui demandant de conduire l'enfant chez un de ses oncles, roi d'un pays voisin. Puis elle rentre au palais, où Clytemnestre vient d'annoncer au personnel le décès « accidentel » d'Agamemnon et de Cassandre.

La vengeance d'Oreste

Pendant huit ans, Clytemestre et Égisthe, débarrassés d'un mari gênant, savourèrent en toute tranquillité les fruits de leur crime. En toute tranquillité ? Pas tout à fait, car ils avaient continuellement sous les yeux, en la personne d'Électre, une accusatrice muette mais farouche, et ils craignaient en outre de voir apparaître un jour Oreste, décidé à venger son père.

Oreste avait été bien accueilli par son oncle et s'était lié d'une profonde amitié avec son cousin Pylade, du même âge que lui. Il ne pouvait oublier la scène du meurtre de son père et songeait souvent à en tirer vengeance. Cependant, il hésitait à porter la main sur sa mère. Lorsqu'il eut dix-huit ans, il alla consulter l'oracle de Delphes, pour savoir ce qu'il devait faire. La réponse de l'oracle, pour une fois, fut sans ambiguïté :

– Tue ces deux-là qui ont tué, rachète la mort par la mort, et le sang par le sang.

Accompagné de Pylade, Oreste se met en route pour Mycènes. Ils arrivent au palais de Clytemnestre à la nuit tombante. Oreste va se placer sous la fenêtre de sa sœur Électre ; il l'appelle et se fait reconnaître d'elle. Il lui dit ce qu'elle doit faire :

– Va trouver notre mère et dis-lui que deux voyageurs sont à la porte du palais, chargés de lui annoncer la mort de son fils Oreste.

Clytemnestre accueille la nouvelle de la mort de son fils avec des sentiments mélangés de soulagement et de chagrin maternel. Désireuse d'en savoir davantage, elle ordonne qu'on fasse entrer dans sa chambre les deux voyageurs. Ils entrent en dissimulant leur visage dans les plis de leur tunique. Lorsque les serviteurs se sont retirés, Oreste se dévoile.

Son visage est farouche et sa main, un peu tremblante, serre un poignard.

Clytemnestre reconnaît son fils et devine ses intentions. Elle pourrait encore appeler ses gardes, mais elle s'en abstient. Dégrafant sa tunique, elle découvre sa poitrine et, d'une voix émue, s'adresse à son fils :

— Voici le sein qui t'a nourri ; perce-le, si tu en as le courage.

Oreste hésite un instant. Mais voici que la porte s'ouvre et qu'Égisthe entre dans la chambre. En le voyant, Oreste ne pense plus qu'à venger son père ; sans pitié, il égorge Égisthe et poignarde sa mère. Avant de mourir, Clytemnestre a le temps de murmurer :

— Étrange chose que d'être mère ; en dépit du mal qu'ils vous font, on ne peut haïr ses enfants.

Le jugement de l'Aréopage

Le crime d'Oreste provoqua, chez les hommes comme chez les dieux, des mouvements divers : on l'approuvait d'avoir vengé son père, mais on le blâmait d'avoir tué sa mère.

Chez Jupiter, c'est la réprobation qui l'emporta et il décida de punir Oreste. Il confia cette mission à trois divinités spécialisées dans ce genre de travail, qu'on appelait les « Furies vengeresses ». Ces trois sœurs, que les Grecs se représentaient comme des femmes aux yeux injectés de sang, à la bouche écumante et à la chevelure faite de serpents, se mettaient aux trousses des criminels que Jupiter leur avait désignés, les accablaient de remords et d'angoisse, ne leur laissant pas de répit jusqu'à ce qu'ils eussent sombré dans la folie ou le suicide.

Poursuivi par les Furies vengeresses, Oreste prit à nouveau le chemin de l'exil. Il erra longtemps, de pays en pays, sans pouvoir jamais trouver le repos. Pris de pitié pour lui, Apollon obtint enfin de Jupiter qu'il convoquât le tribunal des dieux et qu'il y fît comparaître Oreste en lui donnant la possibilité de se défendre.

Ce tribunal était composé des douze grands dieux de l'Olympe ; on l'appelait l'Aréopage, du nom de la colline d'Athènes sur laquelle il se réunissait. L'un des membres du tribunal jouait le rôle d'accusateur public et un autre faisait fonction d'avocat de la défense. Après le réquisitoire et la plaidoirie, le tribunal passait au vote. Chacun de ses membres, y compris le procureur et l'avocat, exprimait à tour de rôle son point de vue et déposait dans une urne soit une boule noire, s'il était partisan de la condamnation, soit une boule blanche, s'il était partisan de l'acquittement. On comptait les boules et la décision était prise à la majorité simple.

Pour le procès d'Oreste, Pluton fut désigné comme accusateur et Apollon comme avocat. Le réquisitoire fut bref :

– Il ne faudrait pas, par un jugement indulgent, bannir toute crainte de la cité ; car quel mortel reste juste, s'il ne redoute rien ? Quels que puissent être ses motifs, un homme n'a pas le droit d'assassiner sa mère. Celui qui commet un tel crime est capable d'en commettre beaucoup d'autres. Il ne s'amendera jamais. Pour le mettre hors d'état de nuire, il faut le condamner à la peine capitale. Quant au sort qui lui sera réservé après sa mort, ce n'est pas à nous d'en décider : cette question relève de la compétence des trois juges des enfers, Minos, Eaque et Rhadamante.

Apollon plaida les circonstances atténuantes. Il souligna l'horreur du crime dont s'était rendue coupable Clytemnestre ; il rappela qu'Oreste avait été poussé à la vengeance par l'oracle de Delphes ; il utilisa même certains arguments spécieux :

– Il est moins grave, assura-t-il, d'assassiner une mère, comme l'a fait Oreste, qu'un père, comme l'avait fait Clytemnestre. Car c'est le père qui joue le rôle essentiel dans la procréation : c'est de lui que vient le germe de l'enfant, la mère se contentant d'héberger le fœtus pendant quelques mois. D'ailleurs, il est avéré qu'aucun enfant ne peut naître sans père, alors qu'au contraire l'exemple de Minerve, née directement du cerveau de Jupiter, montre qu'on peut parfaitement se passer de mère.

Lorsque Apollon eut terminé sa plaidoirie, on passa aux explications de vote et au dépôt des boules.

La coutume voulait que les quatre dieux les plus anciens, ceux de la première génération, votassent en premier. Ils déposèrent tous les quatre une boule noire : Jupiter et Junon parce qu'ils détestaient toute forme de parricide, Pluton parce qu'il avait été convaincu par son propre réquisitoire, et Neptune parce qu'il avait l'habitude, depuis la guerre contre les Géants, de toujours soutenir ses frères dans les circonstances graves.

Apollon, qui se prononçait ensuite, déposa naturellement une boule blanche ; sa sœur Diane, qui le suivait en tout, en fit autant : Vulcain vota aussi l'acquittement ; tout en essayant de justifier son vote par des arguments honorables, il avait des motifs personnels et secrets d'indulgence à l'égard d'Oreste : ayant été bien souvent trompé par son épouse Vénus, il n'avait aucune pitié pour les femmes infidèles. Cérès déposa elle aussi une boule blanche : elle n'avait rien compris au procès, mais elle trouvait qu'Oreste avait une bonne tête.

On en était alors à quatre voix partout, et c'était au tour de Mars de voter. Il n'aimait pas les longs discours :

– La mort, sans phrases, dit-il simplement en déposant sa boule noire.

À la surprise générale, Vénus vota elle aussi la mort. Ce n'est pas qu'elle fût sanguinaire par principe, mais elle songeait que si l'on autorisait les fils à tuer leurs mères chaque fois qu'elles commettraient un adultère, la terre serait vite dépeuplée.

Mercure, au contraire, déposa une boule blanche : déjà dieu des voleurs, il ambitionnait sans doute de devenir aussi celui des assassins.

Il y avait maintenant dans l'urne six boules noires et cinq

boules blanches, et seule Minerve n'avait pas encore voté. Seule aussi de tous les dieux, elle essayait depuis le début du procès de ne pas se laisser influencer par ses passions, ses intérêts ou ses préjugés personnels ; elle ne recherchait que la justice. Elle prit enfin la parole.

– Oreste, dit-elle, a commis un crime affreux. Mais, poursuivi par le remords, il a déjà expié. Pour lui donner une chance de se racheter par une vie honorable, je dépose dans l'urne une boule blanche. Dès lors, puisqu'il n'y a pas de majorité pour le condamner, Oreste doit être acquitté.

Depuis ce jour, dans tous les tribunaux de Grèce, il fut établi comme un principe fondamental que l'égalité des suffrages profiterait toujours à l'accusé.

34. Retour de Pyrrhus et second crime d'Oreste

L<small>A MORT DE</small> P<small>YRRHUS EST</small>, de tous les événements mythologiques, celui qui a fait l'objet des versions les plus diverses et les plus contradictoires, notamment chez Homère, Euripide, Virgile et Racine. Le seul point sur lequel tous ces auteurs se rejoignent, c'est que Pyrrhus fut assassiné par Oreste. Mais, sortis de là, ils ne sont d'accord ni sur la date, ni sur les circonstances, ni sur les motifs de ce meurtre. Pour essayer de clarifier cette ténébreuse affaire, j'ai adopté une démarche historique moderne consistant à analyser les faits à l'aide de la théorie mathématique des « relations dans un ensemble ». L'ensemble dont il s'agit ici, et qui sera désigné dans la suite de cet exposé comme « l'ensemble E », a pour éléments les quatre personnages principaux du drame, à savoir Hermione, Pyrrhus, Andromaque et Oreste. Après avoir rappelé les données factuelles concernant ces quatre personnages et analysé les relations amoureuses qui les liaient entre eux, il me sera possible de proposer une reconstitution plausible des événements.

Les personnages du drame

Hermione était la fille de Ménélas et d'Hélène. Elle avait cinq ans lorsque sa mère fut enlevée par Pâris et que son père s'embarqua pour la guerre de Troie. Elle resta alors seule, avec ses gouvernantes et ses serviteurs, dans le palais de Ménélas à Sparte. De temps à autre, des voyageurs de qualité, de passage à Sparte, allaient rendre une visite de courtoisie à Hermione. Elle avait quatorze ans lorsque Pyrrhus, le fils du divin Achille, lui fit une visite de ce genre. Pyrrhus, qui venait d'apprendre la mort de son père, était alors en route pour Troie, où il avait été appelé par les autres rois grecs. Jeune, beau, auréolé d'une flamboyante chevelure rousse et de la gloire de son père, il fit sur Hermione une profonde impression. Lorsqu'il quitta Sparte deux jours plus tard, il laissait derrière lui une Hermione éperdument amoureuse. Lui-même, qui rêvait alors d'exploits guerriers, n'avait prêté à la jeune fille qu'une attention distraite.

En arrivant à Troie, Pyrrhus fut accueilli par les rois grecs avec tous les honneurs dus à sa filiation. Ménélas, en particulier, qui était reconnaissant à Pyrrhus de venir se joindre au combat, lui proposa de lui donner sa fille Hermione en mariage lorsque la guerre serait terminée, avec une dot royale et la perspective d'hériter un jour du trône de Sparte. Pyrrhus accepta cette offre, plus d'ailleurs pour la dot que pour la fiancée. Quelques mois plus tard, Troie était prise. Pyrrhus, qui s'était illustré par sa bravoure et sa brutalité, reçut pour sa part de butin Andromaque, la veuve d'Hector. Il ne tarda pas à s'éprendre de sa prisonnière, avec une passion d'autant plus violente qu'elle n'était pas partagée. Andromaque, il est vrai, ne pouvait éprouver beaucoup de sympathie pour Pyrrhus : n'était-il pas le fils du meurtrier d'Hector, et n'avait-il pas lui-même sauvagement exécuté le petit Astyanax, fils d'Hector et d'Andromaque ? Aussi, les sentiments d'Andromaque pour Pyrrhus, tout en fluctuant quelque peu d'un jour à l'autre, n'oscillaient guère qu'entre l'indifférence et l'aversion. Irrité par la résistance passive que lui offrait sa captive, Pyrrhus ne pensa bientôt plus à rien d'autre qu'à conquérir à tout prix son amour.

C'est pourquoi, quelques mois plus tard, lorsque Pyrrhus, de retour dans son royaume après un voyage sans incident notable, reçut de Ménélas un message lui proposant de fixer une date pour le mariage convenu avec Hermione, il répondit d'une manière dilatoire : il était, disait-il, fort occupé par les affaires internes de son royaume, et ne manquerait pas de reprendre contact avec Ménélas aussitôt que les circonstances le lui permettraient. Ce qui l'occupait en réalité, est-il besoin de le dire, c'était Andromaque, toujours réfractaire à son amour et toujours amoureuse de son défunt mari, Hector.

Ménélas fut un peu déçu par la réponse de Pyrrhus, mais Hermione le fut beaucoup plus. Son amour pour le fils d'Achille n'avait fait en effet que croître depuis la visite que lui avait faite le jeune prince quelques mois auparavant. Son père, Ménélas, l'apaisa cependant en lui assurant que ce n'était que partie remise, et que le mariage convenu aurait bien lieu.

Sur ces entrefaites, le neveu de Ménélas, Oreste, qui venait d'être acquitté par le tribunal de l'Aréopage, se présenta un beau jour au palais de son oncle. Jugeant qu'il était encore un peu prématuré pour lui de retourner à Mycènes, où l'agitation provoquée par le meurtre de Clytemnestre n'était pas encore calmée, il venait demander à Ménélas de lui accorder pendant quelques mois l'hospitalité.

– Tu es ici chez toi, lui répondit Ménélas, et Oreste s'installa au palais.

Quelques jours plus tard, il était tombé amoureux de sa

cousine Hermione ; celle-ci, tout à son propre amour pour Pyrrhus, ne s'en aperçut même pas.

À partir de ces données, il devient possible et même, si l'on veut comprendre la suite des événements, il devient absolument nécessaire d'analyser avec précision les relations amoureuses existant entre les quatre éléments de l'ensemble E.

Relations amoureuses entre les éléments de l'ensemble E

On peut d'abord les formuler d'une manière simplement verbale, dans les termes suivants :

– Oreste aime Hermione, qui ne l'aime pas ;
– Hermione aime Pyrrhus, qui ne l'aime pas ;
– Pyrrhus aime Andromaque, qui ne l'aime pas ;
– Andromaque aime Hector, qui est mort.

On peut aussi exprimer visuellement ces relations à l'aide de ce que les mathématiciens appellent un « graphe ». Dans le graphe ci-dessous, la relation « est amoureux de... » est représentée par une flèche orientée surmontée de la lettre E.

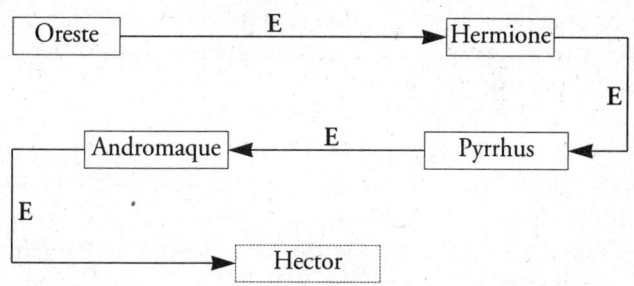

L'examen attentif de ce graphe permet de découvrir deux propriétés fondamentales de la relation « est amoureux de... » dans l'ensemble E : cette relation est « antisymétrique » et « antitransitive ».

L'antisymétrie, qui apparaît ici au premier coup d'œil, exprime le fait que, chaque fois qu'un élément *a* de l'ensemble E est amoureux d'un élément *b*, l'élément *b* n'est pas amoureux de l'élément *a*. Autrement dit, l'amour, dans l'ensemble E, n'est jamais réciproque. L'antitransitivité, qui n'apparaît peut-être pas d'une manière aussi évidente, exprime le fait que si *a* est amoureux de *b* et *b* amoureux de *c*, alors *a* n'est pas amoureux de *c*. Par exemple : Oreste étant amoureux d'Hermione et Hermione de Pyrrhus, Oreste n'est pas amoureux de Pyrrhus.

Une fois qu'on a découvert ces deux propriétés, toute l'affaire Pyrrhus devient d'une simplicité aveuglante, et l'on s'étonne qu'il ait fallu mille six cent quarante-huit vers à Racine pour tenter, d'ailleurs sans grand succès, de la débrouiller.

La reconstitution du crime

Au bout de quelques mois, Ménélas finit par se lasser des manœuvres dilatoires de Pyrrhus et par lui envoyer un message annonçant l'arrivée prochaine d'Hermione, en vue de la célébration du mariage. Quelques jours plus tard, Hermione, au comble du bonheur, partait rejoindre Pyrrhus. Son cousin Oreste avait insisté pour l'accompagner et la protéger pendant son voyage.

Dès qu'elle arriva chez Pyrrhus, Hermione, en voyant Andromaque, comprit la cause des atermoiements de son fiancé. Elle conçut, pour sa rivale involontaire, une haine immédiate.

Sachant qu'elle pouvait compter sur le dévouement aveugle de son cousin Oreste, elle lui demanda « de mettre fin, *par tous les moyens*, au concubinage notoire et offensant pour elle de Pyrrhus et d'Andromaque ».

Dans l'esprit d'Hermione, la formule volontairement ambiguë qu'elle avait employée sous-entendait l'élimination physique d'Andromaque. Mais Oreste, qui avait beaucoup plus de motifs de vouloir se débarrasser de Pyrrhus que d'Andromaque, comprit ou fit semblant de comprendre de travers les instructions d'Hermione.

Sachant que son rival devait assister, dans le temple d'Apollon, à une cérémonie religieuse en l'honneur de son père Achille, Oreste s'y rendit lui-même et, profitant de ce que Pyrrhus était sans armes, l'assassina lâchement.

On aurait pu croire que ce second crime d'Oreste, pour lequel aucune circonstance atténuante sérieuse ne pouvait être invoquée, serait puni par les dieux plus sévèrement que le premier. Il n'en fut rien. Jupiter demanda bien aux Furies vengeresses de se mettre à nouveau aux trousses du criminel, mais elles refusèrent sèchement : elles ne voulaient pas, dirent-elles, prendre le risque d'être désavouées une seconde fois par le tribunal des dieux.

Ce tribunal lui-même, pour ne pas avoir à reconnaître publiquement qu'il avait commis une erreur d'appréciation, préféra ne pas se saisir du dossier du second crime d'Oreste. Celui-ci ne fut donc pas inquiété.

Il monta sur les trônes d'Argos et de Mycènes, auxquels il avait droit par sa naissance ; il obtint alors de Ménélas la main d'Hermione et, à la mort de Ménélas, comme celui-ci n'avait pas d'enfant mâle, c'est Oreste qui hérita aussi le royaume de Sparte.

Quelques jours après le meurtre de Pyrrhus, Pluton avait rencontré Minerve dans une allée de l'Olympe. Ironiquement, il lui avait rappelé les commentaires dont elle avait accompagné sa boule blanche, au procès d'Oreste :

– Il me semble encore t'entendre dire qu'Oreste n'était pas foncièrement coupable et qu'il fallait lui laisser une chance de s'amender.

– Je ne regrette pas mon vote, lui répondit Minerve. Je préfère acquitter dix fois un coupable que de condamner une seule fois un innocent.

35. Les premières difficultés d'Ulysse

Au moment où il s'embarquait à Troie pour retourner à Ithaque, Ulysse était déjà un héros légendaire, haï par les uns et admiré par les autres. Chacun des traits de sa riche personnalité était perçu tantôt comme un défaut, tantôt comme une qualité ; son nom n'était jamais prononcé sans qu'y fût accolée quelque épithète injurieuse ou laudative : fourbe ou avisé, lâche ou prudent, menteur ou éloquent, dur ou énergique.

Ses ennemis, et notamment les survivants de l'armée troyenne à la défaite de laquelle il avait si largement contribué, lui reprochaient ses fourberies. Pour ses amis, ces fourberies apparaissaient au contraire comme de géniales ruses de guerre. Ses adversaires, et parfois aussi ses propres compagnons d'armes, lui reprochaient d'être lâche. Il est vrai qu'il n'aimait pas les risques inutiles et qu'en certaines occasions il avait fui le danger, allant même un jour jusqu'à abandonner Nestor derrière lui sur le champ de bataille. Mais il avait aussi donné bien des preuves de sang-froid et de courage, telles que son expédition nocturne à Troie avec Diomède ou sa fameuse opération du cheval de Troie. Plusieurs cicatrices témoignaient d'ailleurs de sa valeur et il ne dédaignait pas de les montrer, dans un geste théâtral, lorsque au cours d'un débat public quelqu'un mettait en doute son courage : l'une, qu'il portait au genou droit, lui avait été faite à l'âge de quinze ans alors qu'au cours d'une partie de chasse, à Ithaque, il attaquait hardiment un sanglier. Il en portait une autre à la poitrine et prétendait, sans que personne pût le vérifier, qu'elle lui avait été faite par Mars lui-même, au cours d'un combat singulier dans la plaine de Troie. Quant à la troisième, que lui avait laissée le javelot d'Hector à la fesse gauche, il en était moins fier et si, soulevant sa tunique, il la montrait parfois à un interlocuteur, c'était en signe de mépris ou de dérision.

On lui reprochait parfois aussi son avarice et sa cupidité. Selon ses amis, ces traits de caractère se justifiaient chez Ulysse par la petitesse et la pauvreté de son royaume, l'île d'Ithaque au sol ingrat, tout juste capable de nourrir quelques troupeaux de chèvres ou de brebis et de porter quelques maigres champs de blé. D'ailleurs, sa prétendue avarice ne l'empêchait pas de faire preuve parfois de générosité, comme lorsqu'il avait fait cadeau à Pyrrhus des armes d'Achille.

Enfin, on l'accusait souvent, non sans raison, de dureté.

Il en avait donné des preuves nombreuses, notamment en faisant condamner injustement à mort Palamède et en approuvant l'exécution par Pyrrhus du petit Astyanax. Mais il était capable aussi d'éprouver de bons sentiments, non seulement à l'égard de ses vieux parents, de son épouse et de son fils mais parfois aussi de ses rivaux : il l'avait prouvé en intervenant en faveur du grand Ajax, après que celui-ci se fut suicidé dans les circonstances que l'on connaît.

Amis et ennemis s'accordaient d'ailleurs à lui reconnaître de

grandes qualités. Son intelligence, sa finesse, ses talents oratoires étaient réputés. Son habileté manuelle, notamment
dans le travail du bois, était exceptionnelle. Il avait construit
de ses propres mains la plus grande partie de son palais
d'Ithaque et réalisé, à cette occasion, certaines innovations
architecturales : sa chambre à coucher, par exemple, était
construite autour d'un olivier centenaire, qu'il n'avait pas voulu couper et dont le tronc servait de montant inamovible à un
lit conjugal fait du même bois. C'était aussi Ulysse qui avait
dirigé et mené à bien, en quelques heures, la construction du
cheval de Troie. Enfin, bien que ce fait soit moins souvent
mentionné, Ulysse était un artiste, et plus précisément un
mélomane raffiné. Si, contrairement à Achille, il ne jouait lui-
même d'aucun instrument, il éprouvait, en écoutant de la
bonne musique, de profondes émotions qu'il s'efforçait de faire
partager à ses camarades. C'est lui qui, pendant tout le siège
de Troie, avait écrit sous un pseudonyme, dans la gazette de
l'armée grecque, la chronique musicale hebdomadaire.

Personne ne doutait qu'avec toutes ces qualités, et grâce
aussi à la protection spéciale que lui accordait Minerve,
Ulysse ne fût le premier à revenir sain et sauf dans son pays,
bien qu'Ithaque fût, de tous les royaumes grecs, le plus éloigné de Troie. Pourtant, dès le début du voyage, les difficultés
commencèrent.

Les Cicones

Ulysse quitta les rivages de Troie à la tête d'une petite flotte
de douze navires, chargés de ses mille soldats survivants et de
l'abondant butin qui lui était échu après la prise de Troie : de
l'or, des pierres précieuses, des objets d'art, des armes, des
provisions, et les deux chevaux de Rhésus qu'Ulysse avait cap-
turés au cours de son expédition nocturne avec Diomède. En
revanche, contrairement à la plupart des autres rois grecs,
Ulysse n'avait pas voulu se charger de captives troyennes : la

seule femme qui l'intéressât, disait-il, était son épouse Pénélope.

Après quelques jours de navigation, à la voile ou à la rame selon que les vents étaient ou non favorables, Ulysse décida de faire une première escale pour renouveler ses provisions d'eau. La plage où il aborda, avec tous ses navires, appartenait au pays des Cicones, un peuple belliqueux et inhospitalier. Leur roi fit d'abord quelques difficultés pour autoriser les Ithaciens à prendre de l'eau. Puis, comme Ulysse insistait, le roi des Cicones lui proposa un marché :

— Si tu parviens à accomplir un exploit difficile, tes soldats pourront remplir leurs outres ; mais, si tu échoues, ce sont mes hommes, au contraire, qui auront le droit de prendre des provisions dans tes navires.

Ulysse, confiant dans sa propre ingéniosité, accepte le défi et demande quel exploit il doit accomplir.

— Tu devras, lui dit le roi des Cicones, atteler à un même char un lion et un sanglier ; ma ménagerie personnelle est naturellement à ta disposition.

— Rien de plus simple, répond Ulysse ; et, pour faire bonne mesure, j'ajouterai même un ours à l'attelage. Je te demande seulement de me laisser seul pendant une heure à l'intérieur de ta ménagerie.

La ménagerie du roi des Cicones était entourée de hauts murs blanchis à la chaux. Sur l'un de ces murs, Ulysse, à l'aide d'un morceau de charbon, dessine d'une manière très réaliste un char traîné par un lion, un ours et un sanglier.

— Cela n'a pas été trop difficile, dit-il au roi des Cicones en lui montrant son œuvre ; ces animaux sont plus dociles qu'on ne le pense.

Le roi des Cicones ne l'entend pas de cette oreille. Bien que son intelligence soit médiocre et sa culture philosophique nulle, il se refuse, malgré les arguments spécieux d'Ulysse, à admettre l'identité du signifiant et du signifié. Le ton monte, on s'entre-tue. Ulysse se replie avec ses hommes et reprend la mer. Il a cependant perdu, dans cette stupide échauffourée, soixante-douze de ses soldats et n'a pas pu reconstituer ses réserves d'eau.

Les Lotophages

Il doit donc faire une nouvelle escale quelques jours plus tard, sur des rivages inconnus. Rendu méfiant par l'expérience des Cicones, Ulysse envoie trois de ses marins en reconnaissance. Ceux-ci, s'étant enfoncés à l'intérieur des terres, ne tardent pas à rencontrer des habitants qui leur font un accueil aimable. Ils appartenaient au peuple des mangeurs de lotus, ou Lotophages. Ils consommaient le lotus sous des formes diverses : en infusions, en poudre à priser ou en chique à mâcher. Sous toutes ces formes, le lotus, appelé aussi « fleur de l'oubli », était une drogue puissante qui ôtait, à celui qui en consommait, le souvenir du passé, la faim, la soif et tous les désirs. Après en avoir bu une tasse, les trois éclaireurs d'Ulysse, oubliant leur mission et leur propre identité, tombent dans une sorte de bien-être hébété et n'aspirent plus qu'à prolonger cet état par une consommation renouvelée de drogue.

Inquiet de ne pas les voir revenir, Ulysse part à leur recherche avec quelques soldats. Il les retrouve, les interroge, ne peut rien en tirer. Soupçonnant que la cause de leur abrutissement est le breuvage qu'ils dégustent, il s'abstient d'en goûter, s'empare par la force de ses trois compagnons, les ligote et les ramène aux navires.

Une nouvelle fois, il reprend la mer sans avoir pu renouveler ses réserves d'eau. Ses provisions de viande, elles aussi, commencent à diminuer d'une manière inquiétante. Il faut donc, de toute urgence, faire une nouvelle escale.

Une grande île apparaît bientôt à l'horizon. Ulysse s'en approche ; en longeant la côte, il découvre une crique abritée dans laquelle il fait jeter l'ancre à ses vaisseaux. Cette fois-ci, il décide de prendre lui-même la tête d'un détachement de reconnaissance composé de douze soldats. Les treize hommes montent à bord d'un petit canot en emportant leurs armes, des casse-croûte et, à défaut d'eau, une grande outre remplie d'un vin épais. Quelques instants plus tard, ils ont mis le pied sur l'île de Capri, appelée aussi l'île des Cyclopes.

Le Cyclope Polyphème

Les Cyclopes, vous vous en souvenez sans doute, étaient des créatures gigantesques et frustes, qui n'avaient qu'un œil au milieu du front. Ils étaient les ouvriers de Vulcain et, à ce titre, fabriquaient les foudres de Jupiter, les flèches d'Apollon, les tridents de Neptune et, d'une manière générale, toutes les fournitures métalliques de l'Olympe. Bien que leur filiation réelle ne fût pas clairement établie, certains d'entre eux passaient pour les fils de Neptune. Leur employeur, Vulcain, était un bon patron. Il leur accordait chaque année, par roulement, quatre semaines de congés payés et mettait gratuitement à leur disposition, pendant cette période, l'île de Capri dont il avait fait un centre de tourisme social. Les Cyclopes en vacances y disposaient chacun d'une caverne individuelle et pouvaient se délasser de leurs activités industrielles en menant, pendant un mois, une vie de berger.

À peine débarqués sur l'île, Ulysse et ses douze compagnons se mirent à l'explorer. La présence d'innombrables crottes de mouton leur fit supposer qu'elle était habitée et que ses habitants se livraient à l'élevage. En suivant la piste des crottes, Ulysse découvrit qu'elle menait à une vaste caverne creusée dans le roc d'une colline. L'entrée étant libre, Ulysse y pénétra. Elle était vide d'habitants, mais pleine de jattes de lait et de fromages de brebis, rangés avec soin sur des étagères qui couvraient presque toutes les parois. Dans un coin se trouvaient rassemblés quatre objets banals mais hétéroclites : un grand miroir, un tonneau rempli d'eau, un râteau et une faux. La prudence conseillait à Ulysse de se charger de quelques fromages et de retourner avec ses compagnons à ses navires. Mais la cupidité, plus forte en l'occurrence que la prudence, lui suggéra d'attendre le retour des occupants de la caverne pour essayer de se livrer avec eux à quelque transaction fructueuse.

S'étant désaltérés et restaurés, les treize hommes s'étendirent donc sur la paille qui couvrait une partie du sol et s'assoupirent. Il faisait presque nuit et la grotte était déjà plongée dans la pénombre lorsqu'ils furent réveillés par des bruits de pas, mais de pas si pesants qu'ils crurent d'abord que l'armée troyenne tout entière était revenue des enfers et marchait vers eux en cadence. Presque aussitôt, un troupeau d'une vingtaine de gros moutons entrait en bêlant ; derrière eux, une silhouette immense s'encadrait un instant dans l'ouverture ; baissant sa tête pour ne pas se cogner, c'était le Cyclope Polyphème qui rentrait chez lui.

Tout d'abord, dans l'obscurité, il ne voit pas Ulysse et ses compagnons. Sans se presser, comme il le fait chaque soir, il roule devant l'entrée de la caverne, pour la fermer, un énorme bloc de pierre que vingt-deux chevaux auraient eu de la peine à déplacer. Après quoi, le Cyclope se dirige vers le coin où se trouvait accroché un miroir et, profitant d'un reste de jour qui l'éclairait encore, se peigne avec le râteau, se rase avec la faux et se rince la bouche avec le tonneau. Sa toilette faite, il allume du feu ; c'est alors seulement qu'il aperçoit les intrus, accroupis, immobiles et muets de terreur.

Dominant sa peur, Ulysse se lève, fait un pas en avant, toussote pour s'éclaircir la voix et adresse un bref compliment au Cyclope.

— Nous sommes, dit-il, des guerriers grecs qui revenons chez nous après avoir remporté à Troie une grande victoire. La noblesse de ton visage et la majesté de ta stature me font bien présager de la générosité de ton caractère. C'est donc avec confiance que je te demande de nous accorder l'hospitalité, qui est la première et la plus sacrée des lois divines.

– Je connais les lois divines aussi bien que toi, et même mieux, lui répond Polyphème, car j'y suis soumis onze mois par an. Mais, pendant mes vacances, je me soucie des dieux et de leurs lois comme d'une guigne. D'ailleurs, la divinité la plus importante à mes yeux, c'est mon ventre. C'est pourquoi je me réjouis de votre visite, car je n'avais pas de viande pour mon dîner.

Sans autre explication, il saisit par les pieds deux des soldats d'Ulysse, leur fracasse le crâne contre les murs de la caverne et les dévore gloutonnement, brisant leurs os entre ses puissantes mâchoires. Puis, ayant fait descendre son dîner à l'aide de quelques jarres de lait, il se couche et s'endort instantanément.

Pendant toute la nuit, Ulysse hésite sur la conduite à tenir. Son premier mouvement avait été de profiter du sommeil du Cyclope pour lui plonger son épée dans le cœur. Mais il s'était avisé à temps qu'une fois Polyphème mort lui-même et ses compagnons seraient incapables de pousser la pierre qui obstruait l'ouverture. Lorsque le jour se leva, il n'avait rien résolu.

Polyphème se réveilla, bâilla, s'occupa de traire ses brebis, de faire téter ses agneaux et de préparer des fromages. Puis, l'appétit lui étant venu, il tua deux autres soldats d'Ulysse et en fit son petit déjeuner.

– Où as-tu laissé ton navire ? demanda-t-il à Ulysse.

Celui-ci, craignant que Polyphème ne s'attaquât à ses compagnons restés sur le rivage, répondit que, son navire ayant fait naufrage, lui-même et ses compagnons étaient arrivés à la nage.

Polyphème sortit alors avec son troupeau, non sans remettre soigneusement en place, derrière lui, le rocher qui lui servait de porte. Les huit compagnons survivants d'Ulysse passèrent la journée à gémir, à s'apitoyer sur leur sort et à prier les dieux. Ulysse leur en fit reproche :

– Commencez par agir avant d'invoquer les dieux ; il faut s'aider soi-même pour qu'un dieu vous aide.

Pour sa part, il réfléchissait. Vers la fin de l'après-midi, il annonça à ses compagnons qu'il avait un plan et leur demanda de l'aider à tailler en pointe l'énorme massue de Polyphème, que le Cyclope avait laissée derrière lui. Lorsque ce fut fait, il dissimula le pieu sous la paille de la caverne.

À la tombée de la nuit, Polyphème revient avec son troupeau. Comme la veille, il fait un brin de toilette, se met à table de fort bonne humeur et croque deux autres soldats sous les regards horrifiés de leurs compagnons. Au moment où il s'apprête à boire une jatte de lait, Ulysse s'avance vers lui :

— Tu ne vas tout de même pas arroser un aussi bon repas avec du lait, lui dit-il ; bois donc quelques gorgées de cet excellent vin.

Et il lui tend son outre.

— Voilà au moins quelqu'un qui sait vivre, observe Polyphème ; comment t'appelles-tu ?

— On me nomme Personne, répond Ulysse.

Le Cyclope boit une longue rasade de vin, qu'il trouve excellent.

— Offre-moi encore un coup, dit-il à Ulysse, et je te ferai moi aussi un cadeau.

Ulysse s'empresse de lui repasser l'outre, et Polyphème boit goulûment. S'essuyant la bouche du revers de la main, il annonce à Ulysse qu'en guise de cadeau il le mangera en dernier. Ulysse remercie et insiste pour que le Cyclope termine le vin.

Alourdi par son repas et ses libations excessives, Polyphème s'endort aussitôt. Sa digestion est difficile, son sommeil est agité de rots et de vomissements ignobles, où se mêlent la chair humaine, le sang et le vin. Ulysse, aidé de quatre soldats, va chercher alors le pieu qu'il avait taillé, en fait durcir et rougir la pointe dans le feu qu'avait allumé Polyphème et le plonge profondément dans l'œil du Cyclope. Ceux de mes lecteurs qui ont le cœur bien accroché peuvent trouver sur cette scène des détails d'un réalisme difficilement soutenable au chant IX de *l'Odyssée* ; mais qu'ils ne comptent pas sur moi pour les retranscrire ici.

Réveillé par la douleur, Polyphème se dresse en poussant des hurlements d'une telle force qu'on les entend jusqu'aux extrémités de l'île. Ameutés par ses cris, une douzaine de Cyclopes, qui passaient eux aussi leurs vacances à Capri, accourent vers la caverne de Polyphème. De l'extérieur, ils lui demandent ce qui lui arrive.

– Je meurs, répond-il en sanglotant. On m'assassine !

– Qui t'assassine ? demandent les Cyclopes.

– Personne, répond le Cyclope.

– Si ce n'est personne, observent les Cyclopes, ce ne peut être qu'une maladie envoyée par les dieux ; nous ne pouvons rien pour toi.

Et ils rentrent chez eux.

Chez Polyphème, la fureur et le désir de vengeance viennent bientôt s'ajouter à la douleur. À tâtons, il cherche à se saisir de ses agresseurs, qui lui échappent facilement dans la vaste caverne.

– Vous ne sortirez pas vivants d'ici, les menace alors Polyphème.

Mais c'est compter sans l'ingéniosité d'Ulysse.

Silencieusement, avec l'aide de ses six compagnons survivants, Ulysse lie les brebis trois par trois, de front ; sur ses instructions, qu'il formule par gestes, chacun de ses compagnons va se placer sous le ventre de la brebis centrale de l'un des attelages et Ulysse l'y attache à l'aide d'une corde. Comme le troupeau se composait en tout de dix-huit brebis et d'un énorme bélier, il ne reste plus pour Ulysse, une fois chacun des attelages attribués, que le bélier. Ulysse se place sous son ventre et s'agrippe des mains et des pieds à sa toison. Lorsque aux bêlements de ses moutons Polyphème devine que le jour s'est levé, il se dispose à faire sortir son troupeau. Il déplace d'un mètre environ le rocher qui bouchait l'ouverture et laisse passer les moutons trois par trois en glissant la main sur leur dos, pour s'assurer qu'ils ne servent pas de monture à ses agresseurs. Le bélier, alourdi par le poids d'Ulysse, est le dernier à sortir. Polyphème le reconnaît à ses cornes et s'étonne de son retard :

— Toi qui es toujours à la tête du troupeau, tu tardes aujourd'hui à sortir ; c'est sans doute que tu compatis au triste sort de ton maître !

Une fois dehors, Ulysse se laisse tomber à terre, détache ses compagnons et prend avec eux la fuite. Ils rejoignent le canot qu'ils avaient laissé sur la plage et font force de rames vers leurs navires. Dès qu'ils sont montés à bord, Ulysse interpelle Polyphème qu'il aperçoit sur la falaise, à moins d'une centaine de mètres ; il l'injurie grossièrement et le raille. Comprenant que ses prisonniers lui ont échappé, Polyphème se saisit d'un énorme rocher et le lance, au jugé, dans la direction d'où lui parvient la voix d'Ulysse ; le rocher tombe à quelques mètres seulement du navire d'Ulysse et manque de le faire chavirer. Effrayés, les marins lèvent l'ancre précipitamment et se penchent sur leurs avirons pour se mettre hors de portée du Cyclope. Mais Ulysse, déchaîné et, pour une fois indifférent au danger, continue d'apostropher Polyphème :

— Si l'on te demande qui t'a puni, tu diras que c'est Ulysse, fils de Laërte et roi d'Ithaque, fertile en ruses et destructeur de cités.

Après avoir encore lancé en vain quelques rochers qui ne font qu'éclabousser Ulysse et ses compagnons, Polyphème retourne à sa caverne. Il adresse à son père Neptune, dieu de la mer, une prière ardente :

— Punis mon agresseur et fais en sorte qu'il ne revoie jamais sa patrie.

Du haut de l'Olympe, ou peut-être du fond de l'océan, Neptune a entendu les plaintes de son fils ; il se jure de le venger.

36. De l'île d'Éole à l'île de Circé

On peut s'étonner de ce qu'Ulysse, s'étant attiré l'inimitié d'un dieu aussi puissant que Neptune, n'en ait pas subi instantanément les conséquences. C'est qu'en réalité les interventions des dieux de l'Olympe étaient soumises à certaines règles tacites et subtiles, destinées à maintenir entre eux l'équilibre des pouvoirs et la bonne harmonie. En particulier, à l'exception de Jupiter qui jouissait en principe d'une autorité souveraine, aucun dieu ne pouvait se permettre de liquider un mortel bénéficiant de la protection d'une ou de plusieurs autres divinités de même rang. Or Ulysse avait sur l'Olympe trois protecteurs ou protectrices de tout premier plan. Minerve était la première, pour des raisons qui ont déjà été longuement exposées. Mercure était le second, d'une part parce qu'il appréciait en connaisseur l'astuce et l'éloquence d'Ulysse, d'autre part parce que, ayant eu une brève liaison avec la bisaïeule d'Ulysse, il avait de bonnes raisons de penser qu'Ulysse était son arrière-petit-fils naturel. Le troisième était Apollon, pour une raison plus curieuse. Apollon, on le sait, était le dieu de la musique. De toutes ses attributions, c'est celle dont il était le plus fier, et de tous les éloges qu'on pouvait lui faire, ceux qui le flattaient le plus étaient ceux qui s'adressaient à ses talents d'interprète ou de compositeur. Pendant le siège de Troie, l'une de ses compositions, un triple concerto pour cythare, lyre, flûte de Pan et orchestre, avait été jouée en première audition mondiale par l'Orchestre symphonique des Myrmidons. Deux jours plus tard, la gazette de l'armée grecque publiait une critique fort élogieuse de ce concerto, rédigée sous un pseudonyme par Ulysse, dans le style prétentieux et ampoulé qui est encore aujourd'hui celui de la plupart des chroniqueurs musicaux :

La souplesse transparente de l'écriture, mise ici au service d'une thématique abstraite et rigoureuse, ne fait pas obstacle, notamment dans les temps rapides, au chatoiement somptueux de l'instrumentation chromatique. Dans les mouvements lents, la délicatesse du phrasé des cordes, la richesse moelleuse du timbre des cuivres et la plénitude déliée des instruments à percussion permettent au discours mélodique d'épouser toutes les inflexions de l'argumentation dialectique.

Apollon avait découvert sans difficulté que sous le pseudonyme d'Euterpe, Muse de la musique, le signataire de la chronique n'était autre qu'Ulysse ; il le tenait, depuis, en haute estime.

Ayant mesuré la puissance des soutiens divins dont disposait Ulysse, Neptune renonça provisoirement à mettre à exécution ses projets de vengeance. Il décida d'attendre patiemment le moment où, par maladresse ou par malchance, Ulysse se serait aliéné l'un ou l'autre de ses défenseurs, pour demander alors à Jupiter l'autorisation d'intervenir. Jusque-là il comptait, pour retarder le retour d'Ulysse, sur les incidents et les obstacles naturels qui n'allaient pas manquer de surgir sur sa route.

L'outre d'Éole

Ayant quitté précipitamment l'île des Cyclopes, la petite flotte d'Ulysse accosta, quelques jours plus tard, à celle d'Éole.

Éole était le dieu des vents. C'est lui qui, sous la haute mais lointaine autorité de Jupiter (et non de Neptune, comme on pourrait le penser), faisait sortir de son antre, à sa volonté, le doux Zéphyr ou le terrible Aquilon. Il fit bon accueil à Ulysse, lui offrit même l'hospitalité pendant quelques jours. Charmé par la conversation et les récits d'Ulysse, il tint à lui faire, au moment de son départ, un précieux cadeau :

– Pour faciliter ton retour, je ne ferai souffler, pendant quelques semaines, que le vent qui t'est favorable. J'ai enfermé tous les autres dans cette outre de cuir, que je te remets. Prends bien garde de ne pas l'ouvrir jusqu'à ton arrivée à Ithaque.

Pendant trois jours et trois nuits, un vent constant poussa la flotte d'Ulysse vers sa destination. De crainte que quelqu'un n'ouvrît l'outre par mégarde, Ulysse ne l'avait pas quittée des yeux et s'était refusé à prendre le moindre repos.

Lorsque se leva l'aube du quatrième jour, Ulysse aperçut, à l'horizon, la silhouette familière des montagnes d'Ithaque. Submergé de fatigue et d'émotion, il se laissa aller au sommeil.

À peine était-il endormi que quelques-uns de ses soldats s'approchaient de l'outre avec curiosité. Depuis leur départ de l'île d'Éole, cette outre avait été l'objet de toutes leurs conversations. Ils soupçonnaient qu'elle contenait des cadeaux précieux remis par Éole à Ulysse et que celui-ci, pour ne pas avoir à les partager avec ses compagnons, les dissimulait et les surveillait jalousement. Voulant en avoir le cœur net, ils décident de jeter un petit coup d'œil dans l'outre. Ils ne l'ont pas plutôt entrebâillée que tous les vents qu'elle contenait s'échappent et déclenchent une effroyable tempête.

Les navires sont emportés à toute vitesse vers le nord. En quelques instants, les sommets d'Ithaque ont disparu comme un mirage. Après avoir dérivé pendant plusieurs jours, la

flotte d'Ulysse aborde les côtes d'un pays inconnu, situé très au nord ; les navires y jettent l'ancre, à une courte distance de la plage.

Le désastre des Lestrygons

Ce pays était habité par un peuple d'anthropophages, appelés les Lestrygons. À ces latitudes septentrionales, et à l'époque de l'année où l'on était, c'est-à-dire les environs du solstice d'été, le soleil ne se couchait jamais complètement sur le pays des Lestrygons et les journées y duraient vingt-quatre heures. Trompés par ce phénomène astronomique qu'ils ne connaissaient pas, les Ithaciens, qui avaient coutume de ne se coucher qu'à la tombée de la nuit, restent debout pendant près de quarante-huit heures après leur arrivée, sans se rendre compte du temps qui s'est écoulé.

Alors, brusquement, la fatigue les saisit tous à la fois et ils sombrent dans un sommeil profond, sans avoir pris la précaution de désigner, comme ils le font d'habitude, quelques veilleurs. Du rivage, tapis dans des fourrés, les Lestrygons observaient les Grecs depuis leur arrivée. Dès qu'ils les voient endormis, ils mettent des pirogues à la mer et font rame vers les navires d'Ulysse.

À ce moment précis, par une sorte de miracle, l'un des soldats qui se trouvait sur le bateau d'Ulysse se réveille. C'était un ivrogne invétéré nommé Elpénor. Depuis trois jours, ivre mort, il dormait sur le pont du navire pendant que ses compagnons veillaient, et au moment où ceux-ci sombraient dans le sommeil, lui-même, ayant cuvé son vin, refaisait surface. Il aperçoit les Lestrygons qui s'approchent, secoue Ulysse et le réveille. Ulysse, comprenant aussitôt le danger, dégaine son épée, coupe les amarres de son navire, hisse une voile et échappe ainsi de justesse à l'abordage des Lestrygons. Les onze autres navires de la flotte, en revanche, sont pris d'assaut ; leurs occupants passent, sans transition, des bras d'Hypnos dans ceux de Thanatos.

Après ce désastre, il ne reste plus à Ulysse qu'un seul navire, portant à son bord quarante-cinq hommes, une petite partie du butin pris à Troie, ainsi que quelques réserves d'eau et de farine – mais non de viande. Ulysse ne se laisse pourtant pas aller au découragement. Il ranime l'ardeur de ses soldats, leur promet qu'il les ramènera sains et saufs à Ithaque et obtient d'eux qu'ils reprennent les avirons, en direction du sud. Quelques jours plus tard, une île est en vue. Prudemment, Ulysse en fait le tour ; elle lui semble inhabitée. Il jette l'ancre dans une petite crique et, comme aucun de ses hommes n'ose s'aventurer dans l'île, Ulysse y débarque seul, armé de son arc et d'un javelot.

L'île de Circé

Ayant pénétré de quelques centaines de mètres à l'intérieur des terres, il a la chance d'apercevoir un gros cerf, qu'il abat d'une flèche. Il le charge sur ses épaules et, s'appuyant sur son javelot comme sur une béquille, parvient non sans peine à le rapporter jusqu'au rivage. Ses compagnons viennent l'y rejoindre. On découpe l'animal, on en fait griller les morceaux et chacun des hommes peut en manger à sa faim.

Ulysse apprend alors à ses compagnons qu'au cours de son expédition il a cru apercevoir, vers le centre de l'île, un filet de fumée s'élevant de derrière une petite colline. Il convient, leur dit-il, d'aller voir cela de plus près. Toutefois, par précaution, une partie de la troupe doit garder le navire.

Ulysse répartit donc ses hommes en deux groupes égaux : vingt-deux d'entre eux seront placés sous les ordres d'Euryloque, le lieutenant d'Ulysse et son proche parent ; Ulysse commandera lui-même les vingt-deux autres. On tire au sort pour savoir lequel des deux groupes partira en reconnaissance ; c'est celui d'Euryloque qui est désigné. Ulysse lui recommande la prudence.

Après une petite heure de marche, Euryloque et ses hommes aperçoivent la fumée qu'avait signalée Ulysse. Ils s'en approchent et découvrent une grande et belle maison au milieu d'une clairière. En s'avançant vers elle, ils se voient tout à coup entourés par une douzaine de loups, de tigres et de lions. Après un moment d'épouvante, ils constatent avec surprise que ces fauves, loin de manifester à leur égard des intentions agressives, viennent se frotter amicalement contre leurs jambes et leur lécher les mains en gémissant d'un ton plaintif. Sans le savoir encore, les compagnons d'Ulysse viennent de pénétrer dans le domaine d'une magicienne appelée Circé qui, grâce à ses sortilèges, s'amuse à transformer ses visiteurs en animaux sauvages et à les retenir prisonniers sous cette forme.

Enhardis par l'attitude engageante des fauves qui les ont accueillis, les soldats frappent à la porte de la maison. Une voix mélodieuse et aimable les invite à entrer. Tous obtempèrent, sauf Euryloque, qui se méfie encore et qui reste dehors. Il s'approche d'une fenêtre pour pouvoir observer de l'extérieur l'entrée de ses compagnons. Ceux-ci sont accueillis, dans un vaste salon, par une jeune femme d'une grande beauté qui était occupée, avant leur arrivée, à des travaux de broderie. Elle se lève, leur sourit, les invite à s'asseoir et leur offre à tous une coupe de vin.

À peine y ont-ils trempé les lèvres que Circé passe au-dessus de leur tête une baguette magique qu'elle avait dissimulée dans sa manche et les transforme en pourceaux. Euryloque, épouvanté, les voit sortir de la maison en grognant et se mettre aussitôt à gratter de leurs groins la terre de la clairière, pour y chercher des truffes ou des racines.

Sans se faire voir de Circé, Euryloque s'éloigne de la maison et retourne en courant à la plage où l'attendait Ulysse. Il lui raconte la scène dont il a été le témoin et l'engage à fuir au plus tôt cette île maudite. Ulysse s'y refuse : il ne se sent pas le droit d'abandonner à leur sort ses vingt-deux malheureux compagnons prisonniers de Circé.

– Allons les délivrer, dit-il à ses soldats.

– Ne compte pas sur moi, lui répond Euryloque.

– Ni sur nous, ajoutent tous les autres.

– J'irai donc seul, conclut Ulysse.

En chemin, il se demande comment il pourra se protéger contre les enchantements de la magicienne. D'après le récit que lui a fait Euryloque, il suppose que le vin qu'elle a offert à ses compagnons et qu'elle lui offrira sans doute à lui-même contient quelque philtre magique. Il se souvient alors qu'il y a bien longtemps, à Ithaque, son vieux grand-père Autolycos lui a appris un secret qu'il prétendait tenir lui-même de son père Mercure : il s'agissait d'un mélange de plantes qui immunisait pendant quelques heures contre tous les poisons, philtres et sortilèges. Ulysse cueille l'assortiment de plantes requis, en fait une infusion et la boit.

Il reprend ensuite sa route jusqu'à la clairière de Circé, ne prête aucune attention au troupeau inoffensif de bêtes féroces auxquelles se mêlent maintenant vingt-deux cochons, frappe à la porte et entre dans le salon de Circé.

— Tu prendras bien un rafraîchissement, lui propose la magicienne, plus avenante que jamais.

Ulysse prend la coupe qu'elle lui tend et la boit d'un trait, sans paraître voir la baguette magique que Circé agite en vain au-dessus de sa tête.

— Puis-je en avoir une autre coupe ? demande-t-il même par dérision.

Mais, après avoir bu la deuxième coupe, il dégaine soudain son épée, fait sauter la baguette magique des mains de Circé et lui met la pointe de son arme sous la gorge. Circé le supplie de l'épargner, lui promet de faire tout ce qu'il demandera.

— Jure par le Styx, exige Ulysse, que tu rendras à mes compagnons leur forme humaine et que tu ne tenteras plus rien contre eux ni contre moi.

Circé accepte et tient parole. L'exploit d'Ulysse l'a même si fortement impressionnée qu'elle tombe amoureuse de lui et lui demande de rester quelque temps sur son île en partageant sa couche.

Ulysse y restera un an. De ses amours avec Circé naîtra, quelques mois après son départ, un fils appelé Télégone. Il n'en sera plus question dans ce volume, mais peut-être aurai-je un jour l'occasion de reparler de lui. Qu'il me suffise, pour l'instant, de vous dire que Télégone devait être, avec Anticlée, la mère d'Ulysse, l'une des deux personnes qui jouèrent, dans la vie du héros, les rôles les plus importants.

Après une année agréable passée avec Circé, Ulysse est repris par le désir de revoir sa patrie et sa famille. Il annonce sa décision à Circé qui, fidèle à son serment, ne s'y oppose pas. Ulysse bat le rappel de ses hommes, qui sont dispersés dans la maison et ses dépendances. L'un d'entre eux, l'ivrogne Elpénor, trouve en cette circonstance une mort stupide : abruti par l'alcool, il dormait dans le grenier ; en entendant les appels d'Ulysse, il se lève en titubant, ne s'aperçoit pas que l'échelle a été retirée et se brise la colonne vertébrale dans sa chute. Malgré sa hâte de partir, Ulysse fait à son compagnon des obsèques décentes, en souvenir du service qu'Elpénor lui a rendu chez les Lestrygons.

En prenant congé de Circé, Ulysse lui demande quelles sont les épreuves qui l'attendent encore.

– Je suis magicienne et non prophétesse, lui répond Circé. Mais je peux te donner un conseil : rends-toi aux enfers et consultes-y le devin Tirésias qui vient de mourir ; il pourra te dévoiler ton avenir.

Elle indique à Ulysse la route maritime qui conduit à l'entrée des enfers ; elle lui explique aussi que, pour faire parler Tirésias, il devra lui offrir le sang d'un bouc noir, breuvage très apprécié des habitants des enfers. Elle remet à Ulysse un bidon rempli de ce breuvage et lui offre en outre de nombreux cadeaux d'adieu, avant de le laisser partir à regret.

37. Ulysse aux enfers

À LA SUITE DE LA GUERRE DE TROIE, les enfers avaient reçu des arrivages si massifs que les trois juges, Minos, Eaque et Rhadamante, étaient complètement débordés. Les rôles du tribunal étaient si engorgés que les nouveaux arrivants voyaient parfois s'écouler plusieurs mois avant que leurs dossiers ne fussent instruits. En attendant d'être jugés et orientés soit vers les Champs Élysées, soit vers le Tartare, ils étaient parqués, après avoir traversé le Styx, dans une sorte de camp de réfugiés où leurs conditions d'existence étaient déplorables. C'est là que, parmi des ombres innombrables, errait l'âme de Tirésias, le fameux devin aveugle de Thèbes, récemment décédé.

Grâce aux indications de Circé, Ulysse avait trouvé assez facilement l'entrée des enfers ; grâce au laissez-passer qu'elle avait établi à son nom, il avait pu obtenir une place dans la barque de Charon, pour traverser le Styx, sans avoir à s'inscrire sur les listes d'attente. Mais, lorsqu'il eut débarqué sur l'autre rive, il eut un moment de découragement : comment allait-il bien pouvoir trouver Tirésias au milieu de cette cohue ? Comme il se le demandait, il s'entendit interpeller :

– Mais c'est Ulysse ! s'écriait une voix joyeuse. Que viens-tu faire ici ? En se retournant, Ulysse reconnaît Elpénor, le soldat ivrogne, dont l'âme avait franchi, plus rapidement que le navire d'Ulysse, la distance entre l'île de Circé et les enfers. Ulysse expose à Elpénor le but de sa visite et l'embarras où il se trouve.

– Ne t'inquiète pas, lui dit Elpénor, qui n'a pas oublié la conduite amicale d'Ulysse à son égard ; je sais où trouver Tirésias et je vais te l'amener.

« À quoi tiennent les choses, songe Ulysse : deux fois j'aurai été sauvé par Elpénor, que j'avais toujours considéré comme une loque humaine ! »

Les conseils de Tirésias

Quelques instants plus tard, Elpénor est de retour, accompagné du devin aveugle. Ulysse se présente à Tirésias, lui fait boire un peu du sang noir qu'il a apporté avec lui et l'interroge enfin sur l'avenir :

– Retournerai-je un jour chez moi ? Reverrai-je mes parents, mon épouse et mon fils ? Devrai-je affronter encore beaucoup d'épreuves ?

– Je ne puis répondre à toutes tes questions, lui répond Tirésias, car les devins eux-mêmes ne savent pas tout. J'ignore si tu reviendras un jour chez toi et si tu reverras ton père, ton épouse et ton fils. Je peux te dire cependant que tu reverras ta mère plus tôt que tu ne penses, et que des épreuves nombreuses te sont encore réservées par le Destin.

– Peux-tu me dire aussi, reprend Ulysse, ce que je dois faire pour les surmonter ?

Tirésias consent à lui donner quelques conseils.

– Si, au cours de ton voyage, tu débarques dans l'île du Soleil, qui appartient à Apollon, prends bien garde de ne pas porter la main sur ses troupeaux de bœufs, auxquels il tient beaucoup. En le faisant, tu perdrais sa protection, dont tu as bien besoin. Car un autre dieu puissant, Neptune, te poursuit d'une haine implacable. Il dressera de multiples obstacles sur ta route : tu seras exposé aux séductions mortelles du chant des Sirènes ; il te faudra passer, par un étroit chenal, entre les rocs également redoutables de Charybde et de Scylla ; et tu devras, plus d'une fois, affronter d'effroyables tempêtes. Si tu m'en crois, essaie de te retirer dans un pays si éloigné de la mer que Neptune ne puisse t'y atteindre.

— Comment pourrai-je m'assurer que je suis hors de sa portée ? demande Ulysse.

— Prends un aviron sur ton épaule, répond Tirésias, et marche vers l'intérieur des terres. Lorsqu'un paysan, te voyant passer, te demandera si l'instrument que tu portes est un nouveau modèle de battoir à grain, tu pourras être sûr que tu es chez un peuple qui n'a jamais vu la mer et qui mange sa nourriture sans sel.

— J'y réfléchirai, répond Ulysse poliment ; mais il sait bien, au fond de lui-même, que jamais il ne vivra dans un pareil pays.

Conversation d'Ulysse avec les ombres

Pendant qu'Ulysse conversait avec Tirésias, la rumeur de son arrivée aux enfers s'était répandue parmi les ombres. Nombreuses, elles accourent, alors que Tirésias s'éloigne. La première à se présenter confirme, par sa seule présence, l'une des prédictions que vient de formuler le devin : c'est l'âme d'Anticlée, la mère d'Ulysse. Il s'étonne et s'afflige en la voyant. Il s'enquiert des circonstances de son décès.

— Je suis morte de vieillesse, et surtout du chagrin que me causait ton absence, lui répond sa mère.

Elle lui donne ensuite des nouvelles de sa famille.

— Ton père, Laërte, est bien fatigué. Il s'est retiré dans sa petite maison de campagne et s'occupe de son jardin ; il n'apparaît plus jamais au palais. Ton épouse, Pénélope, t'attend toujours ; malgré l'absence de nouvelles, elle ne veut pas croire à ta mort ; mais de nombreux prétendants lui font la cour et la pressent de se remarier. Quant à ton fils Télémaque, il est encore bien trop jeune pour pouvoir imposer son autorité.

Ulysse veut embrasser sa mère, mais les ombres n'ont plus de substance, et ses bras n'étreignent que le vide. Anticlée s'éloigne et disparaît dans la foule.

L'ombre d'Achille apparaît alors à Ulysse. Il est aussi beau que de son vivant, mais son expression est triste. Il se plaint à Ulysse d'être mort trop jeune et de mener désormais, au royaume des ombres, une existence sans but et sans gloire. Ulysse cherche à le consoler :

– Tu as été le plus glorieux des guerriers grecs, à Troie, et maintenant encore, aux enfers, tu restes le plus illustre. Mort, tu connais maintenant la paix, alors que moi, vivant, je suis accablé d'épreuves et de souffrances.

– À quoi me sert désormais ma gloire ! répond Achille avec amertume. Il vaut mieux être un vivant obscur qu'un mort célèbre. Ne te plains pas de tes souffrances, Ulysse ; si malheureux que tu sois, n'en livre pas moins ton âme aux plaisirs simples que chaque jour apporte et réjouis-toi d'être vivant.

Achille demande alors à Ulysse des nouvelles de son fils Pyrrhus.

– Ton fils est venu, après ta mort, nous rejoindre à Troie. Il s'y est comporté en héros et a joué un rôle décisif dans notre victoire.

Emporté par son désir de consoler Achille , Ulysse ne craint pas de forcer un peu la note :

– Pyrrhus n'est pas seulement, depuis ta mort, le plus beau, le plus vaillant et le plus fort des rois grecs, il est aussi l'un des plus sages ; dans nos conseils, ses avis étaient écoutés avec autant d'attention que ceux de Nestor et de moi-même. Il a quitté Troie en même temps que moi et doit être maintenant de retour dans son pays.

Achille s'éloigne, le cœur content.

À quelques pas de lui, Ulysse aperçoit l'ombre d'Ajax, qui semble hésiter à s'approcher. Ulysse l'appelle, l'invite à la réconciliation :

— De ton vivant, lui dit-il, nous avons été des rivaux. Nous nous sommes affrontés durement. Mais j'ai toujours eu de l'estime pour toi. Je regrette les conflits qui nous ont opposés. Oublie ta rancune, faisons la paix.

Mais Ajax n'a pas pardonné à Ulysse de s'être fait attribuer les armes d'Achille. Il lui jette un regard sombre et s'éloigne sans lui répondre.

Agamemnon apparaît alors aux yeux d'Ulysse.

— Quoi, s'écrie celui-ci, toi aussi tu as quitté le monde des vivants ? As-tu péri dans quelque glorieux combat contre des géants, ou victime d'une tempête déchaînée par Neptune ?

— Hélas ! lui répond Agamemnon, je suis mort sans gloire, assassiné lâchement par une femme infidèle.

Il raconte à Ulysse les circonstances de son retour et de sa mort.

— Si tu reviens un jour à Ithaque, lui dit-il en guise de conclusion, je te conseille d'être prudent ; débarque incognito sur ton île, et informe-toi soigneusement de la situation avant de te faire connaître. Car, crois-moi, il faut se méfier des femmes : mon expérience le prouve.

« Elle prouve surtout, observe Ulysse, qu'il faut se méfier des peignoirs sans manches. »

Mais voici que, par dizaines, les âmes des défunts accourent vers Ulysse, se pressent autour de lui, l'accablent de leurs questions et de leurs plaintes. Débordé, saisi de panique, Ulysse prend la fuite, saute dans la barque de Charon, traverse le Styx et remonte vers la lumière du jour.

« Achille a raison, se dit-il : les soucis des vivants valent mieux que les regrets des morts. »

38. Ulysse reste seul

Revenu à bord de son navire, Ulysse harangue ses compagnons. Il leur annonce de dures épreuves, mais leur rappelle qu'ils en ont déjà surmonté bien d'autres et leur demande de lui faire confiance pour les ramener chez eux. Grâce à la carte marine que lui a remise Circé, et grâce surtout à l'expérience de navigation qu'il a maintenant acquise, Ulysse sait à peu près où il se trouve et quelle direction il doit prendre. Il sait aussi que, dans quelques jours, il passera à proximité de l'île des Sirènes.

Les Sirènes

Il se souvient de ce que Nestor lui a raconté sur la manière dont Orphée a jadis échappé aux Sirènes. Mais il n'est évidemment pas question pour lui d'employer le même moyen. Il lui faut en trouver un autre. Dès qu'il entre dans la zone dangereuse, il réunit ses compagnons, les met au courant du danger qui les menace.

Pour leur éviter de succomber aux accents séducteurs des Sirènes, il bouche les oreilles de ses compagnons à l'aide de petites boules de cire qu'il a préalablement amollies entre ses doigts – procédé qui, s'il avait eu l'idée de le breveter à l'époque, lui aurait rapporté depuis une fortune. Lui-même, il aime trop la musique pour renoncer au plaisir d'entendre les trois divas. Il s'abstient donc de se boucher les oreilles, mais, pour être sûr de ne pas faire de bêtises, il se fait ligoter solidement par ses compagnons au mât de son navire. Il a confié le commandement de l'équipage à son second, le fidèle Euryloque. Comme le vent est tombé, c'est à la rame que le navire pénètre dans les eaux territoriales des Sirènes. Bientôt, leur chant parvient aux oreilles d'Ulysse. Il est d'une telle beauté qu'Ulysse, oubliant toutes ses résolutions, brûle de s'approcher d'elles. Il crie aux rameurs de changer de direction, les supplie de le détacher, emploie tour à tour la menace et les promesses. Heureusement, ses hommes n'entendent pas plus sa voix que celles des Sirènes ; voyant ses lèvres bouger, ils s'imaginent qu'il les exhorte à ramer plus fort, et ils se penchent avec ardeur sur leurs avirons. Seul Euryloque devine ce que crie Ulysse ; mais, conformément aux instructions que celui-ci lui a données, il se contente de resserrer un peu plus les cordes qui attachent Ulysse au mât.

Charybde et Scylla

L'obstacle suivant, que devait franchir Ulysse, était constitué par les deux rocs redoutables de Charybde et de Scylla. Par les descriptions que lui en avaient faites Circé et Tirésias, Ulysse en connaissait les principales caractéristiques. Ces deux rochers étaient situés tout près l'un de l'autre, à une portée de flèche tout au plus. Il n'était possible de les contourner ni par la droite ni par la gauche, en raison des récifs sous-marins qui les prolongeaient de chaque côté sur une longue distance ; il fallait donc absolument passer entre les deux ; mais ce n'était pas facile, car chacun des deux rocs recelait un danger mortel.

Charybde était un petit îlot d'apparence inoffensive, bordé de falaises escarpées. Au pied de ses falaises, et au niveau de la mer, s'ouvrait une anfractuosité profonde. Plusieurs fois par jour, à des intervalles de temps irréguliers et sans préavis, une brusque dépression se creusait dans cette anfractuosité et les flots s'y engouffraient en entraînant avec eux, dans un irrésistible tourbillon, tous les objets ou embarcations flottant à leur surface dans un rayon d'une centaine de mètres ; une demi-heure plus tard, ponctuellement, le gouffre recrachait avec la même violence tout ce qu'il avait aspiré. Dans l'intervalle, si par malheur quelque marin avait été englouti, il avait eu largement le temps de se noyer.

Le rocher de Scylla présentait lui aussi, sur la paroi qui faisait face à Charybde, une profonde anfractuosité, mais celle-ci était à mi-hauteur. Dans cette grotte vivait une ci-devant nymphe, métamorphosée jadis en monstre pour avoir repoussé les avances d'une divinité de rang supérieur. C'est elle qui avait donné son nom au rocher. Elle avait la forme d'une gigantesque pieuvre, dont chacun des six tentacules se terminait par une tête de chien à trois rangées de dents. Par un curieux contraste, les aboiements de cette meute monstrueuse n'étaient pas plus puissants que ceux d'un chiot nouveau-né. Chaque fois qu'un oiseau, un dauphin ou des marins passaient à leur portée, les têtes de Scylla jaillissaient brusquement de la grotte et happaient leurs victimes.

En arrivant en vue des deux îlots, Ulysse balança longuement sur la conduite à tenir. Trois solutions s'offraient à lui. La première consistait à passer à mi-chemin des deux rochers ; quelques instants de réflexion suffirent à convaincre Ulysse que c'était la plus mauvaise. En effet, en choisissant cette route, Ulysse se trouverait à la fois dans le rayon d'action de Charybde et de Scylla, et courrait les deux risques simultanément.

La deuxième solution consistait à se mettre hors de portée de Scylla en frôlant Charybde. S'il avait la chance de passer entre deux aspirations, il ne subirait alors aucun dommage ; mais si, au contraire, une aspiration se produisait au moment de son passage, le navire et ses occupants seraient engloutis ; c'était donc tout ou rien.

La troisième solution, enfin, consistait à échapper au danger de Charybde en passant tout près de Scylla. Dans ce cas, il était certain que six rameurs seraient enlevés par les têtes de Scylla, mais, à condition de passer assez vite, les autres s'en sortiraient.

Ulysse choisit la troisième solution, préférant la certitude d'une perte limitée à la possibilité d'une perte totale. Sans le savoir, il s'était posé et avait résolu d'une manière élégante un problème, aujourd'hui classique, de la « théorie des jeux » : il

avait choisi la stratégie dite du « mini-max » qui consiste à minimiser le risque maximal encouru.

De crainte que ses marins ne refusassent de tenter le passage, il ne leur parla pas de la présence du monstre dans le rocher de Scylla. Au moment où le navire passait devant la grotte, six têtes terrifiantes en jaillirent et six marins furent emportés dans les airs en remuant leurs jambes comme des pantins désarticulés. Mais, lorsque le monstre voulut tenter une deuxième sortie, Ulysse et ses trente-huit soldats survivants étaient déjà hors de sa portée.

Les bœufs d'Apollon

Tirésias avait mis Ulysse en garde contre un troisième danger : celui de déplaire à Apollon en s'attaquant aux troupeaux de bœufs que celui-ci élevait dans l'île du Soleil. Pour ne prendre aucun risque, Ulysse avait décidé de ne pas faire escale dans cette île. Mais, lorsque, après avoir ramé sans répit pendant plusieurs jours, les marins d'Ulysse aperçurent à proximité l'île du Soleil, ils supplièrent Ulysse d'y débarquer, ne fût-ce que quelques heures, pour se reposer et reconstituer leurs réserves d'eau.

– Tu as un corps et une âme d'acier, lui dirent-ils, tu parais insensible à la fatigue ; mais nous autres, qui sommes des hommes ordinaires, nous avons besoin d'un peu de repos.

Ulysse se laisse fléchir, mais à la condition expresse qu'ils ne passeront qu'une nuit sur l'île, qu'ils n'y prendront que de l'eau et que surtout, sous aucun prétexte, ils ne porteront la main sur l'un des bœufs d'Apollon. Ses compagnons s'y engagent par serment. Ils abordent dans l'île et hissent le navire sur la plage.

Pendant la nuit, une violente tempête se lève ; le lendemain matin, elle fait encore rage, rendant l'appareillage impossible.

Jour après jour, elle se prolonge, obligeant Ulysse à demeurer sur l'île bien plus longtemps qu'il n'avait prévu. Au début,

ses marins restent calmes : avec les provisions que leur a données Circé, ils ont encore de quoi manger. Mais, après trois
semaines de tempête, les provisions sont épuisées et les
hommes commencent à avoir faim. Pendant quelques jours,
ils se nourrissent misérablement de racines, de coquillages,
d'oiseaux et de lapins. Ils jettent des regards d'envie sur les
superbes bœufs, gras et lustrés, qui paissent sans surveillance,
dans les prairies voisines de la plage. Une nuit enfin,
Euryloque, le lieutenant d'Ulysse, profite de ce que celui-ci est
endormi pour réunir ses compagnons :

– De tous les supplices, leur dit-il, le plus cruel est celui de
Tantale ; de toutes les manières de mourir, la pire est de mourir de faim. Pour éviter une telle mort, il nous suffit d'abattre
un ou deux de ces bœufs magnifiques. Apollon ne s'en apercevra peut-être pas. S'il s'en aperçoit, nous pourrons toujours
apaiser sa colère par des sacrifices appropriés. Et si même nous
n'apaisons pas sa colère, eh bien, pour ma part, je préfère
mourir vite, le ventre plein, que lentement, le ventre vide.

Ses compagnons l'approuvent. Ils abattent un bœuf, puis un
second, et, pendant qu'ils y sont, ils en abattent quatre autres.

Lorsque Ulysse se réveille, le lendemain matin, les six bêtes,
proprement coupées, sont en train de cuire sur des broches.

Ulysse perçoit aussitôt l'étendue du désastre ; il s'apprête à
fulminer contre ses compagnons et surtout contre Euryloque ;
mais à quoi bon, puisque le mal est fait. Silencieusement, il prend
part au festin. Au même moment, sur l'Olympe, Apollon et
Neptune obtenaient de Jupiter carte blanche pour châtier
Ulysse et ses compagnons.

La tempête s'étant apaisée, le navire reprend la mer. Mais le
répit n'est que de courte durée ; un orage éclate, suivi d'un
cyclone. Des lames gigantesques s'abattent sur le navire.

Affolés, les compagnons d'Ulysse perdent la tête et n'obéissent
même plus à ses ordres. C'est en vain qu'il les exhorte au calme :

– Ce n'est pas, leur crie-t-il, en fuyant de la proue à la

poupe que le marin se sauve du péril quand son navire est harcelé par les flots.

Personne ne l'écoute. Une vague plus haute que les autres vient frapper le navire de plein fouet, le désintègre et balaie ses occupants. Tous se noient, sauf Ulysse qui est parvenu à s'accrocher au mât. Un courant irrésistible le ramène, à toute vitesse, vers Charybde et Scylla. Ses possibilités de manœuvre sont presque nulles ; tout au plus peut-il infléchir sa course vers l'un ou l'autre des deux îlots. Cette fois-ci, songe-t-il, passer à portée des six têtes de Scylla ne lui laisserait aucun espoir, puisqu'il est seul ; en revanche, avec un peu de chance, il peut espérer passer à côté de Charybde sans être englouti. Il choisit donc Charybde. Mais la chance n'est décidément pas avec lui. Au moment où il longe la falaise, un tourbillon se forme sous lui et l'aspire irrésistiblement vers les profondeurs du gouffre.

Est-ce la fin de ses aventures ? Pas encore ; indomptable, résolu à retarder le plus longtemps possible le moment où il devra rejoindre pour toujours ses compagnons au royaume des morts, Ulysse prend appui sur son mât et, d'une détente désespérée, parvient à atteindre et à agripper la branche d'un figuier sauvage qui poussait, en surplomb, dans une anfractuosité de la falaise. Suspendu par les mains au-dessus du vide, il voit disparaître son mât dans le gouffre écumant. Il n'a pas assez de force pour faire un rétablissement et se hisser sur le tronc, mais il en a suffisamment pour ne pas lâcher la branche. Il résiste ainsi une demi-heure à la fatigue et aux crampes, jusqu'à ce que Charybde vomisse les flots qu'il avait engloutis, et avec eux le mât du navire. Ulysse lâche alors prise, tombe à l'eau, remonte à califourchon sur le mât et se laisse emporter par le courant vers une destination inconnue.

39. Le séjour chez Calypso

Pendant soixante-douze heures, accroché à son mât, Ulysse dérive sur une mer en furie. Une vague finit par le jeter, inanimé, sur le rivage d'une île. C'était l'île de la nymphe Calypso.

Dans la hiérarchie divine, le titre de nymphe était, avec ceux de naïade, de dryade, de satyre et de faune, l'un des plus modestes. Mais il ne faut pas se fier aveuglément aux titres nobiliaires : de même que, dans le Gotha de l'aristocratie européenne, certains comtes ou certains barons, dont la noblesse remonte aux croisades, peuvent avoir la préséance sur des ducs ou des princes d'origine plus récente, de même Calypso, toute nymphe qu'elle fût, était la propre fille d'Atlas et occupait dans la hiérarchie divine un des rangs les plus élevés. Elle parlait d'égal à égal aux divinités majeures de l'Olympe et, si le privilège des Grands d'Espagne eût existé à cette époque, elle aurait eu le droit de garder son chapeau sur la tête en présence de Jupiter. Bien qu'elle eût toujours une place réservée aux banquets de l'Olympe, elle s'y rendait rarement, préférant avec raison le séjour solitaire mais enchanteur de son île, baignée par une mer violette, ombragée par des forêts odorantes et rafraîchie par des ruisseaux limpides.

Le jour se levait lorsque Calypso découvrit Ulysse évanoui sur le sable. À la fin de la matinée, elle l'avait ranimé, lavé, restauré. Elle était aussi tombée amoureuse de lui.

À quoi faut-il attribuer les succès répétés et fulgurants d'Ulysse auprès des femmes et des déesses ? Certainement pas à sa jeunesse ni à sa beauté, car il n'avait jamais été très beau et il y avait longtemps qu'il n'était plus très jeune ; peut-être à l'impression de force et d'intelligence qu'il dégageait ; plus probablement à la célébrité qu'il s'était acquise par ses exploits. Quoi qu'il en soit, Calypso lui proposa le jour même de demeurer quelque temps sur l'île avec elle. Comme elle était très belle, et qu'au surplus, privé de navire et d'équipage, il n'avait guère le choix, Ulysse accepta. Il ne se doutait pas que son séjour allait se prolonger sept ans.

Pendant quelques mois, Ulysse et Calypso vécurent une lune de miel. Mais, peu à peu, l'amour d'Ulysse se refroidit et il fut repris du désir lancinant de revoir son pays et sa famille. Dès lors, il se mit à délaisser Calypso ; pendant la journée, il passait de longues heures assis sur un promontoire, à contempler tristement la mer dans la direction d'Ithaque ; le soir venu, il rejoignait Calypso mais ne répondait pas à ses caresses. Constatant sa froideur et craignant de perdre son amant, Calypso lui fit alors une surprenante proposition :

– Si tu acceptes de devenir mon époux, je m'engage par le Styx à obtenir pour toi, de Jupiter, l'immortalité.

La plupart des mythographes, aveuglés par leur admiration pour Ulysse, prétendent qu'il refusa cette proposition « sans hésiter ».

C'est absolument faux ; il hésita au contraire beaucoup. Il faut dire que la proposition de Calypso était digne d'être prise en considération. Contrairement au pari de Pascal, qui consiste à échanger la certitude de plaisirs terrestres immédiats contre l'éventualité très problématique d'une vie immortelle, l'offre de Calypso assurait à Ulysse la certitude de l'immortalité immédiate et ne l'obligeait à renoncer qu'à un espoir très hypothétique de retourner chez lui.

Il y avait pourtant quelque chose dans cette proposition qui inquiétait Ulysse et le faisait hésiter. Il n'aurait pu dire quelle était la cause exacte de cette inquiétude ; c'était une réminiscence confuse, le vague souvenir d'un exemple analogue, qu'il ne parvenait pas, malgré tous ses efforts, à faire resurgir de son subconscient.

« Cela me reviendra peut-être », pensa-t-il, et il demanda à Calypso de lui laisser le temps de la réflexion.

Alors, pour tenter de distraire Ulysse et de ranimer son ardeur amoureuse, Calypso a recours à un autre moyen : chaque soir, comme l'héroïne des *Mille et Une Nuits*, elle va lui raconter une histoire d'amour. Ce n'est pas par hasard qu'elle choisit, comme premier récit, celui des amours de Cupidon et de Psyché : elle veut prouver à Ulysse, par cet exemple, que les mariages mixtes entre des mortels et des dieux peuvent être heureux.

Premier récit de Calypso : Cupidon et Psyché

Il était une fois un roi et une reine qui avaient trois filles. Toutes les trois étaient belles, mais la troisième, Psyché, dépassait de loin ses sœurs en beauté. Du surcroît, elle était douce, aimable et spirituelle. Vénus, la déesse de l'amour, qui n'aimait guère la concurrence, finit par s'irriter des éloges constants qu'elle entendait faire de Psyché et décida de punir l'innocente jeune fille.

Vénus avait un fils, appelé Cupidon ou parfois aussi Éros.

Après avoir été un charmant bébé joufflu, Cupidon était devenu un bel adolescent. Il exerçait, dans l'Olympe, les fonctions d'adjoint de sa mère, avec le titre de dieu de l'amour. Muni d'un arc et de flèches invisibles, il possédait le redoutable pouvoir d'allumer la flamme de l'amour au cœur des mortels ou même des dieux. Il lui suffisait pour cela de leur décocher l'une de ses flèches magiques ; aussitôt, la personne qu'il avait frappée tombait amoureuse de l'être ou même de l'objet sur lequel elle posait le regard à cet instant précis.

C'est à son fils Cupidon que Vénus eut recours pour assouvir sa jalousie à l'égard de Psyché. Elle lui demanda de rendre Psyché amoureuse d'un homme qui fût à la fois laid, bête et méchant.

— Tu peux compter sur moi, lui répondit Cupidon, qui éprouvait toujours un vif plaisir à démontrer, par des facéties de ce genre, que l'amour est aveugle.

Mais les choses ne se passèrent pas du tout comme Vénus l'avait souhaité et comme Cupidon l'avait prévu. Au moment où, descendu sur terre, il posait le regard sur Psyché, ce fut lui, le dieu de l'amour, qui, pour la première et unique fois de sa vie, tomba amoureux. C'est pourquoi, loin d'exécuter les instructions de sa mère, il prit toutes les dispositions nécessaires pour que Psyché ne s'éprît d'aucun mortel. Il espérait ainsi pouvoir lui-même la séduire, lorsque l'occasion s'en présenterait.

Plusieurs mois passèrent. Les deux sœurs aînées de Psyché avaient fait de beaux mariages, mais elle-même semblait devoir rester célibataire. Son père s'en inquiéta et alla consulter un oracle. Celui-ci, soudoyé par Cupidon, déclara que Psyché devait être conduite et laissée seule sur une colline, où elle connaîtrait enfin l'amour.

Le jour suivant, conformément aux recommandations de l'oracle, le père de Psyché mène sa fille au sommet de la colline, l'installe dans une grotte assez confortable et, le soir venu, la laisse seule. Au milieu de la nuit, alors que Psyché, inquiète, ne parvient pas à trouver le sommeil, elle sent, dans l'obscurité, une présence à ses côtés. C'est Cupidon qui est venu la rejoindre. Saisie d'un trouble délicieux, elle s'unit à lui et connaît les douceurs de l'amour. Cependant, peu avant le lever du jour, son amant inconnu lui dit qu'il doit la quitter et qu'il ne reviendra que la nuit suivante :

– Notre amour, explique-t-il, ne peut durer que si tu ne vois jamais mon visage.

La vérité, c'est que Cupidon était honteux d'être tombé amoureux et ne voulait à aucun prix que cela se sût.

Pendant plusieurs nuits successives, Cupidon vint ainsi rejoindre Psyché, à qui il avait fait promettre de ne jamais essayer de le voir ; il la quittait toujours avant l'aube. Malgré sa curiosité, elle aurait sans doute tenu sa promesse si elle n'avait reçu, un matin, la visite de ses deux sœurs. Celles-ci, jalouses du bonheur qu'elles pouvaient lire sur la physionomie de Psyché, s'efforcèrent de jeter le doute et l'inquiétude dans son esprit en insinuant que son amant anonyme devait être un monstre repoussant. En la quittant, elles lui donnèrent un conseil perfide :

– Pour en avoir le cœur net, la nuit prochaine, lorsque ton compagnon dormira à côté de toi, allume une lampe et regarde son visage.

Après avoir beaucoup hésité, Psyché décide de suivre le conseil de ses sœurs. Quels ne sont pas sa surprise et son soulagement lorsque, au lieu du monstre hideux qu'elle craignait de découvrir, elle aperçoit, à la lueur tremblante de sa lampe à huile, un visage d'une beauté plus qu'humaine. Mais, tandis qu'elle le contemple avec émotion, une goutte d'huile brûlante coule de la lampe et tombe sur le front de Cupidon. Celui-ci, se réveillant en sursaut, comprend que Psyché a violé son serment. Il se lève et, sans même lui donner un baiser d'adieu, prend congé de Psyché pour toujours :

– L'amour, lui dit-il, n'est pas possible sans la confiance.

Il retourne sur l'Olympe, avoue tout à sa mère, et lui demande de punir Psyché.

Vénus, on s'en doute, est enchantée de pouvoir lui rendre ce service. Elle descend sur terre, se dirige vers la grotte où elle trouve Psyché en larmes.

– Je suis Vénus, lui dit-elle, ton amant n'était autre que mon fils Cupidon. Non seulement tu l'as perdu pour toujours, mais tu vas devoir en outre expier ta trahison par de durs labeurs.

Les tâches successives que Vénus imposa à Psyché étaient presque aussi difficiles que les travaux d'Hercule. Mais, comme Psyché avait su gagner l'affection des animaux et même des plantes qui peuplaient son pays, grâce à leur aide, elle put venir à bout de toutes les difficultés.

Lorsque Vénus lui demanda de trier, en une seule nuit, un énorme tas de graines en séparant soigneusement le blé, l'orge, l'avoine et le seigle qui s'y trouvaient mélangés, c'est le peuple des fourmis qui accomplit pour elle le travail.

Lorsque Vénus lui demanda de recueillir, dans un flacon, l'eau d'une rivière qui coulait au fond d'une gorge inaccessible, c'est un aigle qui, prenant le flacon dans ses serres, alla le remplir.

Lorsque Vénus demanda à Psyché de lui rapporter une pelote de fils de laine dorée pris dans la toison de bouquetins, ce furent les ronces de la montagne qui arrachèrent les fils et les hirondelles qui allèrent les chercher.

Pendant que Psyché surmontait ainsi ses trois premières épreuves, Cupidon en subissait une autre, d'un genre bien différent.

Il s'apercevait que, le jour où il avait déclaré à Psyché, sur un ton péremptoire, que « l'amour n'est pas possible sans la confiance », il avait proféré une contre-vérité et une ineptie. À cette époque déjà, comme aujourd'hui, tous les gens qui faisaient profession de connaître le cœur humain, c'est-à-dire les philosophes, les psychologues, les romanciers et les poètes, savaient fort bien que c'est l'excès de confiance, plutôt que son absence, qui est préjudiciable à l'amour. Les doutes, les suspicions, la jalousie, loin d'affaiblir la passion amoureuse, ne font que l'exaspérer. Et Cupidon aurait dû le savoir mieux que quiconque, lui qui s'était si souvent amusé à voir la flamme des amoureux se nourrir de leurs inquiétudes. Mais voilà, on a beau être philosophe, psychologue, romancier, poète ou même dieu de l'amour, on cesse d'être lucide lorsqu'on commence à être amoureux. Loin d'oublier Psyché, Cupidon ne pensait plus qu'à elle depuis qu'elle avait trahi sa confiance. À la fin, il n'y tint plus : allant trouver sa mère, il lui dit qu'il n'aimerait jamais quelqu'un d'autre que Psyché et qu'il voulait en faire sa femme.

Comme Vénus ne pouvait admettre que son fils épousât une simple mortelle, elle obtint de Jupiter qu'il concédât l'immortalité à Psyché. Celle-ci l'accepta de bon cœur et devint la femme de Cupidon.

– Et toi, conclut Calypso en s'adressant à Ulysse, es-tu prêt maintenant à en faire autant ?

– J'ai encore besoin de réfléchir, lui répondit Ulysse.

40. Suite des histoires d'amour de Calypso

Après avoir entendu, de la bouche de Calypso, un grand nombre d'histoires d'amour tirées de la chronique olympienne, et en particulier le récit complet et inexpurgé des liaisons de Jupiter, Ulysse demanda un soir à la nymphe si elle ne connaissait pas aussi des histoires d'amour humaines.

– J'en connais beaucoup, lui répondit Calypso, et qui te prouveront que les hommes, dans ce domaine, ne sont pas plus raisonnables que les dieux.

Pygmalion et Galatée

Pygmalion était un jeune sculpteur de grand talent. Exclusivement passionné pour son art, il ne s'intéressait pas aux femmes, qu'il ne trouvait d'ailleurs jamais assez belles pour lui :

– La nature, disait-il, est pleine de défauts ; seul l'art peut atteindre à la perfection.

Pour prouver sa thèse, il entreprit un jour de tailler dans le marbre la statue d'une femme parfaite. Il y réussit si bien qu'il tomba amoureux de son œuvre. Il se mit à la traiter comme une amante, à l'habiller de vêtements élégants, à la couvrir de caresses et de baisers. Émue par l'ardeur de cet amour bizarre, Vénus prit pitié du sculpteur et donna la vie à la statue, qu'elle appela Galatée et que Pygmalion épousa.

– C'est le comble de l'égocentrisme, observa Ulysse.

– Non, lui répondit Calypso, le comble de l'égocentrisme est l'amour de Narcisse pour lui-même, que je vais te conter.

Narcisse

Lorsque naquit Narcisse, un oracle annonça à ses parents qu'il vivrait vieux et heureux s'il ne voyait jamais son propre visage. Sans bien comprendre le sens de cette prophétie, ses parents bannirent de leur demeure toute espèce de miroirs. En grandissant, Narcisse devint un adolescent d'une exceptionnelle beauté. Toutes les femmes qui le voyaient brûlaient d'amour pour lui.

La nymphe Écho, en particulier, celle-là même qui avait déjà eu avec Jupiter une aventure malheureuse, fut l'une de ses admiratrices les plus éperdues. Mais Narcisse, atteint apparemment d'une incurable misogynie, ne leur accordait pas la moindre attention.

Un jour qu'il revenait de la chasse, il s'arrêta à une fontaine pour se désaltérer. Comme il se penchait au-dessus de l'eau, il vit s'y refléter son image. Il la trouva si belle, qu'il en tomba amoureux. Fasciné, il restait là à la contempler, sans bouger, sans manger et même sans boire, car il craignait, en trempant ses lèvres dans l'eau de la fontaine, d'en troubler un instant la surface. Au bout de quelques jours, il mourut de faim et de soif.

Lorsque Charon, le nocher des enfers, lui fit traverser l'Achéron, Narcisse, penché au-dessus du fleuve noir, y contemplait encore son image.

– Et des histoires d'amours normales, entre un homme et une femme qui s'aiment et sont heureux, cela n'existe pas ? demanda un jour Ulysse à Calypso.

– Ce genre de situation n'est malheureusement pas aussi normal que tu le penses, répondit Calypso ; mais j'en connais tout de même un exemple, celui de Philémon et Baucis.

Philémon et Baucis

Un soir, sur l'Olympe, Jupiter et Mercure bavardaient ensemble après le dîner, comme ils en avaient l'habitude. Leur conversation étant tombée, par hasard, sur un peuple montagnard appelé les Phrygiens, les deux Olympiens se trouvèrent en complet désaccord : Jupiter prétendait que les Phrygiens, comme d'ailleurs tous les montagnards, étaient aimables et accueillants, Mercure affirmant au contraire qu'ils étaient égoïstes et inhospitaliers.

— Faisons un pari, puis allons nous rendre compte par nous-mêmes, proposa Jupiter, qui aimait se livrer de temps à autre à ce genre d'escapades.

Le lendemain, Jupiter et Mercure, déguisés en vagabonds, entrent dans un village de Phrygiens, qu'ils avaient choisi au hasard, et se mettent à frapper à la porte des fermes en demandant l'aumône. Partout, comme l'avait prévu Mercure, on leur claque la porte au nez, et plusieurs fois même on lâche sur eux les chiens. Jupiter pensait bien avoir perdu son pari, lorsqu'il frappa à la dernière porte du village ; ce n'était même pas celle d'une ferme, mais d'une misérable chaumière. Un vieil homme et une vieille femme en étaient les occupants.

— Nous n'avons pas d'argent, dirent-ils à leurs visiteurs, mais nous serons heureux de partager avec vous notre repas et notre demeure.

Le repas qu'ils s'apprêtaient à prendre se composait exclusivement d'un chou et d'une miche de pain ; mais, en l'honneur de leurs hôtes, ils insistèrent pour y ajouter leur unique morceau de lard fumé qui pendait à une poutre. Ils sortirent enfin du buffet, à cette occasion, leur dernière cruche d'un vin d'ailleurs fort médiocre.

Pendant le repas, les deux vieillards racontèrent leur vie à leurs invités. Lui s'appelait Philémon et elle, Baucis. Ils étaient mariés depuis de longues années, mais s'aimaient encore comme au premier jour. Ils étaient très pauvres, mais leur jardin et leur basse-cour leur donnaient, disaient-ils, largement de quoi manger. Ils s'estimaient donc très heureux. Tout en parlant, Philémon veillait à remplir de vin les verres de ses hôtes, mais il s'abstenait, pour sa part, de boire le sien, car il craignait que la cruche ne fût vidée avant la fin du repas. Or, à sa grande surprise, non seulement le niveau du vin ne baissait pas dans la cruche, mais il lui semblait monter. À la fin du repas, le doute ne fut plus permis : la cruche était pleine, et d'un vin bien meilleur que celui qu'elle contenait initialement. Les deux vieillards comprirent alors que leurs hôtes n'étaient pas des vagabonds ordinaires et les regardèrent avec crainte. Jupiter, ravi d'avoir gagné son pari, s'empressa de les rassurer :

– Je suis le roi des dieux, leur dit-il, et je veux vous remercier pour votre généreuse hospitalité. Demandez-moi ce que vous voulez, de l'or, un palais somptueux, de vastes domaines et des troupeaux nombreux, tout vous sera accordé.

Philémon et Baucis se consultent un instant, à voix basse. Puis le vieil homme répond à Jupiter :

– La seule faveur que nous souhaitons, c'est de pouvoir vivre encore quelques années ensemble et, lorsque le moment sera venu, de mourir tous les deux en même temps, afin qu'aucun de nous n'ait le chagrin de survivre à l'autre.

Jupiter exauça ce vœu. Lorsque, bien des années plus tard, Philémon et Baucis moururent, leurs corps furent transformés, l'un en chêne et l'autre en tilleul ; mais leur tronc était commun afin que, même dans la mort, ils ne fussent pas séparés.

Ayant constaté qu'Ulysse avait pris un plaisir particulier à cette histoire d'amour exemplaire, Calypso jugea que le moment était bien choisi pour renouveler à son amant la proposition d'immortalité qu'elle lui avait faite, et à laquelle il n'avait toujours pas répondu.

Une fois de plus, Ulysse se dérobe. Elle s'impatiente alors et lui adresse un ultimatum :

– Tu as eu tout le temps de réfléchir, il faut maintenant te décider ; j'exige une réponse cette nuit même, avant que...

Elle hésite un instant puis reprend :

– Avant que le jour se lève.

Ulysse reste un instant perplexe. Ce qui l'étonnait et le troublait, ce n'était pas l'ultimatum de Calypso, auquel il s'attendait depuis quelque temps, mais les termes qu'avait employés Calypso pour en fixer le délai d'expiration. À cette époque, en effet, chaque fois qu'on voulait évoquer le lever du jour, on employait une formule poétique qui, à force d'être répétée, était devenue un véritable cliché ; on disait : « Lorsque paraîtra l'Aurore aux doigts de rose, qui se lève de bon matin... »

Or Ulysse avait remarqué qu'après un instant d'hésitation Calypso s'était volontairement abstenue d'employer cette formule, et il se demandait pourquoi.

Brusquement, une illumination se fit dans son esprit et il comprit, à la fois, pourquoi Calypso avait évité de lui parler de l'Aurore aux doigts de rose et pourquoi lui, Ulysse, poussé par quelque instinct obscur, hésitait depuis plusieurs mois à accepter l'offre de l'immortalité : cette réminiscence lointaine et vague, sur laquelle il ne parvenait pas à mettre le doigt, lui était enfin revenue à la mémoire.

– Je vais à mon tour, dit-il à Calypso, te raconter une histoire d'amour, ou plutôt te la rappeler, car tu la connais certainement. C'est celle d'Aurore et de Tithon.

Aurore et Tithon

Aurore est la déesse qui, chaque matin, se lève la première pour annoncer aux hommes le prochain lever du soleil en colorant de ses doigts de rose le ciel d'orient. Toute déesse qu'elle fût, Aurore s'éprit un jour d'un mortel, nommé Tithon. Elle lui promit l'immortalité s'il acceptait de l'épouser. Tithon accepta et, pendant plusieurs années, n'eut qu'à se féliciter de cette décision. Mais un jour il s'aperçut que ses cheveux grisonnaient, que des rides se creusaient sur son front et qu'il avait du mal à lire de près. Il alla s'en plaindre à Aurore.

– Je t'ai bien promis l'immortalité, lui répondit la déesse, mais non la jeunesse éternelle, à laquelle seuls les dieux ont droit. Je ne peux donc pas t'empêcher de vieillir.

Les années passèrent, Tithon se voûta, se dessécha, se flétrit, se ratatina, perdit successivement l'ouïe, la vue, l'odorat et le toucher. Il finit par supplier Aurore, qui voulut bien y consentir, de le laisser mourir.

– Et voilà pourquoi, conclut Ulysse en s'adressant à Calypso, je n'ai pas besoin de réfléchir plus longtemps pour refuser ton offre.

Le départ d'Ulysse

À partir de ce jour, les relations entre Ulysse et Calypso s'altérèrent rapidement. Ulysse, sombre et taciturne, ne pensait qu'aux moyens de quitter l'île, et Calypso, aux moyens de l'en empêcher.

Cette situation d'équilibre aurait pu cependant se prolonger longtemps encore, si Minerve n'était intervenue. Depuis quelques mois, sur l'Olympe, le lobby pro-Ulysse, dirigé par Minerve et Mercure, avait sérieusement renforcé sa position.

Apollon paraissait avoir oublié l'affaire des bœufs, et la plupart des autres dieux manifestaient à l'égard d'Ulysse des sentiments de neutralité bienveillante. Seul Neptune restait un adversaire irréductible. Mais il s'absentait fréquemment de l'Olympe. Un jour qu'il était parti, Dieu sait pourquoi, faire un voyage en Éthiopie, Minerve profita de son absence pour aller plaider, une fois de plus, la cause d'Ulysse auprès de Jupiter ; cette fois, elle emporta la décision : Jupiter donna pleins pouvoirs à Mercure pour régler l'affaire avec Calypso. Chaussant ses sandales ailées, Mercure se rendit aussitôt chez la nymphe.

Après les salutations d'usage, il en vient rapidement au fait :

– Jupiter te prie de laisser partir Ulysse, et de l'aider à préparer son voyage. Et quand je dis qu'il te prie, c'est une façon de parler. Il te l'ordonne.

Calypso doit s'incliner. Elle appelle Ulysse, qui était assis tristement, comme d'habitude, sur son promontoire ; elle lui annonce qu'elle l'autorise à retourner chez lui. Tout d'abord Ulysse, méfiant, se refuse à la croire, soupçonnant un piège. Mais elle lui jure par le Styx qu'elle dit la vérité. Elle l'engage à entreprendre, sans tarder, la construction d'un navire. Non sans hypocrisie, Ulysse affecte alors d'éprouver des regrets.

– Mon plus cher désir, dit-il à Calypso, serait de demeurer ici, car nulle mortelle, pas même Pénélope, ne peut se comparer à toi. Mais je n'ai pas le droit de me dérober à mes obligations familiales et surtout à mes devoirs envers mon fils Télémaque.

Après quoi, retrouvant d'un coup toute son énergie, Ulysse se met au travail. Il abat quelques pins au tronc bien droit, les attache solidement entre eux pour en faire un radeau, qu'il équipe d'un mât, d'une dérive, d'un gouvernail rudimentaire. Son ardeur est telle qu'en trois jours son travail est déjà bien avancé. Calypso fait alors une ultime tentative pour le retenir : elle lui écrit une lettre, comme le font souvent les amants désunis lorsqu'ils ne peuvent plus se parler sans se disputer. Dans cette lettre poignante, qu'elle écrit en pleurant, elle rappelle à Ulysse les bons moments qu'ils ont vécus ensemble ; elle lui jure qu'elle ne l'oubliera jamais, mais qu'elle préfère souffrir elle-même toute sa vie que de le voir malheureux. En écrivant ces nobles paroles, Calypso se croyait sincère. Mais, sans vouloir se l'avouer, elle espérait secrètement qu'Ulysse, ému par la générosité dont elle faisait preuve, sentirait renaître son amour pour elle. Malheureusement, dans les lettres de ce genre, l'auteur est plus ému en les écrivant que le destinataire en les lisant. Ulysse se contenta de la parcourir d'un regard distrait.

Lorsque Calypso comprit que ses espérances secrètes étaient vaines et que, bien loin de reconquérir son amant, elle n'avait fait que soulager ses remords ; lorsqu'elle vit qu'Ulysse, accélérant ses préparatifs, abandonnait ses mines contrites et cessait de dissimuler son impatience de partir, une bouffée de fureur la submergea tout à coup. Elle n'eut plus qu'une idée : se venger.

Deux jours après, Ulysse, ayant terminé son radeau et chargé à son bord quelques provisions, prenait hâtivement congé de Calypso.

Quelques minutes plus tard, Calypso prenait son vol en direction de l'Olympe, où elle pensait trouver Neptune.

41. Nausicaa

La tempête

Pendant dix-sept jours, un vent favorable poussa Ulysse vers sa destination. D'après ses calculs, il ne lui restait plus alors que trois ou quatre jours de navigation pour arriver à Ithaque. Pendant la même période, Calypso attendait sur l'Olympe le retour de Neptune, toujours absent. Il revint enfin. Calypso le mit aussitôt au courant du départ d'Ulysse.

– Si tu veux t'opposer à son retour, ajoute-t-elle, il n'y a pas une minute à perdre.

Sans même prendre le temps de consulter Jupiter, Neptune quitte précipitamment l'Olympe, repère la position d'Ulysse, frappe la mer de son trident et déchaîne une formidable tempête. Le radeau d'Ulysse n'y résiste pas longtemps. Il perd d'abord son mât, puis son gouvernail. Enfin, sous le choc d'une vague énorme, les troncs assemblés commencent à se disloquer. Craignant d'être écrasé par l'un d'eux, Ulysse retire ses vêtements et se jette à l'eau. Un instant auparavant, alors qu'une lame immense soulevait son radeau, il a cru apercevoir, dans le lointain, les contours d'une île. À la nage, il se dirige vers elle.

Comme Guillaumet dans la cordillère des Andes, Ulysse fut cent fois sur le point d'abandonner la lutte et de se laisser couler. Mais, chaque fois, le souvenir d'Ithaque et de ceux qui l'y attendaient ranimait son énergie. Il nagea ainsi deux jours et deux nuits, sans pouvoir prendre aucune nourriture ni aucun repos. Comme l'Aurore aux doigts de rose se levait pour la troisième fois, il vit enfin, tout près de lui, la côte de l'île qu'il avait aperçue de son radeau. C'était une côte rocheuse sur laquelle les vagues venaient se briser avec violence. Ulysse eut d'abord la tentation d'y aborder à l'endroit le plus proche ; mais il se rendit compte qu'en procédant ainsi il irait presque à coup sûr se fracasser sur les rochers. Malgré son épuisement extrême, il décida donc de longer à la nage la côte de l'île, jusqu'à ce qu'il trouvât un endroit où il pût aborder sans risque. Il lui fallut encore presque toute la journée pour trouver une petite crique sablonneuse, formée par l'estuaire d'un fleuve. La nuit tombait presque, lorsque, nu, affamé, grelottant de froid, se tenant avec peine sur ses jambes, il sortit de l'eau.

Il s'allongea un instant sur le sable puis, dans un dernier sursaut d'énergie, se releva : il venait de songer qu'en restant à découvert sur la plage il risquait, pendant la nuit, de mourir d'une pneumonie ou d'être dévoré par une bête féroce. En titubant, il fit quelques pas jusqu'à la lisière d'une forêt toute proche. Là, ramassant des feuilles mortes et sèches qui jonchaient le sol, il en fit un gros tas, sous lequel il se glissa. Alors, mais alors seulement, il se laissa sombrer dans le sommeil.

41. NAUSICAA

Rencontre avec Nausicaa

L'île sur laquelle Ulysse avait débarqué était habitée par les Phéaciens, un peuple connu principalement pour la compétence de ses marins et la vélocité de ses coureurs à pied. Il était gouverné par le roi Alcinoos. Le lendemain de l'arrivée d'Ulysse était, au palais d'Alcinoos, le jour de la lessive hebdomadaire.

C'était la fille du roi, Nausicaa, qui en était responsable. Comme chaque semaine, elle se leva de bon matin, fit charger le linge sale de la famille sur un chariot attelé de deux mulets et, accompagnée d'une douzaine de jeunes servantes, se rendit à la rivière à côté de laquelle Ulysse dormait. Pendant toute la matinée, les jeunes filles s'affairèrent joyeusement à frotter, rincer, tordre et étendre le linge. Ulysse dormait si profondément que leurs rires ne le réveillèrent pas. Lorsque la lessive fut terminée, Nausicaa et ses compagnes

déjeunèrent légèrement ; puis, en attendant que le linge séchât, elles se mirent à jouer au ballon.

L'une des jeunes filles, dans son ardeur, lança le ballon trop loin ; il entra dans la forêt, rebondit contre un arbre, alla tomber sur le nez d'Ulysse. Réveillé en sursaut, celui-ci, se dressant sur son séant, aperçut, courant vers lui, la troupe joyeuse des jeunes filles. Se levant d'un bond, il s'apprêtait à aller à leur rencontre, lorsqu'il se rendit compte qu'il était entièrement nu. Il se saisit alors du premier objet qui lui tomba sous la main, c'est-à-dire du ballon. Le plaçant devant lui comme une feuille de vigne, il sortit du bois.

Même ses admirateurs inconditionnels doivent reconnaître qu'Ulysse, ce jour-là, n'était pas à son avantage : ses cheveux collés sur le front par l'eau de mer, ses yeux rougis par le sel, sa barbe hirsute, son corps tuméfié en plusieurs endroits, et surtout la posture grotesque que lui imposait la décence, n'étaient guère de nature à inspirer que la pitié ou la répulsion. C'est ce dernier sentiment qui prévalut chez les servantes de Nausicaa : épouvantées par le personnage hirsute qui s'avançait vers elles, elles s'enfuirent comme une volée de moineaux. Seule Nausicaa, poussée peut-être par la curiosité, conserva son sang-froid et attendit Ulysse de pied ferme.

Le discours que lui adressa Ulysse ne compte pas non plus parmi les plus brillants de sa carrière d'orateur. Il est vrai que les circonstances ne lui étaient pas favorables : sa langue était un peu pâteuse, sa voix rauque, son cerveau encore engourdi par le sommeil. Il ne pouvait pas souligner ses effets oratoires, comme il avait coutume de le faire, à l'aide de sa main droite qui tenait le ballon, sans se rendre coupable d'outrage à la pudeur.

Il sut pourtant trouver les mots propres à flatter Nausicaa et à l'émouvoir. Il commença par louer la beauté de la jeune fille :

– Es-tu une déesse ou une simple mortelle ? Si tu es une déesse, ce ne peut être que la chaste Diane, amoureuse des forêts ; si tu es une mortelle, heureux l'homme que tu choisiras pour mari.

Puis, sans dire qui il était, il raconta brièvement son naufrage et la manière dont il s'était sauvé. Il en appela, pour finir, aux sentiments d'hospitalité de la jeune fille.

Nausicaa eut pitié de lui. Rappelant ses compagnes, elle leur reprocha leur pusillanimité. Elle les pria de donner au naufragé du savon pour se laver et l'une des tuniques d'Alcinoos pour s'habiller.

Une demi-heure plus tard, lavé, coiffé, parfumé et correctement vêtu, Ulysse était un autre homme. En le voyant réapparaître de la petite crique où il était allé faire sa toilette, Nausicaa commença à ressentir pour lui un intérêt qui n'était plus inspiré seulement par la pitié.

« Si l'on me proposait un tel mari, songea-t-elle, je ne dirais pas non. »

Comme le linge était sec et que l'heure du retour au palais était venue, elle proposa à Ulysse de la suivre :

– Il ne serait pas convenable que nous y allions ensemble, et cela ferait jaser ; mais suis-moi à quelque distance et, lorsque tu arriveras au palais de mon père, le roi Alcinoos, présente-toi à lui ; ou plutôt présente-toi à ma mère, la reine Arété, car c'est elle qui décide de tout à la maison. Demande-lui de t'accorder l'hospitalité ; je suis sûre qu'elle ne te la refusera pas.

Ulysse suivit les instructions de Nausicaa. En entrant dans la grande salle du palais, il aperçut Alcinoos et Arété assis devant la cheminée où brûlait un feu de bois. Il en fut surpris, car, pendant son séjour chez Calypso, il avait perdu le sens des saisons.

« Nous devons être en hiver, songea-t-il ; voilà pourquoi j'avais si froid en sortant de l'eau. »

Comme l'avait prévu Nausicaa, Ulysse produisit une impression favorable sur Arété et par conséquent sur Alcinoos. Émus par le bref récit de ces récentes épreuves, ils lui offrirent l'hospitalité et l'invitèrent à partager le souper qu'ils s'apprêtaient à prendre.

– Malgré mes soucis et ma tristesse, répondit Ulysse, je ne refuse pas. Rien n'est plus cynique que ce maudit ventre qui nous oblige à penser à lui, fût-on consumé de chagrin.

Le dîner réunissait une dizaine de convives. Nausicaa, placée à côté d'Ulysse, se réjouissait de le voir faire honneur au repas, comme un homme qui n'a rien mangé depuis trois jours. La courtoisie, à cette époque, interdisait de poser à un invité, dès son arrivée, des questions sur son identité et sur son passé ; Ulysse, de son côté, préférait ne pas se faire reconnaître ; il laissa seulement entendre qu'il avait fait un long voyage et subi beaucoup d'épreuves.

Lorsque le repas fut terminé, Alcinoos fit venir un aède pour distraire ses convives. Les aèdes étaient des sortes de troubadours qui, s'accompagnant sur leur lyre, chantaient des poèmes épiques de leur composition. Le poème qu'avait choisi, ce soir-là, l'aède d'Alcinoos relatait les principaux événements de la guerre de Troie.

Ulysse n'avait pas coutume de manifester ses émotions ; on pensait même souvent qu'il n'en éprouvait aucune. Il y avait pourtant deux choses auxquelles il était profondément sensible : la première, on le sait, était la musique ; et la seconde était l'évocation de souvenirs de sa jeunesse, qui lui inspirait toujours un sentiment poignant de nostalgie. Si l'on ajoute à cela qu'Ulysse, après les fatigues de ces derniers jours et le repas plantureux qu'il venait de faire, était en état de moindre résistance nerveuse, on comprend mieux le trouble profond qui le saisit. Le chant évoquait ses propres exploits et le souvenir de ses compagnons disparus. Lorsque l'aède en arriva à l'épisode du cheval de Troie, Ulysse ne put dominer son émotion. Cet homme qui, pendant vingt ans, n'avait jamais perdu son sang-froid ; qui, alors que des héros comme Achille n'avaient pas honte de verser parfois des larmes de rage ou de chagrin, avait toujours gardé l'œil sec ; cet homme qui avait donné la preuve de sa dureté en exigeant le sacrifice d'Iphigénie, en abandon-

321

nant Philoctète sur son île, en laissant condamner Palamède à mort, en incitant Pyrrhus à tuer le petit Astyanax ; cet homme enfin qu'on appelait le rusé, le fourbe, le cruel, le froid, le dur Ulysse, sentit sa gorge se serrer. Les larmes lui montaient aux yeux. Précipitamment, il se couvrit le visage d'un pan de sa tunique. Il sanglotait.

Nausicaa, qui ne le quittait pas des yeux, s'aperçut de son trouble. Elle posa doucement sa main sur le bras tanné et rugueux d'Ulysse.

– Il ne faut pas, lui dit-elle, pleurer les malheurs anciens avec des larmes nouvelles.

Ulysse s'essuya les yeux en souriant à Nausicaa. Il s'étonnait en lui-même et admirait qu'un vieux guerrier endurci, recru d'épreuves, pût encore recevoir une leçon de sagesse, de la bouche d'une jeune fille qui ne savait rien de la vie.

Alcinoos, lui aussi, avait remarqué l'émotion d'Ulysse. Il pria l'aède de cesser son chant et invita les convives à se retirer.

– Notre hôte doit être fatigué, observa-t-il ; il doit prendre un peu de repos avant la journée de demain, où nous organiserons, en son honneur, des compétitions sportives.

Pour la première fois depuis longtemps, Ulysse s'endormit, ce soir-là, sur un matelas moelleux et dans des draps de lin.

La deuxième journée d'Ulysse chez les Phéaciens

Pendant la matinée du lendemain, les meilleurs athlètes phéaciens s'affrontèrent, sous les yeux de la famille royale et d'Ulysse, dans diverses épreuves sportives : lancer du poids, du disque, du javelot, lutte, saut, course à pied. Alors que les épreuves s'achevaient et que les concurrents s'apprêtaient à aller déjeuner au palais, le fils du roi, Laodamas, demanda à Ulysse s'il ne souhaitait pas, lui aussi, concourir.

Ulysse commence par décliner l'invitation en arguant de son âge, de son manque d'entraînement, de sa fatigue. L'un des jeunes gens du groupe, un certain Euryale, qui avait gagné plusieurs épreuves, se permet alors, au mépris des règles de la courtoisie, de se moquer d'Ulysse :

– Malgré tes cuisses robustes, tes larges épaules, tes bras musclés, tu me sembles être de ceux qui se servent surtout de leur langue. C'est dans les joutes oratoires que tu dois être un champion.

– Que veux-tu, lui répond Ulysse, on ne peut pas tout avoir ; ainsi, toi, tu as la beauté et la force, mais tu n'as guère d'esprit. Cependant, puisque tu me lances un défi, je le relève : je suis prêt à t'affronter cet après-midi dans l'épreuve de ton choix – sauf toutefois la course à pied, où mon âge serait un trop grand handicap.

Euryale choisit la course de chars.

Pendant le déjeuner, Nausicaa apprend à Ulysse que la course de chars est la spécialité d'Euryale ; il possède un char blanc ultra-léger. Sa supériorité dans cette épreuve est si grande que, depuis longtemps, plus personne n'ose se mesurer à lui.

« C'est fâcheux », songe Ulysse, qui ne brille pas lui-même particulièrement dans cette discipline.

Après le déjeuner, tout le monde va faire la sieste, sauf Ulysse qui se rend dans la remise où sont alignés les chars. Il n'a pas de mal à reconnaître celui d'Euryale. Il retire la goupille de bronze qui fixait la roue droite à l'essieu et la remplace par un bâton de cire. Puis il va prendre, lui aussi, quelques instants de repos. Vers quatre heures, la course commence, en présence d'une foule nombreuse. L'épreuve consiste à faire dix fois le tour d'une piste cendrée. Dès le départ, Euryale prend l'avantage. Il ne tarde pas à avoir un tour entier d'avance sur Ulysse, qu'il dépasse dans une ligne droite ; Ulysse n'en paraît pas excessivement affecté et continue une course prudente. Au moment où Euryale entame son cinquième tour, le bâton de cire qui maintenait sa roue droite, échauffé par le soleil et les frottements, achève de fondre. La roue se détache, le char verse, Euryale est projeté dans la poussière ; Ulysse, ayant terminé tranquillement le parcours, est proclamé vainqueur.

Le comportement d'Ulysse, au cours de ses deux premières journées chez Alcinoos, n'avait pas manqué d'éveiller la curiosité de ses hôtes. À la fin du dîner qui suivit la course de chars, Alcinoos jugea que les convenances ne lui interdisaient plus de poser à Ulysse la question qui lui brûlait les lèvres :

– Ta physionomie, ton allure, lui dit-il, ne sont pas celles d'un homme ordinaire ; l'histoire de ta vie ne doit pas manquer d'intérêt. Peut-être accepteras-tu de nous la raconter ?

Après un instant d'hésitation, Ulysse lui répondit :

– Puisque tu le souhaites, je vais satisfaire ta curiosité.

Et, dans le silence qui s'était fait autour de la table, il commença son récit par ces paroles célèbres et orgueilleuses qui provoquèrent une vive sensation dans son auditoire :

– Je suis Ulysse, fils de Laërte ; par mes ruses j'intéresse tous les hommes et ma gloire atteint le ciel...

La nuit était bien avancée lorsque le récit d'Ulysse se termina. Pas une seule fois il n'avait été interrompu et, à plusieurs reprises, alors qu'Ulysse évoquait avec émotion les plus cruelles de ses épreuves, les yeux de Nausicaa s'étaient mouillés de larmes.

Après quelques instants de silence, Alcinoos remercia Ulysse :

– Ta présence est pour nous un grand honneur et une grande joie ; mais tu dois avoir hâte de revoir ton pays. Dès demain, je mettrai à ta disposition mon meilleur navire et mon meilleur équipage ; il ne leur faudra que quelques heures pour te conduire à Ithaque.

Ulysse accepte cette généreuse proposition, et l'on convient que le départ aura lieu le lendemain soir, après un dernier banquet d'adieu.

Le départ d'Ulysse

Toute la noblesse phéacienne était réunie au palais d'Alcinoos, le lendemain, pour rendre hommage à Ulysse. Le repas fut long, abondant et joyeux. Lorsqu'il se termina, Euryale, l'adversaire malheureux d'Ulysse dans la course de chars, demanda la parole :

— Je me suis conduit à ton égard d'une manière discourtoise, dit-il à Ulysse. Je te prie d'accepter mes excuses.

Il tendit à Ulysse une belle épée de bronze à poignée d'argent. Après lui, tous les convives, à tour de rôle, remirent à Ulysse un présent. Celui de Nausicaa était un miroir encadré d'ivoire sculpté.

— Décidément, lui dit Ulysse en souriant, tu penses toujours à ma toilette.

Tous les cadeaux furent rangés dans un grand coffre qu'Ulysse ferma lui-même, à l'aide d'un nœud secret que lui avait enseigné Circé. La nuit tombait lorsque Ulysse prit enfin congé de ses hôtes. Il s'embarqua à bord du navire où l'attendaient un pilote et cinquante-deux rameurs. Par un temps calme, sur une mer tranquille, le navire sortit du port. Sur le pont du bateau, des couvertures avaient été préparées pour Ulysse ; il s'y coucha.

Après vingt ans d'absence, il allait retrouver son pays ; à quoi pouvait-il songer, en cet instant solennel ? Revivait-il le souvenir de ses exploits, de ses aventures et de ses souffrances ? Ne s'interrogeait-il pas plutôt sur ce qui l'attendait à son arrivée à Ithaque, sur l'accueil que lui ferait sa femme, sur ce qu'était devenu son fils ? Eh bien, non, son esprit n'était occupé ni par le souvenir des épreuves passées ni par l'appréhension des épreuves à venir. Étendu sur le dos, bercé par le mouvement cadencé des rameurs, contemplant au-dessus de lui le ciel sombre où scintillaient les étoiles, Ulysse pensait à Nausicaa.

42. Le retour d'Ulysse à Ithaque

Minerve

Le jour n'était pas encore levé lorsque le navire aborda sur une plage isolée d'Ithaque. Inopportunément, Ulysse s'était endormi une demi-heure avant l'arrivée. Ayant scrupule à le réveiller, les marins le transportèrent, enveloppé dans ses couvertures, au pied d'un olivier. Après avoir déposé à côté de lui le coffre rempli des cadeaux des Phéaciens, ils reprirent la mer et s'éloignèrent rapidement. Ce furent les premières lueurs de l'aube qui réveillèrent Ulysse. Il regarda autour de lui. Soit qu'il ne fût jamais allé auparavant dans cet endroit reculé de l'île, soit que le paysage eût changé en vingt ans, soit enfin qu'il fût trompé par le brouillard assez épais qui couvrait la plage, il ne reconnut rien :

« Hélas ! songea-t-il, mes épreuves ne se termineront donc jamais ? Ces maudits marins se seront débarrassés de moi sur le premier rivage venu. »

Comme il faisait ces tristes réflexions, il aperçoit, venant vers lui, un jeune berger. Il le salue, lui demande en quel endroit il se trouve.

– Tu sembles tomber du ciel, lui répond le berger ; ne sais-tu pas que tu es sur le sol d'Ithaque ?

À ce moment, le brouillard se dissipe, et Ulysse reconnaît, vers l'intérieur de l'île, le profil familier des collines d'Ithaque. Une grande joie l'envahit.

– Et toi, lui demande alors le berger, qui es-tu, d'où viens-tu ?

Instruit par l'expérience d'Agamemnon, Ulysse n'est pas pressé de dévoiler son identité ni d'annoncer la nouvelle de son retour. Se faisant passer pour un commerçant étranger, il invente une histoire rocambolesque pour expliquer sa présence sur ce rivage.

Le berger l'écoute avec un sourire quelque peu sceptique. Ulysse, qui craint de laisser son coffre à la portée des passants éventuels, demande au berger de l'aider à le transporter dans une petite grotte voisine. Le coffre est lourd, la pente est forte, Ulysse peine et transpire.

– Tu es plus robuste que tu n'en as l'air, dit-il au berger : ton front n'est même pas mouillé !

– Que veux-tu, lui répond le berger non sans cruauté, je suis jeune, moi.

Lorsqu'ils ont terminé le transport du coffre, le soleil est déjà haut dans le ciel.

– Quelle heure peut-il être ? demande Ulysse.

Le berger regarde le soleil et déclare qu'il doit être onze heures.

– C'est étrange, fait observer Ulysse, les rayons du soleil ne te font même pas sourciller.

– J'ai de bons yeux, répond le berger ; c'est un privilège de la jeunesse.

– Est-ce aussi un privilège de la jeunesse, demande alors Ulysse, que d'avoir un corps qui ne projette pas d'ombre sur le sol ?

Aux trois signes distinctifs qui permettent de reconnaître les dieux lorsqu'ils se déguisent en hommes, Ulysse a deviné la présence d'un Immortel. Le pseudo-berger ne nie pas.

– Décidément, dit-il en riant, il n'est pas encore né, celui qui pourra tromper Ulysse ! Sache donc que je suis Minerve et que c'est grâce à moi que tu es de retour à Ithaque. Mais je ne puis rien faire de plus pour toi, car je craindrais, en t'aidant encore, de provoquer une intervention contraire de Neptune ou une réprimande de Jupiter. Le seul conseil que je puisse te donner est de ne pas te rendre directement à la ville, mais d'aller auparavant t'informer de la situation auprès de ton vieux porcher Eumée, l'un des seuls serviteurs qui soient restés fidèles à ta mémoire.

Sur ces mots, Minerve disparaît.

Ulysse décide de suivre le conseil de la déesse ; mais il juge prudent de ne pas se faire reconnaître trop tôt, même d'Eumée. Il s'efforce donc de se donner l'apparence d'un vieux mendiant : il se rase le crâne, se couvre le visage et le corps de poussière, déchire ses vêtements pour en faire des haillons. Il compte aussi à juste titre, pour se rendre méconnaissable, sur la barbe qu'il s'est laissé pousser depuis son départ d'Ithaque, et sur les altérations, hélas irréparables, que vingt années d'épreuves ont causées à ses traits.

La cabane d'Eumée

Il y avait une distance assez longue entre la plage où avait débarqué Ulysse et la colline isolée où se trouvait la cabane d'Eumée, porcher en chef. Il fallut à Ulysse tout l'après-midi pour la parcourir ; la nuit tombait lorsqu'il arriva. Alors qu'il n'en était plus qu'à une courte distance, quatre gros chiens, qui n'aimaient apparemment pas les mendiants, se précipitèrent vers lui avec des aboiements féroces. Ulysse eût été mis en pièces si Eumée, alerté par les aboiements, n'était pas intervenu. Il fait entrer Ulysse dans sa cabane et l'invite à partager son repas.

Pendant le dîner, Ulysse se présente comme un homme qui a beaucoup voyagé, qui a eu beaucoup de malheurs et qui vit maintenant en vagabond.

— Je viens d'arriver dans ce pays dont je ne sais rien, ajoute-t-il. Peux-tu me dire quel est son roi et s'il est accueillant aux gens de ma sorte ?

— Hélas ! répond Eumée, nous avions ici le meilleur des rois qui était pour moi le meilleur des maîtres ; mais il nous a quittés il y a vingt ans. Il ne reviendra plus.

— Comment s'appelait-il ? demande Ulysse.

— Il s'appelait Ulysse, c'était le fils de Laërte.

— Eh bien, reprend Ulysse, je peux te dire que ton maître n'est pas mort. Au cours de mes voyages, j'ai appris que, tout récemment encore, il était retenu par une nymphe appelée Calypso. Il ne tardera certainement pas à revenir.

— Tu dis cela pour me faire plaisir, répond Eumée ; tu n'es pas le premier voyageur à me raconter ce genre d'histoires ; mais je n'y crois plus.

— Si je n'étais pas certain de ce que j'avance, lui dit Ulysse, je te donnerais ma parole d'honneur, qui ne vaut pas grand-chose ; mais, comme je suis tout à fait sûr de moi, je te propose de faire un pari : si Ulysse revient avant trois jours, tu m'offriras un beau manteau, qui me sera bien utile par ce temps froid et pluvieux ; sinon, je travaillerai pour toi gratuitement pendant un mois.

Eumée refuse le pari et prie son hôte de ne pas insister. Puis, à la demande d'Ulysse, il lui fait un long récit des événements qui se sont produits à Ithaque depuis vingt ans.

Le récit d'Eumée

— Pendant les dix années qui suivirent le départ de notre maître pour la guerre de Troie, nous reçûmes de temps en temps des nouvelles de lui et de ses exploits. Nous sûmes, en particulier, quel rôle décisif il avait joué dans la victoire des

42. LE RETOUR D'ULYSSE À ITHAQUE

Grecs, grâce au stratagème du cheval de Troie dont il fut l'inventeur. Mais depuis qu'il a quitté Troie, en même temps que les autres rois, nous sommes sans nouvelles. Au début, rien ne changea dans la vie du royaume : le père d'Ulysse, Laërte, avait repris le pouvoir dès le départ de son fils pour la guerre et, malgré son grand âge, avait su se faire respecter. Mais, il y a un peu plus de trois ans, la mère d'Ulysse, Anticlée, mourut subitement ; son mari, Laërte, en fut si affecté qu'il renonça au pouvoir. Il se retira dans une petite maison de campagne où il vit toujours, ne s'occupant plus que de son jardin. Dès ce moment, les choses ont commencé à mal tourner.

» Le fils d'Ulysse, Télémaque, était trop jeune pour assurer la régence ; encouragés par la vacance du pouvoir et par les rumeurs de plus en plus insistantes selon lesquelles Ulysse était mort, un grand nombre de princes des îles avoisinantes, ainsi que plusieurs nobles d'Ithaque, vinrent s'installer au palais d'Ulysse dans l'espoir d'épouser sa veuve, Pénélope, pour s'emparer ainsi de son trône et de ses richesses.

» Pénélope, qui n'avait pas encore perdu l'espoir de revoir Ulysse vivant, inventa alors, pour gagner du temps, une ruse digne de son mari : elle annonça aux prétendants qu'avant de choisir un nouvel époux elle souhaitait broder, pour son beau-père Laërte, une tapisserie qui lui servirait de suaire le jour de sa mort.

» Les prétendants jugèrent ce projet légitime et Pénélope se mit à l'ouvrage. Chaque jour, pendant de longues heures, on pouvait la voir travailler avec ardeur dans la grande salle du palais.

» Pourtant, à la surprise générale, la tapisserie n'avançait guère : c'est que, toutes les nuits, Pénélope descendait furtivement de sa chambre pour défaire la plus grande partie de ce qu'elle avait fait pendant la journée. Elle put ainsi faire patienter les prétendants pendant près de trois ans, jusqu'au moment où sa ruse fut dénoncée par l'une de ses servantes.

C'était il y a environ trois mois. Depuis ce jour, les prétendants ne veulent plus entendre parler de tapisserie. Ils exercent sur Pénélope une pression de plus en plus forte pour qu'elle se marie avec l'un d'entre eux. Pour l'y contraindre, ils ne quittent pratiquement plus le palais ; ils organisent chaque jour des banquets ruineux, au cours desquels ils dévorent les troupeaux d'Ulysse, boivent son vin, pillent ses richesses. Leur nombre n'a cessé d'augmenter ; il atteint actuellement cent huit.

» Il y a un mois, Pénélope parut disposée à céder à leurs exigences. Elle annonça qu'elle allait incessamment faire son choix. Depuis, dans le peuple d'Ithaque, les paris sont ouverts. On donne généralement pour favoris, parmi les prétendants, Antinoos, qui est le plus beau, et Eurymaque, qui est le plus riche ; mais le nombre des partants dans la course est si élevé que la cote des deux favoris ne dépasse pas un contre dix. Au dernier moment, pourtant, Pénélope a obtenu un nouveau sursis. Son fils Télémaque, qui est âgé maintenant d'une vingtaine d'années, a voulu en effet faire une ultime tentative pour s'informer sur le sort d'Ulysse. Sans prévenir les prétendants, il a réussi à affréter un navire et s'est embarqué, il y a près d'un mois, en direction du royaume de Pylos, dont le vieux roi, Nestor, était un grand ami d'Ulysse. Avant son départ, Télémaque a fait promettre à sa mère de ne pas se remarier avant qu'il ne soit de retour. On l'attend d'un jour à l'autre. On dit même que les prétendants, irrités de son départ clandestin, lui ont tendu une embuscade sur la route qui conduit du port au palais. »

Ulysse avait écouté en silence, sans manifester son émotion, le long récit d'Eumée. La nuit était déjà bien avancée, le feu s'était éteint.

– Allons nous coucher, proposa Eumée ; et, puisque tu n'as pas de manteau pour te protéger du froid, prends le mien.

42. LE RETOUR D'ULYSSE À ITHAQUE

Retour de Télémaque

Au moment même où Eumée racontait à Ulysse le départ de Télémaque, celui-ci était de retour. Craignant à juste titre que les prétendants ne lui fissent un mauvais sort, il avait évité de rentrer directement au port principal d'Ithaque et avait débarqué, à la nuit tombante, sur une petite plage isolée. Avant de se rendre au palais, il décida, comme l'avait fait Ulysse quelques heures plus tôt, d'aller s'informer de la situation auprès de son homme de confiance, Eumée.

Après une marche nocturne, il arriva devant la cabane. Eumée et Ulysse prenaient leur petit déjeuner. La porte s'ouvrit, le jeune homme entra.

– Télémaque ! s'écria Eumée en le serrant dans ses bras.

Ulysse, incapable de parler, se leva de son tabouret pour laisser la place à Télémaque.

– Reste assis, lui dit celui-ci courtoisement, nous trouverons bien un autre siège.

Eumée fit brièvement les présentations et les trois hommes déjeunèrent ensemble. Lorsque le repas fut terminé, Télémaque raconta son voyage.

Récit de Télémaque

– Après avoir quitté Ithaque, il y a un mois jour pour jour, je me rendis d'abord, comme j'en avais l'intention, chez Nestor, le vieux roi de Pylos. Dès qu'il sut qui j'étais, il m'invita chez lui. J'y demeurai trois jours, pendant lesquels il ne cessa de me raconter ses souvenirs. Il ne tarissait pas d'éloges sur mon père et m'apprit, sur ses exploits pendant la guerre, beaucoup de détails que j'ignorais. Malheureusement, il ne savait rien de ce qu'il était advenu à Ulysse depuis son départ de Troie. Tout au plus put-il me conseiller d'aller voir Ménélas, celui des rois grecs qui avait mis le plus longtemps à revenir de Troie, et qui, au cours de son long voyage de retour, pouvait avoir entendu parler d'Ulysse. Je pris donc congé de

Nestor, non sans mal d'ailleurs, car il semblait m'avoir pris en amitié et ne voulait plus me laisser partir. J'avais déjà passé le seuil de son palais, qu'il me parlait encore.

» De Pylos, je me rendis à Sparte, le royaume de Ménélas. Je me présentai à son palais, sans lui dévoiler d'abord ma véritable identité. Il m'accueillit cependant avec courtoisie. Au cours du dîner qui suivit mon arrivée, Ménélas se mit, lui aussi, à évoquer des souvenirs de la guerre de Troie. Mon père y tenait une grande place :

» – C'était, déclara à un moment Ménélas, le plus grand des héros.

» J'écoutais en silence, et j'avais du mal à dissimuler mon émotion, lorsque la porte de la salle à manger s'ouvrit et qu'Hélène, l'épouse de Ménélas, fit son entrée. Elle n'eut pas plus tôt jeté un regard sur moi que, frappée par ma ressemblance avec mon père, elle me reconnut :

» – Tu ne peux être, me dit-elle, que le fils d'Ulysse, ce Télémaque dont il nous parlait si souvent.

» Je lui dis qu'elle ne se trompait pas, et elle m'embrassa avec chaleur.

» – De tous les rois grecs, me dit-elle, Ulysse était mon meilleur ami. Pendant la guerre, je me flatte de lui avoir sauvé la vie une nuit où, par hasard, je l'ai rencontré dans les rues de Troie ; il était venu secrètement avec Diomède pour espionner les Troyens et s'était perdu. Il avait d'immenses qualités, mais ne brillait pas par son sens de l'orientation. C'est peut-être pour cela qu'il met si longtemps à revenir chez lui.

» Chacun des convives se mit alors, à tour de rôle, à évoquer ses souvenirs, et bientôt l'émotion fut à son comble : de vieux guerriers pleuraient sur leurs compagnons disparus, Ménélas pleurait sur son frère Agamemnon, Hélène pleurait... mais sur qui pleurait-elle ? Était-ce sur Pâris, était-ce sur Déiphobe, était-ce sur Hector, était-ce sur tous les hommes qui étaient morts par sa faute ?

Ulysse, qui écoutait en silence le récit de Télémaque, l'interrompit alors :

– Ce n'était sans doute ni sur Pâris, ni sur Déiphobe, ni sur Hector, ni sur aucune autre victime de la guerre qu'Hélène pleurait ; comme tous les autres convives, elle ne pleurait que sur elle-même en évoquant les souvenirs de sa jeunesse enfuie.

Sans relever l'interruption, Télémaque reprit son récit, qui d'ailleurs était presque terminé : ni Hélène ni Ménélas n'avaient pu lui donner d'informations précises sur le sort d'Ulysse ; aussi Télémaque, après avoir passé quelques jours chez Ménélas, était-il rentré bredouille.

Ulysse se fait reconnaître de Télémaque

Lorsqu'il eut terminé son récit, Télémaque pria Eumée de se rendre au palais d'Ithaque et de prévenir Pénélope de son retour :

– Dis-lui que je vais me reposer quelques heures ici et que je serai à la maison pour dîner.

Eumée parti, Ulysse reste seul avec Télémaque.

– Que comptes-tu faire maintenant ? lui demande-t-il.

– Il n'y a plus rien à faire, répond Télémaque tristement ; mon père est certainement mort depuis longtemps.

Ulysse ne peut plus se contenir :

– Tu te trompes, s'écrie-t-il ; ton père est vivant ; il est même à Ithaque ; et pour tout·te dire il est, en ce moment même, en face de toi !

Télémaque se refuse d'abord à le croire. Mais Ulysse lui donne, sur le palais d'Ithaque, sur les membres de sa famille, sur les lettres qu'il a écrites à Télémaque pendant les dix années de guerre, des détails qu'aucun autre que lui ne pourrait connaître. Enfin convaincu, Télémaque embrasse son père en pleurant de joie.

À son tour, il demande à Ulysse :

– Et toi, que comptes-tu faire maintenant ?

– Je n'ai pas encore de plan précis, répond Ulysse. Retourne au palais, informe-toi de la situation, essaie de savoir sur quels serviteurs nous pouvons compter ; car, à deux contre cent huit, la partie me paraît un peu difficile. Je me rendrai moi-même au palais dès ce soir, sous mon déguisement de vieux mendiant, et tu me diras ce que tu auras appris. Mais surtout, quoi qu'il arrive, et même si l'on m'insulte ou si l'on me moleste en ta présence, ne bronche pas.

Télémaque se met en route, suivi quelques heures plus tard par Ulysse.

Retour d'Ulysse à son palais

Sur son chemin, Ulysse croise plusieurs de ses serviteurs, de ses parents et de ses amis ; il constate avec satisfaction que personne ne le reconnaît et qu'on ne manifeste, à son endroit, que de l'indifférence ou de l'hostilité. L'un de ses serviteurs, le chevrier Mélanthios, se comporte même à son égard d'une manière grossière : il se moque de sa crasse, de ses haillons, l'injurie et finit par lui décocher un coup de pied.

« Tu me le paieras », songe Ulysse, mais il s'abstient pour l'instant de réagir.

Le voici enfin devant son palais. Il s'arrête un instant, le cœur battant. Sur un tas de fumier, un très vieux chien, aveugle, paralytique, semble dormir. C'est Argos, un lévrier qu'Ulysse avait nourri lui-même au biberon. Au moment où Ulysse passe à côté de lui, Argos reconnaît l'odeur de son maître. Il ouvre les yeux, gémit, se lève dans un effort désespéré, fait deux pas en direction d'Ulysse et retombe, mort. Ulysse l'a reconnu lui aussi.

« Il n'y a que les chiens qui soient vraiment fidèles », songe-t-il avec mélancolie.

Le voici devant la porte du palais. Humblement, il demande aux gardes l'autorisation de passer la nuit dans l'écurie.

– Nous n'avons que faire de mendiants de ton espèce, lui répondent les gardes.

42. LE RETOUR D'ULYSSE À ITHAQUE

Ulysse, désemparé, se dispose déjà à s'éloigner, lorsqu'une très vieille femme qui, de l'intérieur du palais, a sans doute entendu les railleries des gardes, ouvre la porte pour voir ce qui se passe. Ulysse la reconnaît : c'est Euryclée, la plus ancienne de ses servantes ; elle a été sa nourrice, lorsqu'il était bébé, et est restée ensuite pour lui une seconde mère.

« Elle va sûrement me reconnaître », songe-t-il avec inquiétude.

Mais non : Euryclée n'a pas l'odorat d'Argos ; elle ne voit dans Ulysse qu'un vieux mendiant crasseux. Elle respecte cependant les lois sacrées de l'hospitalité.

– Comment osez-vous refuser à ce vieil homme l'entrée du palais ? demande-t-elle aux gardes avec indignation.

Puis, se tournant vers Ulysse :

– Entre sans crainte, lui dit-elle ; je vais moi-même te préparer une couche, t'apporter à dîner et laver tes pauvres jambes poussiéreuses.

– C'est trop, proteste Ulysse, je n'en demande pas tant.

Mais Euryclée ne l'écoute pas. Elle revient quelques instants plus tard en portant une bassine d'étain remplie d'eau tiède. Ulysse ne peut se dérober. Le lavage de la jambe gauche se déroule sans incident notable ; mais, lorsque Euryclée s'attaque à la jambe droite, elle aperçoit, sur le genou d'Ulysse, la cicatrice que lui a laissée jadis la défense d'un sanglier ; elle la reconnaît aussitôt.

De saisissement, elle lâche la jambe, qui retombe dans la bassine et la renverse.

– Pas un mot, lui ordonne Ulysse à voix basse, et surtout ne dis rien à Pénélope. Viens me rejoindre ici ce soir, en compagnie de Télémaque et d'Eumée, lorsque tout le monde sera endormi.

Euryclée, non sans peine, domine son émotion.

Conseil de guerre

Quelques heures plus tard, dans le silence de la nuit, Télémaque, Eumée et Euryclée sont réunis autour d'Ulysse. Eumée vient d'apprendre, de la bouche de Télémaque, l'identité réelle du vieux mendiant ; il embrasse son maître en pleurant. Télémaque rend compte à Ulysse de ce qu'il a appris :

– Ma mère a désormais perdu tout espoir de jamais te revoir, et je ne l'ai pas détrompée ; elle s'apprête, dès demain, à choisir un mari parmi les prétendants, mais ne sait pas quelle procédure de sélection employer.

– Et sur qui pouvons-nous compter, parmi les serviteurs ? demande Ulysse.

– En dehors d'Eumée, lui répond Télémaque, je ne vois guère que le chef bouvier Philœtios, un brave homme qui m'est tout dévoué.

– Quatre hommes contre cent huit, observe Ulysse ; il faudra jouer serré.

Et il expose à Télémaque, Eumée et Euryclée le plan d'action qu'il a établi pour la journée du lendemain.

43. Le dernier banquet des prétendants

Le LENDEMAIN, comme à l'accoutumée, le banquet quotidien des prétendants débuta vers cinq heures de l'après-midi. Pendant la matinée, conformément aux instructions d'Ulysse, Euryclée avait fait répandre, parmi les prétendants, la rumeur selon laquelle Pénélope se disposait à choisir, le jour même, un mari. Aussi, pas un des cent huit prétendants ne manquait à l'appel, lorsque commença le repas.

Dans la grande salle du palais, douze tables étaient dressées. Onze d'entre elles étaient occupées par les prétendants. La douzième, la plus proche de la porte donnant sur le vestibule, était réservée à Télémaque et aux trois principaux serviteurs du palais, à savoir le porcher Eumée, le bouvier Philœtios, le chevrier Mélanthios ; à cette même table avaient pris place, comme d'habitude, un vieil aède un peu porté sur le vin et un mendiant d'Ithaque nommé Iros. Ce mendiant, jeune encore, était grand, gros, glouton, mal embouché ; ayant réussi, grâce à ses pitreries grossières, à se faire tolérer par les prétendants, il participait souvent aux banquets.

En entrant dans la salle, les prétendants constatent avec surprise que la collection d'armes d'Ulysse, composée de plusieurs dizaines d'épées, de lances et de javelots, a disparu des râteliers qu'elle occupait jusque-là. Ils s'en étonnent auprès de Télémaque.

– J'ai fait retirer les armes, leur répond celui-ci, parce qu'elles commençaient à s'abîmer. Je craignais aussi qu'un jour ou l'autre, pris de boisson, vous ne vous battiez entre vous.

Les avanies infligées à Ulysse

Au moment où, après les hors-d'œuvre, l'aède offrait aux convives un premier intermède musical, la grande porte de la salle s'entrebâille et Ulysse, toujours déguisé en vieux mendiant, fait une entrée discrète – pas assez discrète, cependant, pour échapper au regard de Mélanthios, le chevrier.

– Encore ce maudit mendiant ! s'exclame-t-il.

Et, pour se distraire, il s'avise d'exciter la jalousie d'Iros :

– Voici quelqu'un qui vient te faire concurrence, lui dit-il ; te laisseras-tu détrôner ?

Iros, aussitôt, se met à insulter grossièrement Ulysse et le somme de partir.

– Il y a de la place pour nous deux, répond poliment Ulysse.

Mais Iros, à qui Ulysse n'apparaît pas comme un adversaire bien redoutable, ajoute alors la menace à l'insulte :

– Si tu ne déguerpis pas d'ici, je vais te jeter dehors en te faisant sauter toutes les dents de la bouche.

Les prétendants se divertissent de cette querelle et jettent de l'huile sur le feu. Ils décident d'organiser un pugilat entre les deux mendiants ; seul le vainqueur sera autorisé à participer au banquet. Ulysse retire alors sa tunique, ne gardant que son linge de corps. À la vue des cuisses robustes et des larges épaules de son adversaire, Iros commence à regretter ses fanfaronnades ; mais il est trop tard pour reculer. Le combat est bref : d'un coup de poing sous l'oreille, Ulysse étend Iros, inanimé, sur le sol ; il le prend alors par une jambe et le traîne hors de la salle, sous les rires des prétendants. Puis, conformément à la coutume de l'époque, il se dispose à aller mendier, de table en table, quelques rogatons de viande ou de pain. Le premier prétendant auquel il s'adresse est le bel Antinoos.

– Si chacun te donne autant que moi, lui dit celui-ci en riant, on ne te reverra plus pendant trois mois ; et il lui jette un escabeau, qui atteint Ulysse à l'épaule.

Ulysse domine sa colère et passe à la table suivante, où se trouvait Eurymaque. Celui-ci, pour ne pas être en reste avec Antinoos, fait de l'esprit aux dépens de la calvitie apparente d'Ulysse :

– Ton crâne est si luisant qu'on dirait une lanterne !

C'est un sujet sur lequel Ulysse est chatouilleux ; vertement, il remet à sa place Eurymaque :

– Si Ulysse revenait, tu serais moins loquace ; tu serais même si pressé de t'enfuir que la porte du vestibule ne te paraîtrait pas assez large !

Vexé, Eurymaque lance à son tour un escabeau en direction d'Ulysse, qui, cette fois-ci, parvient à esquiver le coup. L'escabeau va frapper dans le dos un serviteur en train de servir le vin ; le serviteur s'écroule au milieu des cris et des rires. L'un des prétendants, appelé Amphinomos, estime cependant qu'Eurymaque est allé trop loin ; il intervient pour calmer les esprits et suggère qu'on laisse tranquille le vieux mendiant. Ulysse remercie Amphinomos :

– Parmi tous ceux qui sont ici, tu me parais le plus poli ; je vais te donner un conseil : quitte cette assemblée d'insolents avant qu'il ne soit trop tard.

43. LE DERNIER BANQUET DES PRÉTENDANTS

Mais Amphinomos ne prend pas cet avertissement au sérieux et se remet à manger et à boire.

L'épreuve de l'arc

C'est alors que Télémaque se lève et demande le silence. Il annonce aux prétendants que Pénélope a décidé de choisir, le jour même, un mari parmi eux. Pour les départager, elle a chargé Télémaque d'organiser un concours.

– L'épreuve que je vous propose, déclare Télémaque, consiste à faire passer une flèche par les anneaux de douze haches alignées en vous servant d'un arc qui appartenait à mon père et qu'il était le seul à pouvoir manier. Celui d'entre vous qui réussira deviendra l'époux de ma mère ; si par extraordinaire plusieurs concurrents réussissaient, ils seraient départagés par une épreuve subsidiaire.

L'arc dont parlait Télémaque avait été offert à Ulysse peu avant son départ pour la guerre de Troie. Il possédait une particularité connue de lui seul : on ne pouvait le bander qu'après avoir débloqué, à l'aide d'un ressort secret, une sorte de cran d'arrêt.

C'est à cause du maniement difficile de cet arc qu'Ulysse ne l'avait pas emporté lorsqu'il était parti pour la guerre.

Croyant qu'il ne s'agissait que d'une épreuve de force et d'adresse, les prétendants acceptent la proposition de Télémaque. Celui-ci plante lui-même les douze haches dans le sol en terre battue de la grande salle en s'assurant que les anneaux que porte chacune d'elles sur le côté du fer opposé au tranchant sont bien alignés.

Il fait ensuite apporter l'arc d'Ulysse, et cent huit flèches dans des carquois. On tire au sort l'ordre dans lequel se présenteront les concurrents, et le concours commence.

Une dizaine de prétendants s'efforcent successivement, mais en vain, de ployer l'arc ; ils sont éliminés. C'est au tour d'Eurymaque de tenter sa chance. Instruit par l'expérience de ceux qui l'ont précédé, il fait apporter de la graisse et en frotte soigneusement le bois de l'arc, après l'avoir fait chauffer devant le feu, dans l'espoir de l'assouplir. Puis il essaie de le bander, mais n'y parvient pas non plus. Antinoos, qui soupçonne peut-être quelque ruse, propose alors de remettre la suite du concours au lendemain ; les autres prétendants l'approuvent. Mais Ulysse se lève et demande l'autorisation de faire lui-même un essai. Cette demande est accueillie par des rires et des protestations ; seul Télémaque le soutient :

– Que le mendiant essaie sa force s'il le désire, déclare-t-il ; de toute façon, même si par extraordinaire il réussit, je vous donne ma parole que Pénélope ne l'épousera pas.

Les prétendants hésitent encore, les avis sont partagés.

Alors Eumée, de sa propre autorité, va prendre l'arc, qu'il remet à Ulysse. Celui-ci se rend à l'emplacement réglementaire, met un genou à terre, caresse le bois de l'arc et trouve le ressort caché. Il bande l'arc sans difficulté, et sa flèche, en vibrant, traverse les douze anneaux. Il se relève aussitôt, prend le carquois et recule rapidement jusqu'à la porte donnant sur le vestibule. D'une voix puissante, il s'adresse aux prétendants stupéfaits :

– Seul Ulysse était capable de bander cet arc. C'est lui qui va maintenant vous servir votre dernier festin.

Sa première flèche est pour Antinoos, qui, le menton levé, s'apprêtait à boire dans sa coupe. La flèche lui traverse la gorge, Antinoos tombe à la renverse, le visage couvert de vin et de sang.

Eurymaque pressent la catastrophe imminente. Il implore Ulysse :

– Antinoos, lui dit-il, était le seul vrai coupable ; c'est lui qui nous a entraînés dans cette malheureuse affaire. Pour moi, je suis prêt à te dédommager généreusement pour tous les frais que je t'ai occasionnés.

– Toutes tes richesses ne suffiraient pas à me dédommager, lui répond Ulysse, et il frappe Eurymaque d'une flèche mortelle.

Les prétendants sont alors pris de panique ; c'est en vain qu'ils cherchent des armes dans les râteliers vides ; seuls Télémaque, Eumée, Philœtios et Ulysse se sont saisis chacun d'une épée et d'une lance, que Télémaque avait cachées pour eux dans un coffre.

Affolés, les prétendants courent en tous sens pour s'enfuir de la salle par les petites portes latérales ; mais elles ont été verrouillées de l'extérieur par Euryclée. Ulysse, calmement, les tire comme des lapins. Ceux qui tentent de s'approcher de lui pour le maîtriser sont abattus à coups d'épée et de lance par Télémaque et ses deux compagnons.

Dix minutes plus tard, cent huit cadavres gisent sur le sol, dans une mare de sang ; ils ressemblent à des poissons crevés flottant à la surface d'une flaque que la mer, en se retirant, a laissée sur la plage. Les murs de la salle sont maculés de sang jusqu'à hauteur d'homme. Ulysse et ses trois compagnons sont ensanglantés jusqu'à la racine des cheveux. Mélanthios, le chevrier, a échappé au massacre ; mais c'est parce qu'Ulysse lui réservait un traitement spécial : on s'empare du misérable, on le ligote, on le pend par les pieds à une poutre, et Ulysse lui-même, sortant un poignard, lui... Mais non ; la sensibilité de mes lecteurs, plus délicate que celle des lecteurs d'Homère, ne leur permettrait pas de soutenir la description précise du traitement qu'inflige Ulysse à Mélanthios. Je me contenterai donc de leur dire que le nombre des cadavres est bientôt porté à cent neuf.

Ulysse, repu de sang et de vengeance, ouvre alors la porte de la salle ; il ordonne aux serviteurs de sortir les cadavres, aux servantes de laver la salle à grande eau et d'y faire brûler du soufre. Puis il demande à Euryclée de monter dans la chambre de Pénélope, de la prévenir du retour de son mari et de l'inviter à venir le rejoindre en bas.

43. LE DERNIER BANQUET DES PRÉTENDANTS

Si étrange que cela puisse paraître, Pénélope dormait profondément ; malgré l'effroyable tumulte dont avait retenti le palais, elle ne s'était aperçue de rien. Lorsque Euryclée entre dans sa chambre et lui annonce qu'Ulysse est en bas, Pénélope refuse de la croire :

— Il ne peut s'agir, répond-elle, que d'un imposteur.

Elle finit pourtant par accepter d'aller se rendre compte par elle-même. Elle s'habille rapidement, descend l'escalier, entre dans la salle où les serviteurs s'affairent encore à leur macabre besogne. Ulysse s'avance vers elle en lui ouvrant les bras.

Dans ce boucher couvert de sang, de sueur et de poussière, elle ne reconnaît pas son mari ; elle se dérobe à son étreinte.

Ulysse croit comprendre sa réaction :

— Je vais monter dans notre chambre pour me laver un peu ; lorsque je serai propre, tu accepteras peut-être de m'embrasser.

Pénélope imagine alors un stratagème habile pour savoir si l'homme qui lui parle est vraiment Ulysse :

— Si tu vas dans notre chambre, lui dit-elle, sache qu'elle n'est plus à la même place ; je me suis installée dans l'autre aile du palais, où j'ai fait porter notre lit.

Ulysse s'étonne :

— Il a donc fallu que tu fasses scier le tronc de l'olivier qui lui servait de montant ?

En dehors de Pénélope, seul Ulysse était au courant de ces particularités de construction de la chambre conjugale : Pénélope est désormais convaincue d'avoir en face d'elle son mari ; elle se jette dans ses bras.

À ce moment, des exclamations s'élèvent parmi les serviteurs qui font le ménage :

— Un survivant ! On a trouvé un survivant !

Ils viennent de découvrir, dégrisé mais tremblant de peur, le vieil aède, qui avait réussi à échapper au massacre en se cachant sous une table. On le traîne devant Ulysse, il se jette à ses pieds, lui embrasse les genoux, implore sa pitié.

– Tu as de la chance ! lui dit Ulysse ; ma colère est tombée, et j'ai autre chose à faire maintenant que de m'occuper de toi ; je te laisse la vie.

L'aède remercie Ulysse avec effusion :

– Tu ne regretteras pas de m'avoir fait grâce, lui dit-il ; je raconterai partout tes exploits, j'immortaliserai ton nom.

– Un vieil ivrogne comme toi en serait bien incapable, répond Ulysse avec mépris ; déguerpis vite, avant que je ne change d'avis.

Mais, au moment où l'aède atteignait la porte :

– Au fait, reprit Ulysse, quel est ton nom ?

– Je m'appelle Homère, répondit l'aède.

INDEX

Pour les personnages cités très fréquemment (Jupiter, Minerve, Ulysse, etc.), seuls font l'objet d'un renvoi les passages où ils jouent un rôle important.

INDEX

Castor Doc

Cet
ouvrage
le trente-sixième
de la collection
Castor Doc
a été achevé d'imprimer
sur les presses de l'imprimerie
Maury Eurolivres
Manchecourt - France
en novembre 1999

Dépôt légal : septembre 1999.
N° d'Édition : 3855. Imprimé en France.
ISBN : 2-08-163855-X
ISSN : 1275-6008
Loi n° 49-956 du 16 juillet 1949
sur les publications destinées à la jeunesse